卞尺丹几乙し丹卞と
Translated Language Learning

El Retrato de Dorian Gray
(Primera Parte)

The Picture of Dorian Gray
(Part One)

Oscar Wilde

Español / English

Copyright © 2024 Tranzlaty
All rights reserved
Published by Tranzlaty
ISBN: 978-1-83566-277-9
The Piture of Dorian Gray
Original text by Oscar Wilde
First published in 1891
www.tranzlaty.com

Prefacio
Preface

El artista es el creador de cosas bellas
The artist is the creator of beautiful things
Revelar el arte y ocultar al artista es el objetivo del arte
To reveal art and conceal the artist is art's aim
El crítico es aquel que puede traducir de otra manera o de un nuevo material su impresión de las cosas bellas
The critic is he who can translate into another manner or a new material his impression of beautiful things
La forma más alta y más baja de crítica es un modo de autobiografía
The highest as the lowest form of criticism is a mode of autobiography
Aquellos que encuentran significados feos en las cosas bellas son corruptos sin ser encantadores
Those who find ugly meanings in beautiful things are corrupt without being charming
Esto es un fallo
This is a fault
Aquellos que encuentran significados bellos en las cosas bellas son los cultivados
Those who find beautiful meanings in beautiful things are the cultivated
Para ellos hay esperanza
For these there is hope
Son los elegidos para quienes las cosas bellas significan sólo belleza
They are the elect to whom beautiful things mean only beauty
No existe tal cosa como un libro moral o inmoral
There is no such thing as a moral or an immoral book
Los libros están bien escritos, o mal escritos, eso es todo
Books are either well written, or badly written, that is all
La aversión del siglo XIX al realismo es la rabia de Calibán al ver su propio rostro en un espejo
The nineteenth century dislike of realism is the rage of Caliban seeing his own face in a glass
La aversión decimonónica al romanticismo es la rabia de Calibán por no ver su propio rostro en un espejo
The nineteenth century dislike of romanticism is the rage of Caliban not seeing his own face in a glass
La vida moral del hombre forma parte de la temática del artista

The moral life of man forms part of the subject-matter of the artist
Pero la moralidad del arte consiste en el uso perfecto de un medio imperfecto
but the morality of art consists in the perfect use of an imperfect medium
Ningún artista desea demostrar nada
No artist desires to prove anything
Incluso las cosas que son verdaderas pueden ser probadas
Even things that are true can be proved
Ningún artista tiene simpatías éticas
No artist has ethical sympathies
Una simpatía ética en un artista es un imperdonable manierismo de estilo
An ethical sympathy in an artist is an unpardonable mannerism of style
Ningún artista es morboso
No artist is ever morbid
El artista puede expresarlo todo
The artist can express everything
El pensamiento y el lenguaje son para el artista instrumentos de un arte
Thought and language are to the artist instruments of an art
El vicio y la virtud son para el artista materiales para un arte
Vice and virtue are to the artist materials for an art
Desde el punto de vista de la forma, el tipo de todas las artes es el arte del músico
From the point of view of form, the type of all the arts is the art of the musician
Desde el punto de vista de los sentimientos, el oficio del actor es el tipo
From the point of view of feeling, the actor's craft is the type
Todo arte es a la vez superficie y símbolo
All art is at once surface and symbol
Aquellos que van debajo de la superficie lo hacen por su cuenta y riesgo
Those who go beneath the surface do so at their peril
Aquellos que leen el símbolo lo hacen por su cuenta y riesgo
Those who read the symbol do so at their peril
Es al espectador, y no a la vida, a quien el arte realmente refleja
It is the spectator, and not life, that art really mirrors
La diversidad de opiniones sobre una obra de arte muestra que la

obra es nueva, compleja y vital
Diversity of opinion about a work of art shows that the work is new, complex, and vital

Cuando los críticos no están de acuerdo, el artista está de acuerdo consigo mismo
When critics disagree, the artist is in accord with himself

Podemos perdonar a un hombre por hacer algo útil siempre y cuando no lo admire
We can forgive a man for making a useful thing as long as he does not admire it

La única excusa para hacer una cosa inútil es que uno la admira intensamente
The only excuse for making a useless thing is that one admires it intensely

Todo arte es completamente inútil
All art is quite useless

OSCAR WILDE

Capítulo Primero
Chapter One

El estudio se llenó del rico olor de las rosas
The studio was filled with the rich odour of roses
El ligero viento de verano se agitaba entre los árboles del jardín
the light summer wind stirred amidst the trees of the garden
y entró por la puerta abierta el pesado aroma de la lila
and there came through the open door the heavy scent of the lilac
y llegó el perfume más delicado de la espina de flores rosadas
and there came the more delicate perfume of the pink-flowering thorn
Desde la esquina del diván de alforjas persas sobre el que yacía
From the corner of the divan of Persian saddle-bags on which he was lying
Fumaba, como era su costumbre, innumerables cigarrillos
he was smoking, as was his custom, innumerable cigarettes
Lord Henry Wotton captó el resplandor de las flores color miel de un laburnum
Lord Henry Wotton caught the gleam of the honey coloured blossoms of a laburnum
Sus ramas trémulas apenas podían soportar el peso de su belleza llameante a la de un fuego
their tremulous branches could hardly bear the burden of their flamelike beauty
Fantásticas sombras de pájaros revoloteaban a través de las largas cortinas de seda
fantastic shadows of birds flitted across the long tussore-silk curtains
las cortinas que se extendían frente al enorme ventanal
the curtains that were stretched in front of the huge window
las cortinas producían una especie de efecto japonés momentáneo
the curtains produced a kind of momentary Japanese effect
tenía que pensar en aquellos pintores pálidos y con cara de jade de Tokio
he had to think of those pallid, jade-faced painters of Tokyo
Buscan transmitir la sensación de rapidez y movimiento a través del medio de un arte que es necesariamente inmóvil
they seek to convey the sense of swiftness and motion through the medium of an art that is necessarily immobile
Se oyó un murmullo hosco de las abejas abriéndose paso a hombros a través de la hierba alta
There was a sullen murmur of the bees shouldering their way

through the long grass
Las abejas daban vueltas alrededor de los polvorientos cuernos dorados de la rezagada leña
the bees circled round the dusty gilt horns of the straggling woodbine
Su monótono e insistente zumbido parecía hacer más opresiva la quietud
their monotonous insistent buzzing seemed to make the stillness more oppressive
El débil rugido de Londres era como la nota bourdon de un órgano lejano
The dim roar of London was like the bourdon note of a distant organ
En el centro de la sala se encontraba el retrato de cuerpo entero de un joven
In the centre of the room stood the full-length portrait of a young man
El retrato del joven estaba sujeto a un caballete vertical
the portrait of the young man was clamped to an upright easel
Un joven de extraordinaria belleza personal
a young man of extraordinary personal beauty
A poca distancia frente al cuadro estaba sentado el propio artista
a little distance in front of the painting was sitting the artist himself
Basil Hallward, que había desaparecido repentinamente hacía algunos años
Basil Hallward, who had suddenly disappeared some years ago
Su desaparición causó, en su momento, una gran conmoción pública
his disappearance caused, at the time, great public excitement
y su desaparición dio lugar a tantas conjeturas extrañas
and his disappearance gave rise to so many strange conjectures
El pintor contempló la forma graciosa y hermosa
the painter looked at the gracious and comely form
la hermosa forma que tan hábilmente había reflejado en su arte
the comely form he had so skilfully mirrored in his art
Una sonrisa de placer cruzó por su rostro
a smile of pleasure passed across his face
Y el placer parecía que iba a quedarse allí
and the pleasure seemed like it was going to linger there
Pero el artista se levantó de repente de su asiento
But the artist suddenly got up from his seat
Cerrando los ojos, se puso los dedos sobre los párpados
closing his eyes, he placed his fingers upon his eyelids

como si quisiera aprisionar en su cerebro algún sueño curioso
as though he sought to imprison within his brain some curious dream
un sueño del que temía despertar
a dream from which he feared he might awake
Lord Henry elogió lánguidamente la pintura de Basil
Lord Henry languidly complimented Basil's painting
"Es tu mejor trabajo, Basil, lo mejor que has hecho en tu vida"
"It is your best work, Basil, the best thing you have ever done"
"Sin duda, debes enviarlo el año que viene al Grosvenor"
"You must certainly send it next year to the Grosvenor"
"La Academia es demasiado grande y demasiado vulgar"
"The Academy is too large and too vulgar"
"O hay tanta gente que no se ven las fotos"
"either there are so many people that you can't see the pictures"
"No ver las fotos es terrible"
"not seeing the pictures is dreadful"
"O hay tantas fotos que no se ve a la gente"
"or there are so many pictures that you can't see the people"
"¡No ver a la gente es aún peor!"
"not seeing the people is even worse!"
"El Grosvenor es realmente el único lugar"
"The Grosvenor is really the only place"
—No creo que lo envíe a ninguna parte —respondió—
"I don't think I shall send it anywhere," he answered
Echó la cabeza hacia atrás a su manera particular
he tossed his head back in his own particular manner
de la extraña manera que siempre hacía reír a sus amigos de Oxford
in the odd way that always used to make his Oxford friends laugh
"No, no lo enviaré a ningún lado", confirmó
"No, I won't send it anywhere," he confirmed
Lord Henry arqueó las cejas y lo miró con asombro
Lord Henry elevated his eyebrows and looked at him in amazement
Miró a través de las delgadas coronas azules de humo
he looked through the thin blue wreaths of smoke
pesados y fantasiosos remolinos de humo de su cigarrillo contaminado con opio
heavy fanciful whorls of smoke from his opium-tainted cigarette
"¿No planeas enviarlo a ninguna parte? Mi querido amigo, ¿por qué?
"you don't plan to send it anywhere? My dear fellow, why?"

—¿Tienes alguna razón para no enviarlo a ninguna parte?
"Have you any reason not to send it anywhere?"
—¡Debo decir que qué tipos tan raros sois los pintores!
"I must say, what odd chaps you painters are!"
"Haces cualquier cosa en el mundo para ganarte una reputación"
"You do anything in the world to gain a reputation"
"Tan pronto como tienes una reputación, parece que quieres tirarla"
"As soon as you have a reputation, you seem to want to throw it away"
"Es una tontería de tu parte, no se me ocurre otra conclusión"
"it is silly of you, I can think of no other conclusion"
"Solo hay una cosa en el mundo peor que que otras personas hablen de ti"
"there is only one thing in the world worse than other people talking about you"
"¡Lo peor del mundo es cuando los demás no hablan de ti en absoluto!"
"the worst thing in the world is when others do not talk about you at all!"
"Un retrato como este te situaría muy por encima de todos los jóvenes de Inglaterra"
"A portrait like this would set you far above all the young men in England"
"Un retrato así pondría muy celosos a los viejos"
"such a portrait would make the old men quite jealous"
"Si es que los ancianos son capaces de cualquier emoción"
"if old men are even capable of any emotion"
"Sé que te reirás de mí", respondió
"I know you will laugh at me," he replied
"pero realmente no puedo exhibir esta imagen"
"but I really can't exhibit this picture"
"He puesto demasiado de mí en la imagen"
"I have put too much of myself into the picture"
Lord Henry se tendió en el diván y se echó a reír
Lord Henry stretched himself out on the divan and laughed
"Sí, sabía que te reirías de mí, pero es muy cierto, de todos modos"
"Yes, I knew you would laugh at me, but it is quite true, all the same"
"¡Demasiado de ti mismo en una foto! Te lo prometo, Basilo.
"Too much of yourself in a picture! Upon my word, Basil"
"No sabía que eras tan vanidoso", se rió
"I didn't know you were so vain," he laughed

"Realmente no puedo ver ningún parecido entre tú y este joven Adonis"
"I really can't see any resemblance between you and this young Adonis"
"Tú con tu rostro robusto y fuerte, y tu cabello negro como el carbón"
"you with your rugged strong face, and your coal-black hair"
"Y este joven Adonis, hecho de marfil y hojas de rosa"
"and this young Adonis, made out of ivory and rose-leaves"
-Pues, mi querido Basilo, es un Narciso.
"Why, my dear Basil, he is a Narcissus"
"Y tú, bueno, por supuesto que tienes una expresión intelectual"
"and you, well, of course you have an intellectual expression"
"Pero la belleza, la verdadera belleza, termina donde comienza una expresión intelectual"
"But beauty, real beauty, ends where an intellectual expression begins"
"El intelecto es en sí mismo un modo de exageración"
"Intellect is in itself a mode of exaggeration"
"Y el intelecto destruye la armonía de cualquier rostro"
"and intellect destroys the harmony of any face"
"En el momento en que te sientas a pensar, una característica toma el control"
"The moment you sit down to think, one feature takes over"
"Uno se convierte en todo nariz, o en toda frente, o en algo horrible"
"one becomes all nose, or all forehead, or something horrid"
"Mira a los hombres exitosos en cualquiera de las profesiones eruditas"
"Look at the successful men in any of the learned professions"
—¡Qué horribles son todos los sabios!
"How perfectly hideous the learned men all are!"
"Excepto, por supuesto, los sabios de la Iglesia"
"Except, of course, the learned men of the Church"
"Pero entonces, en la Iglesia no piensan"
"But then, in the Church they don't think"
"Un obispo dice lo mismo toda su vida"
"a bishop says the same thing for all his life"
"A los ochenta años dice lo que le dijeron cuando era un muchacho de dieciocho"
"at the age of eighty he says what he was told to as a boy of eighteen"
"Y, como consecuencia natural, siempre se ve absolutamente

encantador"
"and, as a natural consequence, he always looks absolutely delightful"
"Tu misterioso joven amigo nunca piensa"
"Your mysterious young friend never thinks"
"Tu misterioso amigo cuya foto realmente me fascina"
"your mysterious friend whose picture really fascinates me"
"Tu misterioso amigo cuyo nombre nunca me has dicho"
"your mysterious friend whose name you have never told me"
"Estoy bastante seguro de que nunca ha tenido un pensamiento en su mente"
"I feel quite sure that he has never had a thought in his mind"
"Es una hermosa criatura descerebrada"
"He is some brainless beautiful creature"
"Debería estar aquí en invierno, cuando no tenemos flores que mirar"
"he should be here in winter when we have no flowers to look at"
"Y debería estar aquí en verano para enfriar nuestra inteligencia"
"and he should be here in summer to chill our intelligence"
—No te lisonjees, Basilo: no te pareces en nada a él.
"Don't flatter yourself, Basil: you are not in the least like him"
—No me entiendes, Harry —respondió el artista—
"You don't understand me, Harry," answered the artist
"Claro que no soy como él, lo sé perfectamente"
"Of course I am not like him, I know that perfectly well"
"De hecho, lamentaría parecerme a él"
"Indeed, I should be sorry to look like him"
"¿Te encoges de hombros? Te estoy diciendo la verdad"
"You shrug your shoulders? I am telling you the truth"
"Hay una fatalidad en toda distinción física e intelectual"
"There is a fatality about all physical and intellectual distinction"
"Una fatalidad que ha perseguido los pasos vacilantes de los reyes"
"a fatality that has dogged the faltering steps of kings"
"Es mejor no ser diferente de los semejantes"
"It is better not to be different from one's fellows"
"Los feos y los estúpidos tienen lo mejor de este mundo"
"The ugly and the stupid have the best of it in this world"
"Pueden sentarse a sus anchas y quedarse boquiabiertos ante la jugada"
"They can sit at their ease and gape at the play"
"Puede que no sepan nada de la victoria"

"they might not know anything of victory"
"Pero se salvan del conocimiento de la derrota"
"but they are spared the knowledge of defeat"
"Viven como todos deberíamos vivir; imperturbable e indiferente"
"They live as we all should live; undisturbed and indifferent"
"Ni traen ruina a los demás, ni la reciben"
"They neither bring ruin upon others, nor do they receive it"
—Tu rango y riqueza, Harry. Mis cerebros, tal como son mi arte"
"Your rank and wealth, Harry. My brains, such as they are my art"
"Y Dorian Gray, tiene su buen aspecto"
"and Dorian Gray, he has his good looks"
"Todos sufriremos por lo que los dioses nos han dado"
"we shall all suffer from what the gods have given us"
"¿Dorian Gray? ¿Es ése su nombre? -preguntó lord Henry
"Dorian Gray? Is that his name?" asked Lord Henry
cruzó el estudio en dirección a Basil Hallward
he walked across the studio towards Basil Hallward
"Sí, ese es su nombre. No tenía intención de decírtelo"
"Yes, that is his name. I didn't intend to tell it to you"
—¿Pero por qué me ocultabas su nombre?
"But why were you keeping his name from me?"
"Oh, no puedo explicarlo", admitió Basil derrotado
"Oh, I can't explain," Basil admitted in defeat
"Cuando me gusta mucho la gente, nunca le digo a nadie su nombre"
"When I like people immensely, I never tell anyone their name"
"Es como entregar una parte de ellos"
"It is like surrendering a part of them"
"He llegado a amar el secreto"
"I have grown to love secrecy"
"Parece ser lo único que puede hacer que la vida moderna sea misteriosa"
"It seems to be the one thing that can make modern life mysterious"
"Es lo único que nos da algo con lo que maravillarnos"
"it is the only thing that gives us something to marvel over"
"Lo más común es delicioso si uno solo lo esconde"
"The commonest thing is delightful if one only hides it"
"Cuando salgo de la ciudad nunca le digo a la gente a dónde voy"
"When I leave town now I never tell people where I am going"
"Si lo hiciera, perdería todo mi placer"
"If I did, I would lose all my pleasure"

"Es una costumbre tonta, me atrevo a decir"
"It is a silly habit, I dare say"
"Pero de alguna manera parece traer una gran cantidad de romance a la vida de uno"
"but somehow it seems to bring a great deal of romance into one's life"
—**Supongo que piensas que soy muy tonto al respecto.**
"I suppose you think me awfully foolish about it?"
—**De ninguna manera —respondió lord Henry—, de ninguna manera, mi querido Basilo.**
"Not at all," answered Lord Henry, "not at all, my dear Basil"
"Parece que olvidas que estoy casado"
"You seem to forget that I am married"
"Y el único encanto del matrimonio es que hace una vida de engaño"
"and the one charm of marriage is that it makes a life of deception"
"Y que el engaño es absolutamente necesario para ambas partes"
"and that deception is absolutely necessary for both parties"
"Nunca sé dónde está mi esposa"
"I never know where my wife is"
"Y mi esposa nunca sabe lo que estoy haciendo"
"and my wife never knows what I am doing"
"Nos reunimos de vez en cuando, cuando salimos a cenar juntos"
"we do meet occasionally, when we dine out together"
"O nos vemos cuando bajamos a casa del Duque"
"or we meet when we go down to the Duke's"
"Nos contamos las historias más absurdas con las caras más serias"
"we tell each other the most absurd stories with the most serious faces"
"Mi esposa es muy buena en eso. Mucho mejor, de hecho, que yo"
"My wife is very good at it. Much better, in fact, than I am"
"Ella nunca se confunde con sus días y fechas, y yo siempre lo hago"
"She never gets confused over her days and dates, and I always do"
"Pero cuando me descubre, no hace ninguna pelea"
"But when she does find me out, she makes no row at all"
"A veces desearía que lo hiciera; pero ella simplemente se ríe de mí"
"I sometimes wish she would; but she merely laughs at me"
"Odio la forma en que hablas de tu vida matrimonial, Harry"
"I hate the way you talk about your married life, Harry"

Y se dirigió hacia la puerta que daba al jardín
and he strolled towards the door that led into the garden
"Creo que realmente eres un muy buen marido"
"I believe that you are really a very good husband"
"pero creo que te avergüenzas completamente de tus propias virtudes"
"but I believe that you are thoroughly ashamed of your own virtues"
"Eres un tipo extraordinario"
"You are an extraordinary fellow"
"Nunca dices una cosa moral, y nunca haces algo malo"
"You never say a moral thing, and you never do a wrong thing"
"Tu cinismo es simplemente una pose"
"Your cynicism is simply a pose"
Lord Henry se opuso apasionadamente, pero se echó a reír
Lord Henry objected passionately, but laughed
"Ser natural es simplemente una pose, y la pose más irritante que conozco"
"Being natural is simply a pose, and the most irritating pose I know"
Y los dos jóvenes salieron juntos al jardín
and the two young men went out into the garden together
A la sombra de un alto arbusto de laurel había un largo asiento de bambú
in the shade of a tall laurel bush stood a long bamboo seat
Los dos hombres se acomodaron en el asiento de bambú
the two men ensconced themselves on the bamboo seat
La luz del sol se deslizaba sobre las hojas pulidas
The sunlight slipped over the polished leaves
En la hierba, las margaritas blancas temblaban
In the grass, white daisies were tremulous
Después de una pausa, lord Henry sacó su reloj
After a pause, Lord Henry pulled out his watch
—**Me temo que debo irme, Basil** —murmuró—
"I am afraid I must be going, Basil," he murmured
"Y antes de irme, insisto en que respondas a una pregunta"
"and before I go, I insist on your answering a question"
"Te había hecho la pregunta hace algún tiempo"
"I had put the question to you some time ago"
El pintor mantenía los ojos fijos en el suelo
the painter kept his eyes fixed on the ground
"¿Qué pregunta me hiciste?", preguntó
"What question do you gave in mind?" he asked

"Sabes muy bien lo que me gustaría preguntarte"
"You know quite well what I would like to ask you"
"No sé qué te gustaría preguntarme, Harry"
"I do not know what you would like to ask me, Harry"
"Bueno, te diré lo que me gustaría saber"
"Well, I will tell you what I would like to know"
"Por favor, explíqueme por qué no exhibirá la foto de Dorian Gray"
"please explain to me why you won't exhibit Dorian Gray's picture"
"Quiero la verdadera razón por la que no muestras su foto"
"I want the real reason you don't display his picture"
—Te dije la verdadera razón —respondió Basilo—
"I told you the real reason," answered Basil
"No, no me dijiste la verdadera razón"
"No, you did not tell me the real reason"
"Dijiste que era porque había demasiado de ti mismo en la imagen"
"You said it was because there was too much of yourself in the picture"
"Los dos sabemos que es una razón infantil para no mostrarlo"
"we both know that is a childish reason not to display it"
—Harry —dijo Basil Hallward, mirándolo directamente a la cara—
"Harry," said Basil Hallward, looking him straight in the face
"Todo retrato que se pinta con sentimiento es un retrato del artista"
"every portrait that is painted with feeling is a portrait of the artist"
"No es una foto de la modelo"
"it is not a picture of the sitter"
"La niñera no es más que el accidente, la ocasión"
"The sitter is merely the accident, the occasion"
"No es él quien es revelado por el pintor"
"It is not he who is revealed by the painter"
"Es más bien el pintor quien, en el lienzo coloreado, se revela"
"it is rather the painter who, on the coloured canvas, reveals himself"
"Te diré la razón por la que no exhibiré esta imagen"
"I will tell you the reason I will not exhibit this picture"
"Me temo que he mostrado en ella el secreto de mi propia alma"
"I am afraid that I have shown in it the secret of my own soul"
Lord Henry se echó a reír, "¿y cuál es ese secreto?", preguntó
Lord Henry laughed, "and what is that secret?" he asked
—Te lo diré —dijo Hallward—
"I will tell you," said Hallward
Pero una expresión de perplejidad se apoderó de su rostro
but an expression of perplexity came over his face

—Soy todo expectativa, Basilo —continuó su compañero, mirándole—
"I am all expectation, Basil," continued his companion, glancing at him

—Oh, en realidad hay muy poco que contar, Harry —respondió el pintor—
"Oh, there is really very little to tell, Harry," answered the painter

"y me temo que difícilmente lo entenderás"
"and I am afraid you will hardly understand it"

"Y dudo que creas siquiera en mi razón"
"and I doubt you will even believe my reason"

Lord Henry sonrió y se inclinó sobre la hierba
Lord Henry smiled, and he leaned down to the grass

Arrancó una margarita de pétalos rosados de la hierba y la examinó
he plucked a pink-petalled daisy from the grass and examined it

—Estoy seguro de que lo entenderé —respondió—
"I am quite sure I shall understand it," he replied

Y miró fijamente el pequeño disco dorado de plumas blancas
and he gazed intently at the little golden, white-feathered disk

"Y en cuanto a creer cosas, puedo creer cualquier cosa"
"and as for believing things, I can believe anything"

"Puedo creer cualquier cosa, siempre que sea increíble"
"I can believe anything, provided that it is incredible"

El viento sacudió algunas flores de los árboles
The wind shook some blossoms from the trees

y las pesadas flores lilas se movían de un lado a otro en el aire lánguido
and the heavy lilac-blooms moved to and fro in the languid air

Un saltamontes comenzó a gorjear junto a la pared
A grasshopper began to chirrup by the wall

y como un hilo azul, una libélula larga y delgada pasó flotando
and like a blue thread a long thin dragon-fly floated past

Lord Henry sintió como si pudiera oír los latidos del corazón de Basil Hallward
Lord Henry felt as if he could hear Basil Hallward's heart beating

y se preguntó qué iba a decirle Basilo
and he wondered what Basil was about to tell him

-La historia es ésta -dijo el pintor al cabo de un rato-
"The story is simply this;" said the painter after some time

"Hace dos meses fui a un flechazo a casa de Lady Brandon"
"Two months ago I went to a crush at Lady Brandon's"

"Sabes que los artistas pobres tenemos que mostrarnos en la sociedad"
"You know we poor artists have to show ourselves in society"
Al menos, tenemos que mostrarnos de vez en cuando"
at least, we have to show ourselves from time to time"
"Solo para recordarle al público que no somos salvajes"
"just to remind the public that we are not savages"
"Como me dijiste una vez, cualquiera puede ganarse la reputación de ser civilizado"
"as you told me once, anybody can gain a reputation for being civilized"
"Incluso un corredor de bolsa puede parecer civilizado"
"even a stock-broker can appear to be civilized"
"Todo lo que necesitas es un abrigo de noche y una corbata blanca"
"all you need is an evening coat and a white tie"
"Bueno, había estado en la habitación unos diez minutos"
"Well, I had been in the room about ten minutes"
"Estuve hablando con grandes viudas y académicos tediosos"
"I was talking to huge overdressed dowagers and tedious academicians"
"Entonces de repente me di cuenta de que alguien me estaba mirando"
"then I suddenly became conscious that some one was looking at me"
"Me di la vuelta a mitad de camino y vi a Dorian Gray por primera vez"
"I turned half-way round and saw Dorian Gray for the first time"
"Cuando nuestras miradas se encontraron, sentí que me estaba poniendo pálido"
"When our eyes met, I felt that I was growing pale"
"Me invadió una curiosa sensación de terror"
"A curious sensation of terror came over me"
"Sabía que me había encontrado cara a cara con alguien"
"I knew that I had come face to face with some one"
"Alguien cuya mera personalidad era peligrosamente fascinante"
"someone whose mere personality was dangerously fascinating"
"si se lo permitiera, su personalidad absorbería toda mi naturaleza"
"if I allowed it to do so, his personality would absorb my whole nature"
"Alguien cuya personalidad pudiera absorber toda mi alma"
"someone whose personality could absorb my whole soul"
"Alguien cuya personalidad pudiera absorber mi propio arte"

"someone whose personality could absorb my very art itself"
"No quería ninguna influencia externa en mi vida"
"I did not want any external influence in my life"
"Sabes, Harry, lo independiente que soy por naturaleza"
"You know, Harry, how independent I am by nature"
"Siempre he sido mi propio amo; al menos yo siempre lo había sido"
"I have always been my own master; at least I had always been so"
"Siempre había sido mi propio maestro hasta que conocí a Dorian Gray"
"I had always been my own master till I met Dorian Gray"
"pero no sé cómo explicártelo"
"but I don't know how to explain it to you"
"Algo parecía estar tratando de decirme algo"
"Something seemed to be trying to tell me something"
"Parecía estar al borde de una terrible crisis en mi vida"
"I seemed to be on the verge of a terrible crisis in my life"
"Tenía una extraña sensación de lo que el destino me tenía reservado"
"I had a strange feeling for what fate had in store for me"
"El destino había planeado para mí exquisitas alegrías y exquisitas penas"
"fate had planned exquisite joys and exquisite sorrows for me"
"Me asusté y me di la vuelta para salir de la habitación"
"I grew afraid and turned to quit the room"
"No fue la conciencia la que me hizo hacerlo"
"It was not conscience that made me do so"
"Fue una especie de cobardía lo que me hizo huir"
"it was a sort of cowardice that made me flee"
"No me atribuyo ningún mérito por intentar escapar"
"I take no credit to myself for trying to escape"
"La conciencia y la cobardía son en realidad la misma cosa, querido Basilo"
"Conscience and cowardice are really the same things, dear Basil"
—No lo creo, Harry, y no creo que tú tampoco.
"I don't believe that, Harry, and I don't believe you do either"
"Sin embargo, cualquiera que fuera mi motivo, ciertamente luché hasta la puerta"
"However, whatever was my motive, I certainly struggled to the door"
"Puede que haya sido el orgullo lo que me motivó"

"it may have been pride that motivated me"
"porque antes era muy orgulloso"
"because I used to be very proud"
"Allí, por supuesto, me tropecé con Lady Brandon"
"There, of course, I stumbled against Lady Brandon"
—¿No va a huir tan pronto, señor Hallward? —gritó—
"You are not going to run away so soon, Mr Hallward?" she screamed out
—¿Conoces su voz curiosamente estridente?
"You know her curiously shrill voice?"
—Sí; es un pavo real en todo menos en la belleza —dijo lord Henry—
"Yes; she is a peacock in everything but beauty," said Lord Henry
Y despedazó la margarita con sus largos dedos nerviosos
and he pulled the daisy to bits with his long nervous fingers
"No pude deshacerme de ella, por más que lo intenté"
"I could not get rid of her, however much I tried"
"Ella me crió con gente de la realeza"
"She brought me up to people of royalty"
"Y me presentó a gente con estrellas y ligas"
"and she introduced me to people with stars and garters"
"Y me trajo ancianas con tiaras gigantes"
"and she brought me elderly ladies with gigantic tiaras"
"Y trajo a unos ancianos con narices de loro"
"and she brought be elderly men with parrot noses"
"Hablaba de mí como de su amiga más querida"
"She spoke of me as her dearest friend"
"Antes de esa noche solo la había visto una vez"
"before that night I had only met her once before"
"Pero se le metió en la cabeza enaltecerme"
"but she took it into her head to lionize me"
"Creo que una foto mía había tenido un gran éxito en su momento"
"I believe some picture of mine had made a great success at the time"
"Al menos, mis fotos habían sido comentadas en los periódicos de un centavo"
"at least, my pictures had been chattered about in the penny newspapers"
"Es el estándar de inmortalidad del siglo XIX"
"it is the nineteenth-century standard of immortality"
"De repente me encontré cara a cara con el joven"
"Suddenly I found myself face to face with the young man"

"El joven cuya personalidad me había conmovido tan extrañamente"
"the young man whose personality had so strangely stirred me"
"Estábamos bastante cerca, casi tocándonos. Nuestras miradas se volvieron a encontrar"
"We were quite close, almost touching. Our eyes met again"
"Fue imprudente de mi parte, pero le pedí a Lady Brandon que me lo presentara"
"It was reckless of me, but I asked Lady Brandon to introduce me to him"
"Tal vez no fue tan imprudente, después de todo. Tal vez lo que era era simplemente inevitable"
"Perhaps it was not so reckless, after all. Perhaps what it was was simply inevitable"
"Habríamos hablado sin presentación"
"We would have spoken to each other without any introduction"
"Estoy seguro de eso. Dorian me lo dijo después.
"I am sure of that. Dorian told me so afterwards"
"Él también sentía que estábamos destinados a conocernos"
"He, too, felt that we were destined to know each other"
Su compañero sintió curiosidad por la historia
his companion grew curious about the story
—¿Y cómo describió lady Brandon a este maravilloso joven?
"And how did Lady Brandon describe this wonderful young man?"
"Sé que va por dar un resumen rápido de todos sus invitados"
"I know she goes in for giving a rapid précis of all her guests"
"Recuerdo que me llevó a un anciano de cara roja"
"I remember her bringing me up to a red-faced old gentleman"
"Estaba cubierto por todas partes de órdenes y cintas"
"he was covered all over with orders and ribbons"
"Y me silbaba al oído, en un susurro trágico"
"and he was hissing into my ear, in a tragic whisper"
"Estoy seguro de que era perfectamente audible para todos en la sala"
"I'm sure it was perfectly audible to everybody in the room"
"Me contó los detalles más asombrosos y simplemente huí"
"he told me the most astounding details, and I simply fled"
"Me gusta conocer a la gente por mí mismo"
"I like to find out people for myself"
Pero lady Brandon trata a sus invitados como un subastador trata sus bienes

"But Lady Brandon treats her guests like an auctioneer treats his goods
"O los explica por completo"
"She either explains them entirely away"
"O le dice a uno todo sobre ellos, excepto lo que uno quiere saber"
"or she tells one everything about them except what one wants to know"
—**¡Pobre lady Brandon! —intervino Basilo—**
"Poor Lady Brandon!" Basil interjected
—**¡Eres duro con ella, Harry! —dijo Hallward con desgana—**
"You are hard on her, Harry!" said Hallward listlessly
"Mi querido amigo, ella trató de fundar un salón"
"My dear fellow, she tried to found a salon"
"Pero solo logró abrir un restaurante"
"but she only succeeded in opening a restaurant"
"Así que no puedo ver cómo la admiras"
"so I can't quite see how you admire her"
Pero dígame, ¿qué dijo del señor Dorian Gray?
"But tell me, what did she say about Mr Dorian Gray?"
"Oh, algo así como: 'Chico encantador, pobrecito'"
"Oh, something like: 'Charming boy, poor dear'"
"Su madre y yo somos absolutamente inseparables"
"his mother and I are absolutely inseparable"
"Parece que me he olvidado bastante de lo que hace"
"I seem to have quite forgotten what he does"
"'Oh, sí, toca el piano', recordó"
"'oh, yes, he plays the piano', she remembered"
"'¿O es el violín, querido señor Gray?', pensó"
"'Or is it the violin, dear Mr Gray?' she thought"
"Ninguno de los dos pudo evitar reírse"
"Neither of us could help laughing"
"Y nos hicimos amigos de inmediato"
"and we became friends at once"
El joven señor arrancó otra margarita de la hierba
the young lord plucked another daisy from the grass
"La risa no es para nada un mal comienzo para una amistad"
"Laughter is not at all a bad beginning for a friendship"
"Y, por supuesto, la risa es el mejor final para una amistad"
"and of course laughter is the best ending for a friendship"
Hallward no pudo estar de acuerdo y negó con la cabeza
Hallward couldn't agree, and shook his head

"No entiendes lo que es la amistad, Harry"
"You don't understand what friendship is, Harry"
"Tampoco sabes que la enemistad lo es, para el caso"
"nor do you know enmity is, for that matter"
"Te gustan todos; es decir, eres indiferente a todos"
"You like every one; that is to say, you are indifferent to every one"
-¡Qué horriblemente injusto de vuestra parte! -exclamó lord Henry-
"How horribly unjust of you!" cried Lord Henry
E inclinó su sombrero hacia atrás y miró hacia las nubecillas
and he tilted his hat back and looked up at the little clouds
Las nubecillas eran como madejas deshilachadas de seda blanca y brillante
the little clouds were like ravelled skeins of glossy white silk
Flotaban a la deriva a través del turquesa hueco del cielo de verano
they were drifting across the hollowed turquoise of the summer sky
—Sí; es terriblemente injusto de tu parte"
"Yes; it is horribly unjust of you"
"Hago una gran diferencia entre las personas"
"I make a great difference between people"
"Elijo a mis amigos por su buen aspecto"
"I choose my friends for their good looks"
"Elijo a mis conocidos por su buen carácter"
"I choose my acquaintances for their good characters"
"Y elijo a mis enemigos por su buen entendimiento"
"and I choose my enemies for their good intellects"
"Un hombre no puede ser demasiado cuidadoso en la elección de sus enemigos"
"A man cannot be too careful in the choice of his enemies"
"No tengo un solo enemigo que sea tonto"
"I have not got one enemy who is a fool"
"Todos son hombres de algún poder intelectual"
"They are all men of some intellectual power"
"Y, en consecuencia, todos me aprecian"
"and consequently, they all appreciate me"
"¿Es eso muy vanidoso de mi parte? Creo que es bastante vanidoso"
"Is that very vain of me? I think it is rather vain"
—Lo consideraría muy vanidoso, Harry.
"I should think it very vain, Harry"
"Pero de acuerdo con su categoría, debo ser simplemente un conocido"
"But according to your category I must be merely an acquaintance"

"Mi querido viejo Basilo, eres mucho más que un conocido"
"My dear old Basil, you are much more than an acquaintance"
"Y mucho menos que un amigo. ¿Una especie de hermano, supongo?
"And much less than a friend. A sort of brother, I suppose?"
"¡Oh, hermanos! No me importan los hermanos"
"Oh, brothers! I don't care for brothers"
"Mi hermano mayor no morirá"
"My elder brother won't die"
"Y mis hermanos menores parecen no hacer otra cosa que morir"
"and my younger brothers seem never to do anything but die"
—¡Harry! —exclamó Hallward, frunciendo el ceño—
"Harry!" exclaimed Hallward, frowning
"Mi querido amigo, no hablo muy en serio"
"My dear fellow, I am not quite serious"
"Pero no puedo evitar detestar a mis parientes"
"But I can't help detesting my relations"
"Tienen todos los mismos defectos que yo"
"they have all the same faults as me"
"Simpatizo bastante con la rabia de la democracia inglesa"
"I quite sympathize with the rage of the English democracy"
"Se enfurecen contra lo que llaman los vicios de las clases altas"
"they rage against what they call the vices of the upper orders"
"Las masas reclaman su propiedad especial"
"The masses lay claim to their special property"
"Sienten que la embriaguez, la estupidez y la inmoralidad son suyas"
"they feel that drunkenness, stupidity, and immorality are theirs"
"No quieren que nos hagamos burros"
"they don't want us to make donkeys of ourselves"
"No debemos cazar furtivamente de sus cotos"
"we are not to poach from their preserves"
"Piensa en cuando el pobre Southwark entró en el tribunal de divorcio"
"think of when poor Southwark got into the divorce court"
"Su indignación fue magnífica"
"their indignation was quite magnificent"
"Pero, ¿vive bien el diez por ciento del proletariado?"
"but do even ten per cent of the proletariat live correctly?"
"No estoy de acuerdo con una sola palabra de lo que has dicho"
"I don't agree with a single word that you have said"

"Y, lo que es más, Harry, estoy seguro de que tú tampoco"
"and, what is more, Harry, I feel sure you don't either"
Lord Henry se acarició la barba castaña y puntiaguda
Lord Henry stroked his pointed brown beard
y golpeó la punta de su bota de cuero con un bastón de ébano con borlas
and he tapped the toe of his leather boot with a tasselled ebony cane
—¡Qué inglés eres, querido Basilo!
"How English you are, dear Basil!"
"Es la segunda vez que haces esa observación"
"That is the second time you have made that observation"
"siempre es temerario sugerir una idea a un verdadero inglés"
"it is always rash to suggest an idea to a true Englishman"
"Pero nunca se debe soñar con considerar si la idea es correcta o incorrecta"
"but you should never dream of considering whether the idea is right or wrong"
"Solo hay una cosa que él considera importante"
"There is only one thing he considers of any importance"
"Lo único importante es que uno mismo se crea la idea"
"it is only important whether one believes the idea oneself"
"Ahora bien, el valor de una idea no tiene nada que ver con la sinceridad del hombre que la expresa"
"Now, the value of an idea has nothing whatsoever to do with the sincerity of the man who expresses it"
"De hecho, lo más probable es que cuanto más insincero sea el hombre, más puramente intelectual será la idea"
"Indeed, the probabilities are that the more insincere the man is, the more purely intellectual the idea will be"
"ya que en ese caso la idea no estará coloreada ni por sus deseos, ni por sus deseos, ni por sus prejuicios"
"as in that case the idea will not be coloured by either his wants, his desires, or his prejudices"
"Sin embargo, no me propongo discutir con usted sobre política, sociología o metafísica"
"However, I don't propose to discuss politics, sociology, or metaphysics with you"
"Me gustan más las personas que los principios"
"I like persons better than principles"
"y me gustan más las personas sin principios que cualquier otra cosa en el mundo"

"and I like persons with no principles better than anything else in the world"
Cuéntame más sobre el señor Dorian Gray. ¿Con qué frecuencia lo ves?
"Tell me more about Mr Dorian Gray. How often do you see him?"
"Todos los días. No podría ser feliz si no lo viera todos los días"
"Every day. I couldn't be happy if I didn't see him every day"
"Es absolutamente necesario para mí"
"He is absolutely necessary to me"
"¡Qué extraordinario! Pensé que nunca te importaría nada más que tu arte"
"How extraordinary! I thought you would never care for anything but your art"
—Ahora es todo mi arte para mí —dijo el pintor con gravedad—
"He is all my art to me now," said the painter gravely
"A veces pienso, Harry, que sólo hay dos épocas de alguna importancia en la historia del mundo"
"I sometimes think, Harry, that there are only two eras of any importance in the world's history"
"La primera época de importancia es la aparición de un nuevo medio para el arte"
"The first era of importance is the appearance of a new medium for art"
"Y la segunda época de importancia es la aparición de una nueva personalidad para el arte"
"and the second era of importance is the appearance of a new personality for art"
"Lo que la invención de la pintura al óleo fue para los venecianos"
"What the invention of oil-painting was to the Venetians"
"lo que fue el rostro de Antinoo para la escultura griega tardía"
"what the face of Antinous was to late Greek sculpture"
"la cara de Dorian Gray algún día será la misma para mí"
"the face of Dorian Gray will some day be the same to me"
"No se trata simplemente de que pinte a partir de él, dibuje a partir de él, dibuje a partir de él"
"It is not merely that I paint from him, draw from him, sketch from him"
"Por supuesto, he hecho todo eso"
"Of course, I have done all that"
"Pero él es mucho más para mí que un modelo o una niñera"
"But he is much more to me than a model or a sitter"

"No te diré que estoy insatisfecho con lo que he hecho con él"
"I won't tell you that I am dissatisfied with what I have done of him"
"ni te diré que su belleza es tal que el arte no puede expresarla"
"nor will I tell you that his beauty is such that art cannot express it"
"No hay nada que el arte no pueda expresar"
"There is nothing that art cannot express"
"y sé que el trabajo que he hecho, desde que conocí a Dorian Gray, es un buen trabajo"
"and I know that the work I have done, since I met Dorian Gray, is good work"
"Es el mejor trabajo de mi vida"
"it is the best work of my life"
"Me pregunto, ¿me entenderás?"
"I wonder, will you understand me?"
"De alguna manera curiosa, su personalidad me ha sugerido una manera completamente nueva en el arte"
"in some curious way his personality has suggested to me an entirely new manner in art"
"Su personalidad ha sugerido un modo de estilo completamente nuevo"
"his personality has suggested an entirely new mode of style"
"Veo las cosas de otra manera, las pienso de otra manera"
"I see things differently, I think of them differently"
"Ahora puedo recrear la vida de una manera que antes estaba oculta para mí"
"I can now recreate life in a way that was hidden from me before"
"'Un sueño de forma en días de pensamiento', ¿quién es el que dice eso?"
"'A dream of form in days of thought' - who is it who says that?"
"Se me olvida; pero es lo que Dorian Gray ha sido para mí"
"I forget; but it is what Dorian Gray has been to me"
"La presencia meramente visible de este muchacho"
"The merely visible presence of this lad"
"Porque me parece poco más que un muchacho, aunque en realidad tiene más de veinte años"
"because he seems to me little more than a lad, though he is really over twenty"
"Su presencia meramente visible, ¡ah!"
"his merely visible presence — ah!"
"Me pregunto, ¿puedes darte cuenta de todo lo que eso significa?"
"I wonder, can you realize all that that means?"

"Inconscientemente me define las líneas de una nueva escuela de pensamiento"
"Unconsciously he defines for me the lines of a fresh school of thought"
"una escuela de pensamiento que debe tener en sí toda la pasión del espíritu romántico"
"a school of thought that is to have in it all the passion of the romantic spirit"
"una escuela de pensamiento que debe tener toda la perfección del espíritu que es griego"
"a school of thought that is to have all the perfection of the spirit that is Greek"
"La armonía del alma y el cuerpo. ¡Cuánto es eso!".
"The harmony of soul and body. How much that is!"
"Nosotros, en nuestra locura, hemos separado a los dos"
"We in our madness have separated the two"
"Y hemos inventado un realismo que es vulgar"
"and we have invented a realism that is vulgar"
"Hemos creado un ideal que está vacío"
"we have created an ideal that is void"
"¡Harry! ¡Si supieras lo que Dorian Gray es para mí!
"Harry! if you only knew what Dorian Gray is to me!"
—¿Te acuerdas de ese cuadro de paisaje mío?
"Do you remember that landscape painting of mine?"
"la pintura por la que Agnew me ofreció un precio tan alto"
"the painting for which Agnew offered me such a huge price"
"pero no me separaría de la pintura"
"but I would not part with the painting"
"Es una de las mejores cosas que he hecho en mi vida"
"It is one of the best things I have ever done"
—¿Y cómo llegó a ser así el cuadro?
"And how did the painting become so?"
"Porque, mientras lo pintaba, Dorian Gray se sentó a mi lado"
"Because, while I was painting it, Dorian Gray sat beside me"
"Alguna sutil influencia pasó de él a mí"
"Some subtle influence passed from him to me"
"Y por primera vez en mi vida vi algo en el bosque llano"
"and for the first time in my life I saw something in the plain woodland"
"Vi la maravilla que siempre había buscado y siempre echado de menos"

"I saw the wonder I had always looked for and always missed"

"¡Querido Basilo, esto es extraordinario! Tengo que ver a Dorian Gray.

"Dear Basil, this is extraordinary! I must see Dorian Gray"

Hallward se levantó del asiento y caminó de un lado a otro del jardín

Hallward got up from the seat and walked up and down the garden

Al cabo de un tiempo volvió

After some time he came back

"Harry", dijo, "Dorian Gray es para mí simplemente un motivo en el arte"

"Harry," he said, "Dorian Gray is to me simply a motive in art"

"Es posible que no veas nada en él. Veo todo en él"

"You might see nothing in him. I see everything in him"

"Nunca está más presente en mi obra que cuando no hay ninguna imagen de él"

"He is never more present in my work than when no image of him is there"

"Es una sugerencia, como he dicho, de una nueva manera"

"He is a suggestion, as I have said, of a new manner"

"Lo encuentro en las curvas de ciertas líneas"

"I find him in the curves of certain lines"

"Lo encuentro en la hermosura y sutileza de ciertos colores"

"I find him in the loveliness and subtleties of certain colours"

—Entonces, ¿por qué no exhibe usted su retrato? —preguntó lord Henry

"Then why won't you exhibit his portrait?" asked Lord Henry

"Porque, sin proponérmelo, he puesto en él alguna expresión de toda esta curiosa idolatría artística"

"Because, without intending it, I have put into it some expression of all this curious artistic idolatry"

"idolatría artística de la que, por supuesto, nunca me he preocupado de hablarle"

"artistic idolatry of which, of course, I have never cared to speak to him about"

"No sabe nada de eso, y nunca sabrá nada de eso"

"He knows nothing about it, and he shall never know anything about it"

"Pero el mundo podría adivinar mi inspiración"

"But the world might guess my inspiration"

"y no desnudaré mi alma a sus miradas indiscretas y superficiales"

"and I will not bare my soul to their shallow prying eyes"
"Mi corazón nunca será puesto bajo su microscopio"
"My heart shall never be put under their microscope"
—Hay demasiado de mí mismo en la cosa, Harry, ¡demasiado de mí mismo!
"There is too much of myself in the thing, Harry—too much of myself!"
"Los poetas no son tan escrupulosos como tú"
"Poets are not so scrupulous as you are"
"Saben lo útil que es la pasión para la publicación"
"They know how useful passion is for publication"
"Hoy en día un corazón roto corre a muchas ediciones"
"Nowadays a broken heart will run to many editions"
—Los odio por eso —exclamó Hallward—
"I hate them for it," cried Hallward
"Un artista debe crear cosas bellas"
"An artist should create beautiful things"
"Pero un artista no debe poner nada de su propia vida en las cosas bellas que crea"
"but an artist should put nothing of his own life into the beautiful things he creates"
"Vivimos en una época en la que los hombres tratan el arte como si fuera una forma de autobiografía"
"We live in an age when men treat art as if it were meant to be a form of autobiography"
"Hemos perdido el sentido abstracto de la belleza"
"We have lost the abstract sense of beauty"
"Algún día mostraré al mundo lo que es esa belleza"
"Some day I will show the world what that beauty is"
"y por esa razón el mundo nunca verá mi retrato de Dorian Gray"
"and for that reason the world shall never see my portrait of Dorian Gray"
"Creo que te equivocas, Basil, pero no discutiré contigo"
"I think you are wrong, Basil, but I won't argue with you"
"Sólo los intelectualmente perdidos discuten"
"It is only the intellectually lost who ever argue"
—Dime, ¿te quiere Dorian Gray?
"Tell me, is Dorian Gray very fond of you?"
El pintor reflexionó unos instantes
The painter considered for a few moments
"Le gusto", respondió después de una pausa

"He likes me," he answered after a pause
"Sé que le gusto", confirmó
"I know he likes me," he confirmed
"Por supuesto que lo halago terriblemente"
"Of course I flatter him dreadfully"
"Encuentro un extraño placer en decirle cosas que sé que me arrepentiré de haber dicho"
"I find a strange pleasure in saying things to him that I know I shall be sorry for having said"
"Por regla general, es encantador conmigo, y nos sentamos en el estudio y hablamos de mil cosas"
"As a rule, he is charming to me, and we sit in the studio and talk of a thousand things"
"De vez en cuando, sin embargo, es terriblemente irreflexivo"
"Now and then, however, he is horribly thoughtless"
"Y de vez en cuando parece que se deleita en causarme dolor"
"and every now and then he seems to take a real delight in giving me pain"
"Siento, Harry, que he entregado toda mi alma a alguien que la trata como si fuera una flor para poner en su abrigo"
"I feel, Harry, that I have given away my whole soul to some one who treats it as if it were a flower to put in his coat"
"Un poco de decoración para encantar su tocador, un adorno para un día de verano"
"a bit of decoration to charm his vanity, an ornament for a summer's day"
—Los días de verano, Basil, tienden a demorarse —murmuró lord Henry—
"Days in summer, Basil, are apt to linger," murmured Lord Henry
"Tal vez te canses antes que él"
"Perhaps you will tire sooner than he will"
"Es triste pensar en ello, pero no hay duda de que el genio dura más que la belleza"
"It is a sad thing to think of, but there is no doubt that genius lasts longer than beauty"
"Eso explica el hecho de que todos nos esforcemos tanto en sobreeducarnos"
"That accounts for the fact that we all take such pains to over-educate ourselves"
"En la lucha salvaje por la existencia, queremos tener algo que perdure"

"In the wild struggle for existence, we want to have something that endures"
"Y así llenamos nuestras mentes de basura y hechos, con la tonta esperanza de mantener nuestro lugar"
"and so we fill our minds with rubbish and facts, in the silly hope of keeping our place"
"El hombre bien informado, ese es el ideal moderno"
"The thoroughly well-informed man, that is the modern ideal"
"Y la mente del hombre bien informado es una cosa espantosa"
"And the mind of the thoroughly well-informed man is a dreadful thing"
"Es como una tienda de baratijas, todo monstruos y polvo"
"It is like a bric-à-brac shop, all monsters and dust"
"Un lugar donde todo tiene un precio por encima de su justo valor"
"a place where everything is priced above its proper value"
"Creo que te cansarás primero, de todos modos"
"I think you will tire first, all the same"
"Algún día mirarás a tu amigo, y te parecerá que está un poco fuera de dibujo"
"Some day you will look at your friend, and he will seem to you to be a little out of drawing"
"O no te gustará su tono de color, o algo así"
"or you won't like his tone of colour, or something"
"Lo recriminarás amargamente en tu propio corazón"
"You will bitterly reproach him in your own heart"
"Y pensarás seriamente que se ha portado muy mal contigo"
"and you will seriously think that he has behaved very badly to you"
"La próxima vez que te llame, serás perfectamente frío e indiferente"
"The next time he calls, you will be perfectly cold and indifferent"
"Será una gran lástima, porque te alterará"
"It will be a great pity, for it will alter you"
"Lo que me has contado es todo un romance"
"What you have told me is quite a romance"
"Un romance de arte, podría llamarse"
"a romance of art, one might call it"
"Y lo peor de un romance de cualquier tipo es que te deja a uno tan poco romántico"
"and the worst of part of a romance of any kind is that it leaves one so unromantic"
"Harry, no hables así"

"Harry, don't talk like that"
"Mientras viva, la personalidad de Dorian Gray me dominará"
"As long as I live, the personality of Dorian Gray will dominate me"
"No puedes sentir lo que yo siento. Cambias con demasiada frecuencia"
"You can't feel what I feel. You change too often"
"Ah, mi querido Basilo, es exactamente por eso que puedo sentirlo"
"Ah, my dear Basil, that is exactly why I can feel it"
"Los que son fieles solo conocen el lado trivial del amor"
"Those who are faithful know only the trivial side of love"
"Son los infieles los que conocen las tragedias del amor"
"it is the faithless who know love's tragedies"
"Y lord Henry prendió fuego a una delicada caja de plata"
"And Lord Henry struck a fire on a dainty silver case"
"Y empezó a fumar un cigarrillo con aire cohibido y satisfecho"
"and he began to smoke a cigarette with a self-conscious and satisfied air"
"Como si hubiera resumido el mundo en una frase"
"as if he had summed up the world in a phrase"
Se oyó un susurro de gorriones en las hojas de laca verde de la hiedra
There was a rustle of chirruping sparrows in the green lacquer leaves of the ivy
y las sombras azules de las nubes se perseguían por la hierba como golondrinas
and the blue cloud-shadows chased themselves across the grass like swallows
¡Qué agradable era estar en el jardín!
How pleasant it was in the garden!
¡Y qué deliciosas eran las emociones de otras personas!
And how delightful other people's emotions were!
Las emociones de los demás son mucho más deliciosas que sus ideas, le parecía
other people's emotions are much more delightful than their ideas, it seemed to him
La propia alma y las pasiones de los amigos, esas eran las cosas fascinantes de la vida
One's own soul, and the passions of one's friends - those were the fascinating things in life
Se imaginó a sí mismo, con silenciosa diversión, el tedioso almuerzo que se había perdido

He pictured to himself with silent amusement the tedious luncheon that he had missed

Quedarse tanto tiempo con Basil Hallward le dio una buena excusa para no ir
staying so long with Basil Hallward gave him a good excuse not to go

Si hubiera ido a casa de su tía, habría estado seguro de encontrarse allí con lord Goodbody
Had he gone to his aunt's, he would have been sure to have met Lord Goodbody there

Toda la conversación habría sido sobre la alimentación de los pobres
the whole conversation would have been about the feeding of the poor

y habría hablado de la necesidad de casas de hospedaje modelo
and he would have spoken about the necessity for model lodging-houses

Cada clase habría predicado la importancia de esas virtudes
Each class would have preached the importance of those virtues

pero no había necesidad de practicar esas virtudes en sus propias vidas
but there was no necessity to practice those virtues in their own lives

Los ricos habrían hablado sobre el valor del ahorro
The rich would have spoken on the value of thrift

y los ociosos se habrían vuelto elocuentes sobre la dignidad del trabajo
and the idle would have grown eloquent over the dignity of labour

¡Fue encantador haber escapado de todo eso!
It was charming to have escaped all that!

Mientras pensaba en su tía, una idea pareció aparecerle
As he thought of his aunt, an idea seemed to strike him

Se volvió hacia Hallward y le dijo: "Mi querido amigo, acabo de recordarlo"
He turned to Hallward and said, "My dear fellow, I have just remembered"

—**¿Te acuerdas de qué, Harry?**
"Remembered what, Harry?"

"Recuerdo dónde escuché el nombre de Dorian Gray"
"I remember where I heard the name of Dorian Gray"

—**¿Dónde estaba? —preguntó Hallward, frunciendo ligeramente el ceño**
"Where was it?" asked Hallward, with a slight frown

—No parezcas tan enfadado, Basil. Fue en casa de mi tía, lady Agatha
"Don't look so angry, Basil. It was at my aunt, Lady Agatha's
Me dijo que había descubierto a un joven maravilloso
She told me she had discovered a wonderful young man
iba a ayudarla en el East End
he was going to help her in the East End
y me dijo que se llamaba Dorian Gray
and she told me that his name was Dorian Gray
Estoy obligado a decir que ella nunca me dijo que era guapo
I am bound to state that she never told me he was good-looking
Las mujeres no aprecian la buena apariencia; Al menos, las buenas mujeres no lo han hecho
Women have no appreciation of good looks; at least, good women have not
Ella dijo que él era muy serio y tenía una naturaleza hermosa
She said that he was very earnest and had a beautiful nature
Inmediatamente me imaginé una criatura con gafas y pelo lacio, horriblemente pecosa
I at once pictured to myself a creature with spectacles and lank hair, horribly freckled
Me lo imaginé caminando sobre pies enormes
I imagined him tramping about on huge feet
Ojalá hubiera sabido que era tu amigo
I wish I had known it was your friend
Me alegro mucho de que no lo hayas hecho, Harry
I am very glad you didn't, Harry
—¿Por qué?
"Why?"
"No quiero que lo conozcas"
"I don't want you to meet him"
—¿No quieres que lo conozca?
"You don't want me to meet him?"
—No.
"No."
—El señor Dorian Gray está en el estudio, señor —dijo el mayordomo, entrando en el jardín—
"Mr Dorian Gray is in the studio, sir," said the butler, coming into the garden
—Es preciso que me presente ahora —exclamó lord Henry, riendo—

"You must introduce me now," cried Lord Henry, laughing
El pintor se volvió hacia su criado, que permanecía de pie, parpadeando a la luz del sol
The painter turned to his servant, who stood blinking in the sunlight
—Pídale al señor Gray que espere, Parker: estaré dentro de unos momentos.
"Ask Mr Gray to wait, Parker: I shall be in in a few moments"
El hombre hizo una reverencia y subió por la acera
The man bowed and went up the walk
Luego miró a lord Henry
Then he looked at Lord Henry
"Dorian Gray es mi amigo más querido", dijo
"Dorian Gray is my dearest friend," he said
"Tiene una naturaleza sencilla y hermosa"
"He has a simple and a beautiful nature"
—Tu tía tenía toda la razón en lo que dijo de él.
"Your aunt was quite right in what she said of him"
"No lo malcries. No trates de influir en él"
"Don't spoil him. Don't try to influence him"
"Su influencia sería mala"
"Your influence would be bad"
"El mundo es ancho y tiene muchas personas maravillosas en él"
"The world is wide, and has many marvellous people in it"
"No me quites a la única persona que le da a mi arte el encanto que posee"
"Don't take away from me the one person who gives to my art whatever charm it possesses"
"Mi vida como artista depende de él"
"my life as an artist depends on him"
"Harry, confío en ti"
"Harry, I trust you"
Hablaba muy despacio, y las palabras parecían arrancadas de él casi contra su voluntad
He spoke very slowly, and the words seemed wrung out of him almost against his will
-¡Qué tonterías dices! -dijo lord Henry, sonriendo-
"What nonsense you talk!" said Lord Henry, smiling
Tomó a Hallward por el brazo y casi lo condujo a la casa
taking Hallward by the arm, he almost led him into the house

Capítulo Segundo
Chapter Two

Al entrar, vieron a Dorian Gray
As they entered they saw Dorian Gray

Estaba sentado al piano, de espaldas a ellos
He was seated at the piano, with his back to them

estaba hojeando las páginas de un volumen de "Escenas del bosque" de Schumann
he was turning over the pages of a volume of Schumann's "Forest Scenes"

—Basilo, tienes que prestarme esto —exclamó—
"Basil, you must lend me these," he cried

"Quiero aprenderlos. Son perfectamente encantadores"
"I want to learn them. They are perfectly charming"

—Eso depende enteramente de cómo te sientes hoy, Dorian.
"That entirely depends on how you sit to-day, Dorian"

Se balanceaba sobre el taburete de la música de una manera obstinada y petulante
he swung round on the music-stool in a wilful, petulant manner

"Oh, estoy cansado de estar sentado, y no quiero un retrato de tamaño natural de mí mismo", respondió el muchacho
"Oh, I am tired of sitting, and I don't want a life-sized portrait of myself," answered the lad

Cuando vio a lord Henry, un leve rubor coloreó sus mejillas por un momento, y se puso en pie
When he caught sight of Lord Henry, a faint blush coloured his cheeks for a moment, and he started up

"Te ruego que me perdones, Basil, pero no sabía que tenías a nadie contigo"
"I beg your pardon, Basil, but I didn't know you had any one with you"

—Éste es lord Henry Wotton, Dorian, un viejo amigo mío de Oxford.
"This is Lord Henry Wotton, Dorian, an old Oxford friend of mine"

"Solo le estaba diciendo lo espléndido que te sientas para los retratos"
"I was just telling him how splendid you sit for portraits"

"Y ahora lo has estropeado todo"
"and now you have spoiled everything"

—No ha estropeado usted el placer de conocerle, señor Gray —dijo lord Henry—

"You have not spoiled my pleasure in meeting you, Mr. Gray," said Lord Henry
Y dio un paso adelante y extendió su mano
and he stepped forward and extended his hand
"Mi tía me ha hablado a menudo de ti"
"My aunt has often spoken to me about you"
"Eres una de sus favoritas y, me temo, también una de sus víctimas"
"You are one of her favourites, and, I am afraid, one of her victims also"
—Ahora mismo estoy en los libros negros de lady Agatha — respondió Dorian con una extraña mirada de arrepentimiento—
"I am in Lady Agatha's black books at present," answered Dorian with a funny look of penitence
"Prometí ir a un club en Whitechapel con ella el martes pasado"
"I promised to go to a club in Whitechapel with her last Tuesday"
"y me olvidé por completo de todo"
"and I completely forgot all about it"
"Íbamos a tocar un dueto juntos, tres duetos, creo"
"We were to have played a duet together—three duets, I believe"
"No sé qué me dirá"
"I don't know what she will say to me"
"Estoy demasiado asustado para llamar"
"I am far too frightened to call"
"Oh, haré las paces con mi tía"
"Oh, I will make your peace with my aunt"
"Ella es muy devota de ti"
"She is quite devoted to you"
"Y no creo que realmente importe que no estés allí"
"And I don't think it really matters about your not being there"
"El público probablemente pensó que era un dúo"
"The audience probably thought it was a duet"
"Cuando la tía Agatha se sienta al piano, hace suficiente ruido para dos personas"
"When Aunt Agatha sits down to the piano, she makes quite enough noise for two people"
—Eso es muy horrible para ella, y no muy agradable para mí — respondió Dorian, riendo—
"That is very horrid to her, and not very nice to me," answered Dorian, laughing
Lord Henry lo miró más de cerca
Lord Henry looked at him more closely

Sí, ciertamente era maravillosamente guapo
Yes, he was certainly wonderfully handsome
labios escarlata finamente curvados, ojos azules francos, cabello dorado nítido
finely curved scarlet lips, frank blue eyes, crisp gold hair
Había algo en su rostro que hacía que uno confiara en él de inmediato
There was something in his face that made one trust him at once
Toda la franqueza de la juventud estaba allí, así como toda la pureza apasionada de la juventud
All the candour of youth was there, as well as all youth's passionate purity
Uno sentía que se había mantenido inmaculado del mundo
One felt that he had kept himself unspotted from the world
No es de extrañar que Basil Hallward lo adorara
No wonder Basil Hallward worshipped him
"Es usted demasiado encantador para dedicarse a la filantropía, señor Gray, demasiado encantador"
"You are too charming to go in for philanthropy, Mr. Gray, far too charming"
Y lord Henry se dejó caer sobre el diván y abrió su pitillera
And Lord Henry flung himself down on the divan and opened his cigarette-case
El pintor había estado ocupado mezclando sus colores y preparando sus pinceles
The painter had been busy mixing his colours and getting his brushes ready
Parecía preocupado, y cuando oyó el último comentario de lord Henry, lo miró
He was looking worried, and when he heard Lord Henry's last remark, he glanced at him
dudó por un momento y luego dijo: "Harry, quiero terminar esta foto hoy"
he hesitated for a moment, and then said, "Harry, I want to finish this picture today"
—¿Te parecería terriblemente grosero de mi parte que te pidiera que te fueras?
"Would you think it awfully rude of me if I asked you to go away?"
Lord Henry sonrió y miró a Dorian Gray
Lord Henry smiled and looked at Dorian Gray
—¿Debo irme, señor Gray? —preguntó

"Am I to go, Mr. Gray?" he asked
—Oh, por favor, no lo hagas, lord Henry.
"Oh, please don't, Lord Henry"
"Veo que Basilo está en uno de sus estados de ánimo malhumorados"
"I see that Basil is in one of his sulky moods"
"Y no puedo soportarlo cuando se enfurruña"
"and I can't bear him when he sulks"
"Además, quiero que me digas por qué no debería dedicarme a la filantropía"
"Besides, I want you to tell me why I should not go in for philanthropy"
—No sé si le diré eso, señor Gray.
"I don't know that I shall tell you that, Mr. Gray"
"Es un tema tan tedioso que habría que hablar seriamente de él"
"It is so tedious a subject that one would have to talk seriously about it"
"Pero ciertamente no huiré, ahora que me has pedido que me detenga"
"But I certainly shall not run away, now that you have asked me to stop"
—De verdad que no te importa, Basil, ¿verdad?
"You don't really mind, Basil, do you?"
"A menudo me has dicho que te gustaba que tus modelos tuvieran a alguien con quien charlar, mientras pintabas"
"You have often told me that you liked your sitters to have someone to chat to, while you painted"
Hallward se mordió los labios. "Si Dorian lo desea, por supuesto que debes quedarte"
Hallward bit his lips. "If Dorian wishes it, of course you must stay"
"Los caprichos de Dorian son leyes para todos, menos para él mismo"
"Dorian's whims are laws to everybody, except himself"
Lord Henry tomó su sombrero y sus guantes
Lord Henry took up his hat and gloves
"Eres muy apremiante, Basilo, pero me temo que debo irme"
"You are very pressing, Basil, but I am afraid I must go"
"He prometido encontrarme con un hombre en la Orleans"
"I have promised to meet a man at the Orleans"
—Adiós, señor Gray. Ven a verme alguna tarde a Curzon Street"
"Good-bye, Mr. Gray. Come and see me some afternoon in Curzon

Street"
"Casi siempre estoy en casa a las cinco"
"I am nearly always at home at five o'clock"
"Escríbeme cuando vengas. Lamentaría echarte de menos"
"Write to me when you are coming. I should be sorry to miss you"
—Basil —exclamó Dorian Gray—, si lord Henry Wotton va, yo también iré.
"Basil," cried Dorian Gray, "if Lord Henry Wotton goes, I shall go, too"
"Nunca abres los labios mientras estás pintando"
"You never open your lips while you are painting"
"Y es horriblemente aburrido estar parado en una plataforma y tratar de parecer agradable"
"and it is horribly dull standing on a platform and trying to look pleasant"
"Pídele que se quede. Insisto en ello"
"Ask him to stay. I insist upon it"
—Quédate, Harry, para complacer a Dorian, y para complacerme a mí —dijo Hallward, mirando fijamente su retrato—
"Stay, Harry, to oblige Dorian, and to oblige me," said Hallward, gazing intently at his picture
"Es muy cierto, nunca hablo cuando estoy trabajando"
"It is quite true, I never talk when I am working"
"Y nunca escucho cuando estoy trabajando tampoco"
"and never listen when I'm working either"
"Y debe ser terriblemente tedioso para mis desafortunados modelos mientras pinto"
"and it must be dreadfully tedious for my unfortunate sitters while I paint"
"Te ruego que te quedes"
"I beg you to stay"
—¿Pero qué hay de mi hombre en el Orleans?
"But what about my man at the Orleans?"
El pintor se echó a reír
The painter laughed
"No creo que haya ninguna dificultad al respecto"
"I don't think there will be any difficulty about that"
"Siéntate otra vez, Harry"
"Sit down again, Harry"
"Y ahora, Dorian, súbete a la plataforma"
"And now, Dorian, get up on the platform"

"Y no te muevas demasiado, ni prestes atención a lo que dice Lord Henry"
"and don't move about too much, or pay any attention to what Lord Henry says"
"Tiene una muy mala influencia sobre todos sus amigos, con la única excepción de mí"
"He has a very bad influence over all his friends, with the single exception of myself"
Dorian Gray subió al estrado con el aire de un joven mártir griego
Dorian Gray stepped up on the dais with the air of a young Greek martyr
e hizo una pequeña mueca de descontento a lord Henry, a quien más bien se había encaprichado
and he made a little moue of discontent to Lord Henry, to whom he had rather taken a fancy
Era tan diferente a Basilo
He was so unlike Basil
Hacían un delicioso contraste
They made a delightful contrast
Y tenía una voz tan hermosa
And he had such a beautiful voice
Al cabo de unos instantes le dijo: —¿De verdad tiene usted muy mala influencia, lord Henry?
After a few moments he said to him, "Have you really a very bad influence, Lord Henry?"
—¿Tu influencia es tan mala como dice Basilo?
"is your influence as bad as Basil says?"
—No existe tal cosa como una buena influencia, señor Gray.
"There is no such thing as a good influence, Mr. Gray"
"Toda influencia es inmoral, inmoral desde el punto de vista científico"
"All influence is immoral—immoral from the scientific point of view"
"¿Por qué habrían de ser inmorales desde el punto de vista científico?"
"Why would they be immoral from the scientific point of view?"
"No podemos influir en una persona sin empujar nuestra alma sobre ella"
"we cannot influence a person without pushing our soul upon him"
"No piensa en sus pensamientos naturales"
"He does not think his natural thoughts"
"Ni arde con sus pasiones naturales"

"nor doe he burn with his natural passions"
"Sus virtudes no son reales para él"
"His virtues are not real to him"
"Sus pecados, si es que existen tales pecados, son prestados"
"His sins, if there are such things as sins, are borrowed"
"Se convierte en un eco de la música de otro"
"He becomes an echo of someone else's music"
"Un actor de un papel que no ha sido escrito para él"
"an actor of a part that has not been written for him"
"El objetivo de la vida es el autodesarrollo"
"The aim of life is self-development"
"Darse cuenta de la propia naturaleza a la perfección"
"To realize one's nature perfectly"
"Para eso está cada uno de nosotros"
"that is what each of us is here for"
"Hoy en día, la gente tiene miedo de sí misma"
"People are afraid of themselves, nowadays"
"Han olvidado el más alto de todos los deberes";
"They have forgotten the highest of all duties;"
"El deber que uno tiene con uno mismo"
"the duty that one owes to one's self"
"Por supuesto, son caritativos"
"Of course, they are charitable"
"Dan de comer al hambriento y visten al mendigo"
"They feed the hungry and clothe the beggar"
"Pero sus propias almas se mueren de hambre, y están desnudas"
"But their own souls starve, and are naked"
"El coraje ha desaparecido de nuestra carrera"
"Courage has gone out of our race"
"Quizás nunca tuvimos coraje"
"Perhaps we never really had any courage"
"El terror de la sociedad, que es la base de la moral"
"The terror of society, which is the basis of morals"
"el terror de Dios, que es el secreto de la religión"
"the terror of God, which is the secret of religion"
"Estas son las dos cosas que nos gobiernan. Y sin embargo..."
"these are the two things that govern us. And yet—"
—**Gira la cabeza un poco más a la derecha, Dorian, como un buen muchacho —dijo el pintor—**
"Just turn your head a little more to the right, Dorian, like a good boy," said the painter

Estaba inmerso en su trabajo y sólo era consciente de que una mirada había aparecido en el rostro del muchacho
he was deep in his work and conscious only that a look had come into the lad's face
una mirada que nunca antes había visto allí
a look that he had never seen there before
—Y sin embargo —continuó lord Henry, con su voz baja y musical—
"And yet," continued Lord Henry, in his low, musical voice
y agitó graciosamente la mano como había empezado en sus días de Eaton
and he gracefully waved his hand the way he had started in his Eaton days
"Creo que si un hombre viviera su vida plena y completamente..."
"I believe that if one man were to live out his life fully and completely..."
"Si diera forma a cada sentimiento, expresión a cada pensamiento, realidad a cada sueño..."
"if he were to give form to every feeling, expression to every thought, reality to every dream..."
"Creo que entonces el mundo recibiría un nuevo impulso de alegría"
"I believe that then the world would gain a fresh impulse of joy"
"Felicidad tan grande que olvidaríamos todos los males del medievalismo"
"happiness so great that we would forget all the maladies of medievalism"
"y volveríamos al ideal helénico"
"and we would return to the Hellenic ideal"
"algo más fino, más rico que el ideal helénico, puede ser"
"something finer, richer than the Hellenic ideal, it may be"
"Pero el hombre más valiente de nosotros tiene miedo de sí mismo"
"But the bravest man amongst us is afraid of himself"
"La mutilación del salvaje tiene su trágica supervivencia en la abnegación que estropea nuestras vidas"
"The mutilation of the savage has its tragic survival in the self-denial that mars our lives"
"Nos castigan por nuestras negativas"
"We are punished for our refusals"
"Cada impulso que nos esforzamos por estrangular se incuba en la mente y nos envenena"

"Every impulse that we strive to strangle broods in the mind and poisons us"
"El cuerpo peca una sola vez, y ha terminado con su pecado, porque la acción es un modo de purificación"
"The body sins once, and has done with its sin, for action is a mode of purification"
"No queda entonces más que el recuerdo de un placer, o el lujo de un arrepentimiento"
"Nothing remains then but the recollection of a pleasure, or the luxury of a regret"
"La única manera de librarse de una tentación es ceder a ella"
"The only way to get rid of a temptation is to yield to it"
"Resiste, y tu alma se enferma de anhelo por las cosas que se ha prohibido a sí misma"
"Resist it, and your soul grows sick with longing for the things it has forbidden to itself"
"El alma se enferma de deseo por lo que sus monstruosas leyes han hecho monstruoso e ilícito"
"the soul sickens with desire for what its monstrous laws have made monstrous and unlawful"
"Se ha dicho que los grandes acontecimientos del mundo tienen lugar en el cerebro"
"It has been said that the great events of the world take place in the brain"
"Es en el cerebro, y sólo en el cerebro, donde también tienen lugar los grandes pecados del mundo"
"It is in the brain, and the brain only, that the great sins of the world take place also"
—**Usted, señor Gray, usted mismo, con su juventud rosada y su niñez rosada.**
"You, Mr. Gray, you yourself, with your rose-red youth and your rose-white boyhood"
"Has tenido pasiones que te han dado miedo"
"you have had passions that have made you afraid"
"Has tenido pensamientos que te han llenado de terror"
"you have had thoughts that have filled you with terror"
"Has tenido ensoñaciones y sueños dormidos cuyo mero recuerdo podría manchar tu mejilla de vergüenza"
"you have had day-dreams and sleeping dreams whose mere memory might stain your cheek with shame"
—**¡Detente! —tituberó Dorian Gray—, ¡detente! me desconciertas"**

"Stop!" faltered Dorian Gray, "stop! you bewilder me"
"No sé qué decir"
"I don't know what to say"
"Hay alguna respuesta para ti, pero no la encuentro"
"There is some answer to you, but I cannot find it"
"No hables. Déjame pensar. O, mejor dicho, déjame tratar de no pensar"
"Don't speak. Let me think. Or, rather, let me try not to think"
Durante casi diez minutos permaneció allí, inmóvil, con los labios entreabiertos y los ojos extrañamente brillantes
For nearly ten minutes he stood there, motionless, with parted lips and eyes strangely bright
Era vagamente consciente de que en él actuaban influencias completamente nuevas
He was dimly conscious that entirely fresh influences were at work within him
Sin embargo, le parecía que la influencia provenía realmente de sí mismo
Yet the influence seemed to him to have come really from himself
Las pocas palabras que le había dicho el amigo de Basilo
The few words that Basil's friend had said to him
palabras pronunciadas por casualidad, sin duda, y con una paradoja deliberada en ellas
words spoken by chance, no doubt, and with wilful paradox in them
Estas palabras habían tocado una fibra secreta que nunca antes se había tocado
these words had touched some secret chord that had never been touched before
pero un acorde secreto que sentía ahora vibraba y palpitaba con pulsos curiosos
but a secret chord that he felt was now vibrating and throbbing to curious pulses
La música lo había conmovido de esa manera
Music had stirred him like that
La música le había molestado muchas veces
Music had troubled him many times
Pero la música no era articulada
But music was not articulate
No fue un mundo nuevo, sino más bien otro caos, lo que creó en nosotros
It was not a new world, but rather another chaos, that it created in us

¡Palabras! ¡Simples palabras! ¡Qué terribles eran!
Words! Mere words! How terrible they were!
¡Qué claro, vívido y cruel!
How clear, and vivid, and cruel!
No se podía escapar de las palabras
One could not escape from words
Y, sin embargo, ¡qué magia tan sutil había en las palabras!
And yet what a subtle magic there was in words!
Parecían ser capaces de dar una forma plástica a las cosas sin forma
They seemed to be able to give a plastic form to formless things
y parecían tener una música propia tan dulce como la de la viola o la del laúd
and they seemed to have a music of their own as sweet as that of viol or of lute
¡Simples palabras! ¿Había algo tan real como las palabras?
Mere words! Was there anything so real as words?
Sí; Había habido cosas en su niñez que no había entendido
Yes; there had been things in his boyhood that he had not understood
Ahora entendía estas cosas
He understood these things now
De repente, la vida se volvió de color de fuego para él
Life suddenly became fiery-coloured to him
Le parecía que había estado caminando en el fuego
It seemed to him that he had been walking in fire
¿Por qué no lo había sabido?
Why had he not known it?
Con su sutil sonrisa, lord Henry lo observó
With his subtle smile, Lord Henry watched him
Conocía el momento psicológico preciso en el que no debía decir nada
He knew the precise psychological moment when to say nothing
Se sintió intensamente interesado
He felt intensely interested
Estaba asombrado por la repentina impresión que sus palabras habían producido
He was amazed at the sudden impression that his words had produced
Y recordó un libro que había leído cuando tenía dieciséis años
and he remembered a book that he had read when he was sixteen
Un libro que le había revelado muchas cosas que no había sabido antes

a book which had revealed to him much that he had not known before
se preguntó si Dorian Gray estaría pasando por una experiencia similar
he wondered whether Dorian Gray was passing through a similar experience
Se había limitado a disparar una flecha al aire
He had merely shot an arrow into the air
¿Había dado en el blanco la flecha?
Had the arrow hit the mark?
¡Qué fascinante era el muchacho!
How fascinating the lad was!
Hallward pintó con ese maravilloso toque audaz suyo
Hallward painted away with that marvellous bold touch of his
El verdadero refinamiento y la delicadeza perfecta de un toque audaz
the true refinement and perfect delicacy of a bold touch
En el arte, tal refinamiento y delicadeza proviene solo de la fuerza
in art, such refinement and delicacy comes only from strength
No era consciente del silencio
He was unconscious of the silence
—Basil, estoy cansado de estar de pie —exclamó de pronto Dorian Gray—
"Basil, I am tired of standing," cried Dorian Gray suddenly
"Debo salir y sentarme en el jardín"
"I must go out and sit in the garden"
"Aquí el aire es sofocante"
"The air is stifling here"
"Mi querido amigo, lo siento mucho"
"My dear fellow, I am so sorry"
"Cuando estoy pintando, no puedo pensar en otra cosa"
"When I am painting, I can't think of anything else"
"Pero nunca te sentaste mejor"
"But you never sat better"
"Estabas perfectamente quieto"
"You were perfectly still"
"Y he conseguido el efecto que quería"
"And I have caught the effect I wanted"
"Los labios entreabiertos y la mirada brillante en los ojos"
"the half-parted lips and the bright look in the eyes"
"No sé lo que Harry te ha estado diciendo"

"I don't know what Harry has been saying to you"
"Pero ciertamente te ha hecho tener la expresión más maravillosa"
"but he has certainly made you have the most wonderful expression"
"Supongo que te ha estado haciendo cumplidos"
"I suppose he has been paying you compliments"
"No debes creer ni una palabra de lo que dice"
"You mustn't believe a word that he says"
"Ciertamente no me ha estado haciendo cumplidos"
"He has certainly not been paying me compliments"
"Quizás esa es la razón por la que no creo nada de lo que me ha dicho"
"Perhaps that is the reason that I don't believe anything he has told me"
—Sabes que te lo crees todo —dijo lord Henry—
"You know you believe it all," said Lord Henry
Y lo miró con sus ojos lánguidos y soñadores
and he looked at him with his dreamy languorous eyes
"Iré contigo al jardín"
"I will go out to the garden with you"
"Hace un calor horrible en el estudio"
"It is horribly hot in the studio"
"Querido Basilo, vamos a tomar algo helado"
"Dear Basil, let us have something iced to drink"
"Tráenos algo con fresas"
"get us something something with strawberries in it"
—Ciertamente, Harry. Basta con tocar el timbre"
"Certainly, Harry. Just touch the bell"
"y cuando venga Parker le diré lo que quieres"
"and when Parker comes I will tell him what you want"
"Tengo que trabajar en este fondo"
"I have got to work up this background"
"así que me reuniré contigo más tarde"
"so I will join you later on"
"No retengas a Dorian demasiado tiempo"
"Don't keep Dorian too long"
"Nunca he estado en mejor forma para pintar que hoy"
"I have never been in better form for painting than I am today"
"Esta va a ser mi obra maestra"
"This is going to be my masterpiece"
"Es mi obra maestra tal y como está"
"It is my masterpiece as it stands"

Lord Henry salió al jardín y encontró a Dorian Gray enterrando su rostro en las grandes y frescas flores lilas
Lord Henry went out to the garden and found Dorian Gray burying his face in the great cool lilac-blossoms
Bebía febrilmente su perfume como si fuera vino
he was feverishly drinking in their perfume as if it had been wine
Se acercó a él y le puso la mano en el hombro
He came close to him and put his hand upon his shoulder
—Tienes toda la razón en hacer eso —murmuró—
"You are quite right to do that," he murmured
"Nada puede curar el alma sino los sentidos"
"Nothing can cure the soul but the senses"
"Así como nada puede curar los sentidos sino el alma"
"just as nothing can cure the senses but the soul"
El muchacho se sobresaltó y retrocedió
The lad started and drew back
Las hojas habían sacudido sus rizos rebeldes y enredado todos sus hilos dorados
the leaves had tossed his rebellious curls and tangled all their gilded threads
Había una mirada de miedo en sus ojos
There was a look of fear in his eyes
una mirada de miedo como la que tienen las personas cuando se despiertan de repente
a look of fear such as people have when they are suddenly awakened
Sus fosas nasales, finamente cinceladas, temblaban
His finely chiselled nostrils quivered
y algún nervio oculto sacudió el escarlata de sus labios y los dejó temblando
and some hidden nerve shook the scarlet of his lips and left them trembling
—Sí —continuó lord Henry—, ése es uno de los grandes secretos de la vida.
"Yes," continued Lord Henry, "that is one of the great secrets of life"
"curar el alma por medio de los sentidos"
"to cure the soul by means of the senses"
y curar los sentidos por medio del alma"
and to cure the senses by means of the soul"
"Eres una creación maravillosa"
"You are a wonderful creation"
"Sabes más de lo que crees que sabes"

"You know more than you think you know"
"Así como sabes menos de lo que quieres saber"
"just as you know less than you want to know"
Dorian Gray frunció el ceño y apartó la cabeza
Dorian Gray frowned and turned his head away
No pudo evitar que le gustara el joven alto y elegante que estaba de pie a su lado
He could not help liking the tall, graceful young man who was standing by him
Su rostro romántico de color aceitunado y su expresión gastada le interesaban
His romantic, olive-coloured face and worn expression interested him
Había algo en su voz baja y lánguida que era absolutamente fascinante
There was something in his low languid voice that was absolutely fascinating
Sus manos frías, blancas, parecidas a flores, incluso, tenían un curioso encanto
His cool, white, flowerlike hands, even, had a curious charm
Sus manos se movían, mientras hablaba, como música
his hands moved, as he spoke, like music
y sus manos parecían tener un lenguaje propio
and his hands seemed to have a language of their own
Pero le tenía miedo
But he felt afraid of him
y se sintió avergonzado de tener miedo
and he felt ashamed of being afraid
¿Por qué se había dejado que un extraño se lo revelara a sí mismo?
Why had it been left for a stranger to reveal him to himself?
Conocía a Basil Hallward desde hacía meses
He had known Basil Hallward for months
pero la amistad entre ellos nunca lo había alterado
but the friendship between them had never altered him
De repente había aparecido alguien en su vida que parecía haberle revelado el misterio de la vida
Suddenly there had come someone across his life who seemed to have disclosed to him life's mystery
Y, sin embargo, ¿de qué había que temer?
And, yet, what was there to be afraid of?
No era un colegial ni una niña

He was not a schoolboy or a girl
Era absurdo tener miedo
It was absurd to be frightened
—Vayamos y sentémonos a la sombra —dijo lord Henry—
"Let us go and sit in the shade," said Lord Henry
"Parker ha sacado las bebidas"
"Parker has brought out the drinks"
"Y si te quedas más tiempo en este resplandor, serás bastante malcriado"
"and if you stay any longer in this glare, you will be quite spoiled"
"y entonces Basilo nunca más te pintará"
"and then Basil will never paint you again"
"Realmente no debes permitirte quemarte con el sol"
"You really must not allow yourself to become sunburnt"
"Sería impropio"
"It would be unbecoming"
—¿Qué puede importar? —exclamó Dorian Gray, riendo—
"What can it matter?" cried Dorian Gray, laughing
Y se sentó en el asiento que había al final del jardín
and he sat down on the seat at the end of the garden
"Debería importarle todo, señor Gray"
"It should matter everything to you, Mr. Gray"
—¿Por qué?
"Why?"
"Porque tienes la juventud más maravillosa"
"Because you have the most marvellous youth"
"Y la juventud es lo único que vale la pena tener"
"and youth is the one thing worth having"
—No lo siento, lord Henry.
"I don't feel that, Lord Henry"
"No, ahora no lo sientes"
"No, you don't feel it now"
"Algún día, cuando seas viejo, arrugado y feo"
"Some day, when you are old and wrinkled and ugly"
"Cuando el pensamiento te ha chamuscado la frente con sus líneas"
"when thought has seared your forehead with its lines"
"Cuando la pasión marcó tus labios con sus horribles fuegos"
"when passion branded your lips with its hideous fires"
"Entonces lo sentirás, lo sentirás terriblemente"
"then you will feel it, you will feel it terribly"
"Ahora, dondequiera que vayas, encantas al mundo"

"Now, wherever you go, you charm the world"
"¿Siempre será así? ..."
"Will it always be so? ..."
"Tiene usted una cara maravillosamente hermosa, señor Gray"
"You have a wonderfully beautiful face, Mr. Gray"
"No frunzas el ceño, realmente tienes una cara hermosa"
"Don't frown, you have really have a beautiful face"
"Y la belleza es una forma de genialidad"
"And beauty is a form of genius"
"La belleza es más alta que el genio, ya que no necesita explicación"
"beauty is higher, indeed, than genius, as it needs no explanation"
"Es de los grandes hechos del mundo, como la luz del sol, o la primavera"
"It is of the great facts of the world, like sunlight, or spring-time"
"O el reflejo en aguas oscuras de esa concha plateada que llamamos luna"
"or the reflection in dark waters of that silver shell we call the moon"
"No se puede cuestionar"
"It cannot be questioned"
"Tiene su derecho divino de soberanía"
"It has its divine right of sovereignty"
"Hace príncipes a los que lo tienen"
"It makes princes of those who have it"
"¿Sonríes? ¡Ah! cuando lo hayas perdido, no sonreirás...".
"You smile? Ah! when you have lost it you won't smile...."
"A veces se dice que la belleza es superficial"
"People say sometimes that beauty is only superficial"
"Puede que sea así, pero al menos no es tan superficial como lo es el pensamiento"
"That may be so, but at least it is not as superficial as thought is"
"Para mí, la belleza es la maravilla de las maravillas"
"To me, beauty is the wonder of wonders"
"Solo las personas superficiales no juzgan por las apariencias"
"It is only shallow people who do not judge by appearances"
"El verdadero misterio del mundo es lo visible, no lo invisible..."
"The true mystery of the world is the visible, not the invisible...."
"Sí, Sr. Gray, los dioses han sido buenos con usted"
"Yes, Mr. Gray, the gods have been good to you"
"Pero lo que los dioses dan, rápidamente lo quitan"
"But what the gods give they quickly take away"
"Tienes pocos años para vivir realmente, perfecta y plenamente"

"You have only a few years in which to live really, perfectly, and fully"
"Cuando tu juventud se vaya, tu belleza se irá con ella"
"When your youth goes, your beauty will go with it"
"Y entonces descubrirás de repente que ya no te quedan triunfos"
"and then you will suddenly discover that there are no triumphs left for you"
"O tienes que contentarte con esos triunfos mezquinos que el recuerdo de tu pasado hará más amargos que las derrotas"
"or you have to content yourself with those mean triumphs that the memory of your past will make more bitter than defeats"
"Cada mes, a medida que mengua, te acerca más a algo terrible"
"Every month as it wanes brings you nearer to something dreadful"
"El tiempo está celoso de ti, y guerrea contra tus lirios y tus rosas"
"Time is jealous of you, and wars against your lilies and your roses"
"Te volverás cetrino, y de mejillas hundidas, y de ojos apagados"
"You will become sallow, and hollow-cheeked, and dull-eyed"
"Sufrirás horriblemente..."
"You will suffer horribly...."
—¡Ah! Realiza tu juventud mientras la tengas"
"Ah! realize your youth while you have it"
"No malgastes el oro de tus días, escuchando lo tedioso"
"Don't squander the gold of your days, listening to the tedious"
"No pierdas el tiempo tratando de mejorar el fracaso irremediable"
"don't spend time trying to improve the hopeless failure"
"No entregues tu vida a los ignorantes, a los comunes y a los vulgares"
"don't give away your life to the ignorant, the common, and the vulgar"
"Estos son los objetivos enfermizos, los falsos ideales, de nuestra época"
"These are the sickly aims, the false ideals, of our age"
"¡Vive! ¡Vive la vida maravillosa que hay en ti!"
"Live! Live the wonderful life that is in you!"
"Que nada se te escape"
"Let nothing be lost upon you"
"Estar siempre en busca de nuevas sensaciones"
"Be always searching for new sensations"
"No tengas miedo de nada..."
"Be afraid of nothing...."
"Un nuevo hedonismo, eso es lo que quiere nuestro siglo"

"A new Hedonism—that is what our century wants"
"Podrías ser su símbolo visible"
"You might be its visible symbol"
"Con tu personalidad no hay nada que no puedas hacer"
"With your personality there is nothing you could not do"
"El mundo te pertenece por una temporada..."
"The world belongs to you for a season..."
"En el momento en que te conocí vi que estabas bastante inconsciente de lo que realmente eres"
"The moment I met you I saw that you were quite unconscious of what you really are"
"Vi que eres inconsciente de lo que realmente podrías ser"
"I saw that you are unconscious of what you really might be"
"Había tanto en ti que me encantó que sentí que debía decirte algo sobre ti"
"There was so much in you that charmed me that I felt I must tell you something about yourself"
"Pensé en lo trágico que sería si estuvieras borracho"
"I thought how tragic it would be if you were wasted"
"Hay tan poco tiempo que tu juventud durará, tan poco tiempo"
"there is such a little time that your youth will last—such a little time"
"Las flores comunes de las colinas se marchitan, pero vuelven a florecer"
"The common hill-flowers wither, but they blossom again"
"El laburnum será tan amarillo el próximo mes de junio como lo es ahora"
"The laburnum will be as yellow next June as it is now"
"En un mes habrá estrellas moradas en la clemátide"
"In a month there will be purple stars on the clematis"
"Y año tras año la noche verde de sus hojas sostendrá sus estrellas púrpuras"
"and year after year the green night of its leaves will hold its purple stars"
"Pero nunca recuperamos nuestra juventud"
"But we never get back our youth"
"El pulso de alegría que late en nosotros a los veinte años se vuelve lento"
"The pulse of joy that beats in us at twenty becomes sluggish"
"Nuestras extremidades fallan, nuestros sentidos se pudren"
"Our limbs fail, our senses rot"
**"Degeneramos en horribles marionetas, obsesionados por el

recuerdo de las pasiones a las que teníamos demasiado miedo"
"We degenerate into hideous puppets, haunted by the memory of the passions of which we were too much afraid"
"Y nos persiguen las exquisitas tentaciones a las que no tuvimos el coraje de ceder"
"and we're haunted by the exquisite temptations that we had not the courage to yield to"
"¡Juventud! ¡Juventud! ¡No hay absolutamente nada en el mundo más que juventud!"
"Youth! Youth! There is absolutely nothing in the world but youth!"
Dorian Gray escuchó con los ojos abiertos y se preguntó
Dorian Gray listened open-eyed, and wondered
El rocío de lila cayó de su mano sobre la grava
The spray of lilac fell from his hand upon the gravel
Una abeja peluda se acercó y zumbó a su alrededor por un momento
A furry bee came and buzzed round it for a moment
Entonces la abeja comenzó a revolotear por todo el globo estrellado ovalado de las diminutas flores
Then the bee began to scramble all over the oval stellated globe of the tiny blossoms
Lo observaba con ese extraño interés por las cosas triviales que tratamos de desarrollar cuando las cosas de gran importancia nos dan miedo
He watched it with that strange interest in trivial things that we try to develop when things of high import make us afraid
o cuando nos conmueve alguna emoción nueva para la que no podemos encontrar expresión
or when we are stirred by some new emotion for which we cannot find expression
o cuando algún pensamiento que nos aterroriza asedió repentinamente el cerebro y nos pide que cedamos
or when some thought that terrifies us lays sudden siege to the brain and calls on us to yield
Al cabo de un rato, la abeja se fue volando
After a time the bee flew away
Lo vio deslizarse en la trompeta manchada de un convólvulo de Tiro
He saw it creeping into the stained trumpet of a Tyrian convolvulus
La flor pareció temblar, y luego se balanceó suavemente de un lado a otro

The flower seemed to quiver, and then swayed gently to and fro
De repente, el pintor apareció en la puerta del estudio
Suddenly the painter appeared at the door of the studio
Hizo señas entrecortadas para que entraran
he made staccato signs for them to come in
Se miraron el uno al otro y sonrieron
They turned to each other and smiled
—Te estoy esperando —exclamó—
"I am waiting," he cried
"Entra. La luz es perfecta"
"Do come in. The light is quite perfect"
"Y puedes traer tus bebidas"
"and you can bring your drinks"
Se levantaron y caminaron juntos por el paseo
They rose up and sauntered down the walk together
Dos mariposas verdiblancas revolotearon junto a ellos
Two green-and-white butterflies fluttered past them
y en el peral de la esquina del jardín empezó a cantar un zorzal
and in the pear-tree at the corner of the garden a thrush began to sing
—Se alegra usted de haberme conocido, señor Gray —dijo lord Henry, mirándole—
"You are glad you have met me, Mr. Gray," said Lord Henry, looking at him
"Sí, ahora me alegro"
"Yes, I am glad now"
"Me pregunto, ¿estaré siempre contento?"
"I wonder, shall I always be glad?"
"¡Siempre! Esa es una palabra espantosa"
"Always! That is a dreadful word"
"Me estremece cuando lo escucho"
"It makes me shudder when I hear it"
"A las mujeres les gusta mucho usarlo"
"Women are so fond of using it"
"Estropean todos los romances tratando de que duren para siempre"
"They spoil every romance by trying to make it last forever"
"Es una palabra sin sentido, también"
"It is a meaningless word, too"
"La única diferencia entre un capricho y una pasión para toda la vida es que el capricho dura un poco más"
"The only difference between a caprice and a lifelong passion is that the caprice lasts a little longer"

Al entrar en el estudio, Dorian Gray puso su mano sobre el brazo de lord Henry
As they entered the studio, Dorian Gray put his hand upon Lord Henry's arm
—En ese caso, que nuestra amistad sea un capricho —murmuró—
"In that case, let our friendship be a caprice," he murmured
y sus mejillas se enrojecieron ante su propia audacia
and his cheeks flushed at his own boldness
Luego subió a la plataforma y reanudó su pose
then stepped up on the platform and resumed his pose
Lord Henry se dejó caer en un gran sillón de mimbre y lo observó.
Lord Henry flung himself into a large wicker arm-chair and watched him.
El barrido y el trazo del pincel sobre el lienzo producían el único sonido que rompía la quietud
The sweep and dash of the brush on the canvas made the only sound that broke the stillness
el único otro sonido era cuando Hallward, de vez en cuando, daba un paso atrás para mirar su trabajo desde la distancia
the only other sounds was when Hallward, now and then, stepped back to look at his work from a distance
En las vigas oblicuas que entraban por la puerta abierta, el polvo bailaba y era dorado
In the slanting beams that streamed through the open doorway the dust danced and was golden
El pesado aroma de las rosas parecía incubarlo todo
The heavy scent of the roses seemed to brood over everything
Después de un cuarto de hora, Hallward dejó de pintar
After about a quarter of an hour Hallward stopped painting
miró largo rato a Dorian Gray
he looked for a long time at Dorian Gray
Y luego, durante un largo rato, miró la imagen
and then for a long time he looked at the picture
y mordió la punta de uno de sus enormes pinceles, y frunció el ceño
and he bit the end of one of his huge brushes, and frowned
—Está completamente consumado —exclamó al fin—
"It is quite finished," he cried at last
Se agachó y escribió su nombre en largas letras bermellón en la esquina izquierda del lienzo
stooping down he wrote his name in long vermilion letters on the

left-hand corner of the canvas
Lord Henry se acercó y examinó el cuadro
Lord Henry came over and examined the picture
"Sin duda fue una obra de arte maravillosa"
"It was certainly a wonderful work of art"
"Y también tiene una semejanza maravillosa"
"and it also has a wonderful likeness as well"
—Mi querido amigo, le felicito muy sinceramente —dijo—
"My dear fellow, I congratulate you most warmly," he said
"Es el mejor retrato de los tiempos modernos"
"It is the finest portrait of modern times"
"Sr. Gray, venga y mírese a sí mismo"
"Mr. Gray, come over and look at yourself"
El muchacho se sobresaltó, como si hubiera despertado de un sueño
The lad started, as if awakened from some dream
—¿Está realmente terminado? —murmuró, bajando de la plataforma
"Is it really finished?" he murmured, stepping down from the platform
-Está bien acabado -dijo el pintor-
"it is quite finished," said the painter
"Y hoy te has sentado espléndidamente"
"And you have sat splendidly today"
"Le estoy muy agradecido"
"I am awfully obliged to you"
—Eso se debe enteramente a mí —interrumpió lord Henry—, ¿no es así, señor Gray?
"That is entirely due to me," broke in Lord Henry, "Isn't it, Mr. Gray?"
Dorian no respondió, sino que pasó desganado frente a su retrato y se volvió hacia él
Dorian made no answer, but passed listlessly in front of his picture and turned towards it
Cuando lo vio, retrocedió
When he saw it he drew back
Sus mejillas se enrojecieron por un momento de placer
his cheeks flushed for a moment with pleasure
Una mirada de alegría apareció en sus ojos, como si se hubiera reconocido a sí mismo por primera vez
A look of joy came into his eyes, as if he had recognized himself for the first time
Se quedó allí inmóvil y maravillado

He stood there motionless and in wonder
era vagamente consciente de que Hallward le estaba hablando
he was dimly conscious that Hallward was speaking to him
pero no captó el significado de sus palabras
but he did not catch the meaning of his words
El sentido de su propia belleza se apoderó de él como una revelación
The sense of his own beauty came on him like a revelation
Nunca antes había sentido su propia belleza
He had never felt his own beauty before
Los cumplidos de Basil Hallward le habían parecido una encantadora exageración de la amistad
Basil Hallward's compliments had seemed to him to be merely the charming exaggeration of friendship
Los había escuchado, se había reído de ellos, los había olvidado
He had listened to them, laughed at them, forgotten them
No habían influido en su naturaleza
They had not influenced his nature
Luego había llegado lord Henry Wotton con su extraño panegírico sobre la juventud
Then had come Lord Henry Wotton with his strange panegyric on youth
Luego vino su terrible advertencia sobre la brevedad de la juventud
then came his terrible warning of youth's brevity
Eso lo había conmovido en ese momento
That had stirred him at the time
pero ahora, mientras contemplaba la sombra de su propia hermosura
but now, as he stood gazing at the shadow of his own loveliness
La realidad completa de la descripción se cruzó en su mente
the full reality of the description flashed across him
Sí, habría un día en que su rostro estaría arrugado y lloroso
Yes, there would be a day when his face would be wrinkled and wizen
Un día sus ojos estarán apagados e incoloros
one day his his eyes will be dim and colourless
La gracia de su figura se romperá y deformará
the grace of his figure will be broken and deformed
La escarlata pasaría de sus labios
The scarlet would pass away from his lips
y el oro saldrá de sus cabellos

and the gold will leave his hair
La vida que iba a hacer su alma estropearía su cuerpo
The life that was to make his soul would mar his body
Se volvería espantoso, horrible y grosero
He would become dreadful, hideous, and uncouth
Mientras pensaba en ello, una punzada aguda de dolor lo atravesó como un cuchillo
As he thought of it, a sharp pang of pain struck through him like a knife
Hacía temblar cada delicada fibra de su naturaleza
it made each delicate fibre of his nature quiver
Sus ojos se hundieron en la amatista, y a través de ellos apareció una niebla de lágrimas
His eyes deepened into amethyst, and across them came a mist of tears
Sintió como si le hubieran puesto una mano de hielo sobre el corazón
He felt as if a hand of ice had been laid upon his heart
—¿No te gusta? —exclamó Hallward al fin, un poco picado por el silencio del muchacho
"Don't you like it?" cried Hallward at last, stung a little by the lad's silence
pero no entendía lo que significaba su silencio
but he did not understand what his silence meant
—Por supuesto que le gusta —dijo lord Henry—
"Of course he likes it," said Lord Henry
"¿A quién no le gustaría? Es una de las cosas más grandes del arte moderno"
"Who wouldn't like it? It is one of the greatest things in modern art"
"Te daré lo que quieras para que lo pidas"
"I will give you anything you like to ask for it"
"Debo tenerlo"
"I must have it"
"No es de mi propiedad, Harry"
"It is not my property, Harry"
—¿De quién es la propiedad?
"Whose property is it?"
—Es de Dorian, por supuesto —respondió el pintor—
"it is Dorian's, of course," answered the painter
"Es un tipo muy afortunado"
"He is a very lucky fellow"

—¡Qué triste es! —murmuró Dorian Gray—
"How sad it is!" murmured Dorian Gray
Sus ojos seguían fijos en su propio retrato
his eyes were still fixed upon his own portrait
"**¡Qué triste es! Envejeceré, y horrible, y espantoso**"
"How sad it is! I shall grow old, and horrible, and dreadful"
"**Pero esta imagen seguirá siendo siempre joven**"
"But this picture will remain always young"
"**Mi retrato nunca será más antiguo que este día de junio en particular**"
"My picture will never be older than this particular day of June"
—¡Si fuera al revés!
"If it were only the other way!"
—¡Si fuera yo quien fuera siempre joven, y el cuadro el que envejeciera!
"If it were I who was to be always young, and the picture that was to grow old!"
"**¡Por eso lo daría todo!**"
"For that I would give everything!"
"**¡Sí, no hay nada en todo el mundo que no daría!**"
"Yes, there is nothing in the whole world I would not give!"
"**¡Daría mi alma para que esto sucediera!**"
"I would give my soul to make it happen!"
—No te importaría semejante arreglo, Basil —exclamó lord Henry, riendo—
"You would hardly care for such an arrangement, Basil," cried Lord Henry, laughing
"**Sería bastante duro con su trabajo**"
"It would be rather hard lines on your work"
—Me opondría enérgicamente, Harry —dijo Hallward—
"I should object very strongly, Harry," said Hallward
Dorian Gray se volvió y lo miró
Dorian Gray turned and looked at him
—Creo que sí, Basilo.
"I believe you would, Basil"
"**Te gusta más tu arte que tus amigos**"
"You like your art better than your friends"
"**No soy para ti más que una figura de bronce verde**"
"I am no more to you than a green bronze figure"
"**Me atrevo a decir que no soy más que una forma para ti**"
"I am hardly as much as a form to you, I dare say"

El pintor se quedó mirando con asombro
The painter stared in amazement
Era tan impropio de Dorian hablar así
It was so unlike Dorian to speak like that
¿Qué había pasado? Parecía bastante enojado
What had happened? He seemed quite angry
Tenía la cara enrojecida y las mejillas ardiendo
His face was flushed and his cheeks burning
—Sí —continuó—, soy menos para ti que tu Hermes de marfil o tu Fauno de plata.
"Yes," he continued, "I am less to you than your ivory Hermes or your silver Faun"
"Te van a gustar siempre"
"You will like them always"
"¿Hasta cuándo te voy a gustar?"
"How long will you like me?"
"Hasta que tenga mi primera arruga, supongo"
"Till I have my first wrinkle, I suppose"
"Ahora sé que cuando uno pierde su buen aspecto, cualquiera que sea, lo pierde todo"
"I know, now, that when one loses one's good looks, whatever they may be, one loses everything"
"Tu foto me lo ha enseñado"
"Your picture has taught me that"
"Lord Henry Wotton tiene toda la razón"
"Lord Henry Wotton is perfectly right"
"La juventud es lo único que vale la pena tener"
"Youth is the only thing worth having"
"Cuando me dé cuenta de que estoy envejeciendo, me mataré"
"When I find that I am growing old, I shall kill myself"
Hallward se puso pálido y le cogió la mano
Hallward turned pale and caught his hand
—¡Dorian! ¡Dorian!", gritó, "no hables así"
"Dorian! Dorian!" he cried, "don't talk like that"
"Nunca he tenido un amigo como tú"
"I have never had such a friend as you"
"y nunca tendré otro amigo como tú"
"and I shall never have another friend like you"
"No estás celoso de las cosas materiales, ¿verdad?"
"You are not jealous of material things, are you?"
"¡Tú que eres más fino que cualquiera de las cosas materiales!"

"you who are finer than any of the material things!"
"Estoy celoso de todo lo que no muere en su belleza"
"I am jealous of everything whose beauty does not die"
"Estoy celoso del retrato que has pintado de mí"
"I am jealous of the portrait you have painted of me"
"¿Por qué mi imagen ha de conservar lo que debo perder?"
"Why should my picture keep what I must lose?"
"Cada momento que pasa me quita algo"
"Every moment that passes takes something from me"
"Y cada momento que pasa le da algo a mi foto"
"and every moment that passes gives something to my picture"
—¡Oh, si fuera al revés!
"Oh, if it were only the other way!"
"¡Si la imagen pudiera cambiar y pudiera ser siempre lo que soy ahora!"
"If the picture could change, and I could be always what I am now!"
—¿Por qué lo pintaste?
"Why did you paint it?"
"Algún día se burlará de mí, ¡se burlará de mí horriblemente!"
"It will mock me some day—mock me horribly!"
Las lágrimas calientes brotaron de sus ojos
The hot tears welled into his eyes
Apartó la mano y, arrojándose sobre el diván
he tore his hand away and, flinging himself on the divan
Hundió la cara en los cojines, como si estuviera rezando
he buried his face in the cushions, as though he was praying
—Esto es obra tuya, Harry —dijo el pintor con amargura—
"This is your doing, Harry," said the painter bitterly
Lord Henry se encogió de hombros
Lord Henry shrugged his shoulders
"Es el verdadero Dorian Gray, eso es todo"
"It is the real Dorian Gray—that is all"
"No es el verdadero Dorian Gray"
"It is not the real Dorian Gray"
"Si no es el verdadero Dorian Gray, ¿qué tengo yo que ver con eso?"
"If it is not the real Dorian Gray, what have I to do with it?"
—Tendrías que haberte marchado cuando te lo pedí —murmuró—
"You should have gone away when I asked you," he muttered
—Me quedé cuando me lo pediste —fue la respuesta de lord Henry—
"I stayed when you asked me," was Lord Henry's answer

"Harry, no puedo pelear con mis dos mejores amigos a la vez"
"Harry, I can't quarrel with my two best friends at once"
"pero ustedes dos me han hecho odiar el mejor trabajo que he hecho en mi vida"
"but you both have made me hate the finest piece of work I have ever done"
"Destruiré el cuadro"
"I will destroy the painting"
—¿Qué es sino lienzo y color?
"What is it but canvas and colour?"
"No dejaré que esta imagen se cruce con nuestras tres vidas y las estropee"
"I will not let this picture come across our three lives and mar them"
Dorian Gray levantó su cabeza dorada de la almohada
Dorian Gray lifted his golden head from the pillow
Su rostro era pálido y sus ojos estaban manchados de lágrimas
his face was pallid face and his eyes were tear-stained
Lo miró mientras se acercaba a la mesa de pintura
he looked at him as he walked over to the painting-table
¿Qué hacía allí?
What was he doing there?
Sus dedos se extraviaban entre la basura de tubos de hojalata y pinceles secos
His fingers were straying about among the litter of tin tubes and dry brushes
Había algo que estaba buscando
there was something he was seeking for
Sí, lo era por la larga espátula, con su delgada hoja de ágil acero
Yes, it was for the long palette-knife, with its thin blade of lithe steel
Por fin había encontrado el cuchillo
He had found the knife at last
Iba a destrozar el lienzo
He was going to rip up the canvas
Con un sollozo ahogado, el muchacho saltó del sofá
With a stifled sob the lad leaped from the couch
Corriendo hacia Hallward, le arrancó el cuchillo de la mano
rushing over to Hallward, he tore the knife out of his hand
Y arrojó el cuchillo al final del estudio
and he flung the knife to the end of the studio
—¡No lo hagas, querido Basilo, no lo hagas! —gritó—
"Don't, dear Basil, don't!" he cried

"¡Sería un asesinato!"
"It would be murder!"
El pintor habló con frialdad, cuando se hubo recuperado de su sorpresa
the painter spoke coldly, when he had recovered from his surprise
"Me alegro de que por fin aprecies mi trabajo, Dorian"
"I am glad you appreciate my work at last, Dorian"
"Nunca pensé que apreciarías mi trabajo"
"I never thought you would appreciate my work"
"¿Aprecias tu trabajo? Estoy enamorado de él, Basilo"
"Appreciate your work? I am in love with it, Basil"
"La pintura es parte de mí. Lo siento"
"The painting is part of myself. I feel that"
"Bueno, tan pronto como estés seco, serás barnizado"
"Well, as soon as you are dry, you shall be varnished"
"Y entonces serás incriminado y enviado a casa"
"and then you shall be framed, and sent home"
"Entonces puedes hacer lo que quieras contigo mismo"
"Then you can do what you like with yourself"
Y cruzó la habitación y tocó el timbre para tomar el té
And he walked across the room and rang the bell for tea
—¿Vas a tomar el té, por supuesto, Dorian?
"You will have tea, of course, Dorian?"
—¿Y tú también tomarás el té, Harry?
"And you will have tea too, Harry?"
—¿O te opones a esos placeres tan simples?
"Or do you object to such simple pleasures?"
—Adoro los placeres sencillos —dijo lord Henry—
"I adore simple pleasures," said Lord Henry
"Son el último refugio del complejo"
"They are the last refuge of the complex"
"Pero no me gustan las escenas, excepto en el escenario"
"But I don't like scenes, except on the stage"
—¡Qué tipos tan absurdos sois los dos!
"What absurd fellows you are, both of you!"
"Me pregunto quién fue el que definió al hombre como un animal racional"
"I wonder who it was that defined man as a rational animal"
"Fue la definición más prematura que se haya dado"
"It was the most premature definition ever given"
"El hombre es muchas cosas, pero no es racional"

"Man is many things, but he is not rational"
"Me alegro de que no sea racional, después de todo"
"I am glad he is not rational, after all"
"aunque me gustaría que ustedes no se pelearan por la foto"
"though I wish you chaps would not squabble over the picture"
"Será mejor que me lo dejes, Basil"
"You had much better let me have it, Basil"
"Este chico tonto realmente no lo quiere, y yo realmente sí"
"This silly boy doesn't really want it, and I really do"
—¡Si dejas que alguien más que yo lo tenga, Basil, nunca te lo perdonaré! —exclamó Dorian Gray—
"If you let anyone have it but me, Basil, I shall never forgive you!" cried Dorian Gray
"Y no permito que la gente me llame chico tonto"
"and I don't allow people to call me a silly boy"
"Sabes que la foto es tuya, Dorian"
"You know the picture is yours, Dorian"
"Te lo di antes de que existiera"
"I gave it to you before it existed"
—Y usted sabe que ha sido un poco tonto, señor Gray.
"And you know you have been a little silly, Mr. Gray"
"Y los dos sabemos que no te opones a que te recuerden que eres extremadamente joven"
"and we both know that you don't really object to being reminded that you are extremely young"
—Debería haberme opuesto enérgicamente esta mañana, lord Henry.
"I should have objected very strongly this morning, Lord Henry"
—¡Ah! ¡Esta mañana! Has vivido desde entonces"
"Ah! this morning! You have lived since then"
Llamaron a la puerta
There came a knock at the door
El mayordomo entró con una bandeja de té cargada
the butler entered with a laden tea-tray
y dejó la bandeja de té sobre una mesita japonesa
and he set the tea-tray down upon a small Japanese table
Se oyó un traqueteo de tazas y platillos
There was a rattle of cups and saucers
y se oyó el silbido de una urna georgiana estriada
and there was the hissing of a fluted Georgian urn
Dos platos de porcelana en forma de globo fueron traídos por un

paje
Two globe-shaped china dishes were brought in by a page boy
Dorian Gray se acercó y sirvió el té
Dorian Gray went over and poured out the tea
Los dos hombres se acercaron lánguidamente a la mesa
The two men sauntered languidly to the table
y examinaron lo que había debajo de las sábanas
and they examined what was under the covers
-Vayamos al teatro esta noche -dijo lord Henry-
"Let us go to the theatre to-night," said Lord Henry
"Seguro que habrá una obra de teatro, en alguna parte"
"There is sure to be a play on, somewhere"
"He prometido cenar en White's, pero es solo con un viejo amigo"
"I have promised to dine at White's, but it is only with an old friend"
"para poder enviarle un mensaje para decirle que estoy enfermo"
"so I can send him a message to say that I am ill"
"o puedo decir que estoy impedido de venir como consecuencia de un compromiso posterior"
"or I can say that I am prevented from coming in consequence of a subsequent engagement"
"Creo que sería una excusa bastante bonita"
"I think that would be a rather nice excuse"
"Tendría toda la sorpresa de la franqueza"
"it would have all the surprise of candour"
—Es un aburrimiento ponerse la ropa de vestir —murmuró Hallward—
"It is such a bore putting on one's dress-clothes," muttered Hallward
"Y, cuando uno tiene puesta su ropa de vestir, es tan horrible"
"And, when one has their dress-clothes on, they are so horrid"
—Sí —respondió lord Henry, soñador—
"Yes," answered Lord Henry dreamily
"El traje del siglo XIX es detestable.
"the costume of the nineteenth century is detestable.
"La moda es tan sombría, tan deprimente"
"the fashion is so sombre, so depressing"
"El pecado es el único elemento de color real que queda en la vida moderna"
"Sin is the only real colour-element left in modern life"
"Realmente no debes decir cosas así delante de Dorian, Harry"
"You really must not say things like that before Dorian, Harry"
—¿Ante qué Dorian no debo decir tales cosas?

"Before which Dorian must I not say such things?"
—¿El **Dorian que nos sirve el té?**
"The Dorian who is pouring out tea for us?"
—¿**O el dórico de la foto?**
"or the Dorian in the picture?"
"**Por favor, no digas esas cosas antes de uno u otro**"
"please don't say such things before one or the other"
—**Me gustaría ir al teatro con usted, lord Henry** —dijo el muchacho—
"I would like to come to the theatre with you, Lord Henry," said the lad
"**Entonces vendrás; y tú también vendrás, querido Basilo, ¿verdad?**
"Then you shall come; and you will come, too, dear Basil, won't you?"
"**No puedo ir contigo al teatro, de verdad.**
"I can't come with you to the theatre, really.
"**Preferiría, pero tengo mucho trabajo por hacer**"
"I would rather, but I have a lot of work to do"
—**Bueno, entonces, usted y yo iremos solos, señor Gray.**
"Well, then, you and I will go alone, Mr. Gray"
"**Eso me gustaría muchísimo**"
"I should like that awfully"
El pintor se mordió el labio y se acercó, taza en mano, al cuadro
The painter bit his lip and walked over, cup in hand, to the picture
—**Me quedaré con el verdadero Dorian** —dijo con tristeza—
"I shall stay with the real Dorian," he said, sadly
—¿**Es el verdadero Dorian? -exclamó el original del retrato, acercándose a él**
"Is it the real Dorian?" cried the original of the portrait, strolling across to him
"**¿De verdad soy así?**"
"Am I really like that?"
—**Sí; tú eres así**"
"Yes; you are just like that"
—¡**Qué maravilla, querido Basilo!**
"How wonderful, dear Basil!"
"**Al menos; eres como el retrato en apariencia**"
"At least; you are like the portrait in appearance"
Pero tu imagen nunca se alterará", suspiró Hallward
But your picture will never alter," sighed Hallward
—¡**Qué alboroto hace la gente por la fidelidad!** —exclamó lord Henry—

"What a fuss people make about fidelity!" exclaimed Lord Henry
"Pues, incluso en el amor, la fidelidad es puramente una cuestión de fisiología"
"Why, even in love fidelity is purely a question for physiology"
"No tiene nada que ver con nuestra propia voluntad"
"It has nothing to do with our own will"
"Los jóvenes quieren ser fieles, y no lo son"
"Young men want to be faithful, and are not"
"Los viejos quieren ser infieles y no pueden"
"old men want to be faithless, and cannot"
"Eso es todo lo que se puede decir"
"that is all one can say"
—No vayas al teatro esta noche, Dorian —dijo Hallward—
"Don't go to the theatre tonight, Dorian," said Hallward
"Detente y cena conmigo"
"Stop and dine with me"
"No puedo cenar contigo esta noche, querido Basil"
"I can't dine with you tonight, dear Basil"
—¿Por qué?
"Why?"
—Porque le he prometido a lord Henry Wotton que iría con él.
"Because I have promised Lord Henry Wotton to go with him"
"No le agradarás más por cumplir tus promesas"
"He won't like you the better for keeping your promises"
"Siempre rompe sus propias promesas"
"He always breaks his own promises"
"Te ruego que no vayas"
"I beg you not to go"
Dorian Gray se echó a reír y negó con la cabeza
Dorian Gray laughed and shook his head
"Te lo suplico"
"I entreat you"
El muchacho vaciló y miró a lord Henry
The lad hesitated, and looked over at Lord Henry
Lord Henry los observaba desde la mesa del té con una sonrisa divertida
Lord Henry was watching them from the tea-table with an amused smile
—Tengo que irme, Basilo —respondió—
"I must go, Basil," he answered
—Muy bien —dijo Hallward, y se acercó y dejó la taza sobre la

bandeja—
"Very well," said Hallward, and he went over and laid down his cup on the tray

"Es bastante tarde y, como tienes que vestirte, es mejor que no pierdas tiempo"
"It is rather late, and, as you have to dress, you had better lose no time"

"Adiós, Harry"
"Good-bye, Harry"

"Adiós, Dorian"
"Good-bye, Dorian"

"Ven a verme pronto"
"Come and see me soon"

"Ven mañana"
"Come to-morrow"

"Ciertamente"
"Certainly"

—¿No lo olvidarás?
"You won't forget?"

—No, claro que no —exclamó Dorian—.
"No, of course not," cried Dorian"

"Y... ¡Harry!"
"And ... Harry!"

—¿Sí, Basil?
"Yes, Basil?"

"Recuerda lo que te pregunté cuando estábamos en el jardín esta mañana"
"Remember what I asked you, when we were in the garden this morning"

"Lo he olvidado"
"I have forgotten it"

"Confío en ti"
"I trust you"

—Ojalá pudiera confiar en mí mismo —dijo lord Henry, riendo—
"I wish I could trust myself," said Lord Henry, laughing

—Vamos, señor Gray, mi coche está fuera.
"Come, Mr. Gray, my hansom is outside"

"Y puedo dejarte en tu propia casa"
"and I can drop you at your own place"

"Adiós, Basilo"
"Good-bye, Basil"

"Ha sido una tarde de lo más interesante"
"It has been a most interesting afternoon"
Cuando la puerta se cerró tras ellos, el pintor se dejó caer en un sofá
As the door closed behind them, the painter flung himself down on a sofa
Y una mirada de dolor apareció en su rostro
and a look of pain came into his face

Capítulo Tercero
Chapter Three

Al día siguiente, a las doce y media, salió lord Henry Wotton
At half-past twelve next day Lord Henry Wotton went out
Paseó desde la calle Curzon hasta el Albany
he strolled from Curzon Street over to the Albany
y fue a visitar a su tío, lord Fermor
and he went to call on his uncle, Lord Fermor
Lord Fermor era un soltero simpático, aunque algo rudo
Lord Fermor was a genial if somewhat rough-mannered old bachelor
El mundo exterior lo llamaba egoísta
the outside world called him selfish
porque el mundo exterior no obtenía ningún beneficio particular de él
because the outside world derived no particular benefit from him
pero fue considerado generoso por la Sociedad
but he was considered generous by Society
porque daba de comer a la gente que le divertía
because he fed the people who amused him
Su padre había sido nuestro embajador en Madrid
His father had been our ambassador at Madrid
cuando Isabella era joven y Prim no era buscado
when Isabella was young, and Prim was unsought of
pero se retiró del servicio diplomático
but he retired from the diplomatic service
Renunció en un caprichoso momento de fastidio
he resigned in a capricious moment of annoyance
no se le había ofrecido la Embajada en París
he had not been offered the Embassy at Paris
un puesto diplomático al que consideraba que tenía pleno derecho
a diplomatic post to which he considered that he was fully entitled
Se sentía con derecho por su nacimiento y su indolencia
he felt entitled by reason of his birth and his indolence
el buen inglés de sus despachos
the good English of his dispatches
y su pasión desmesurada por el placer
and his inordinate passion for pleasure
El hijo había sido secretario de su padre
The son had been his father's secretary
pero había dimitido junto con su jefe
but he had resigned along with his chief

En ese momento, la gente pensó que esto era bastante tonto
at the time people thought this was rather foolish
y más tarde se dedicó al estudio serio del gran arte aristocrático
and later he set himself to the serious study of the great aristocratic art
El gran arte aristocrático de no hacer absolutamente nada
the great aristocratic art of doing absolutely nothing
Tenía dos grandes casas adosadas
He had two large town houses
pero prefería vivir en aposentos, ya que era menos problemático
but he preferred to live in chambers, as it was less trouble
y tomaba la mayoría de sus comidas en su club
and he took most of his meals at his club
Prestó cierta atención a la gestión de sus minas de carbón en los condados de Midland
He paid some attention to the management of his collieries in the Midland counties
pero se excusó por esta pequeña deficiencia
but he excused himself for this slight shortcoming
"Hay una ventaja de tener carbón"
"there is one advantage of having coal"
"Permite a un caballero permitirse la decencia de quemar leña en su propio hogar"
"it enables a gentleman to afford the decency of burning wood on his own hearth"
En política era un tory, excepto cuando los tories estaban en el poder
In politics he was a Tory, except when the Tories were in office
durante estos tiempos abusó de ellos por ser una manada de radicales
during these times he abused them for being a pack of Radicals
Era un héroe para su ayuda de cámara, que lo intimidaba
He was a hero to his valet, who bullied him
y era un terror para la mayoría de sus parientes, a quienes intimidaba
and he was a terror to most of his relations, whom he bullied
Sólo Inglaterra podría haberlo producido
Only England could have produced him
Y siempre decía que el país se iba a los perros
and he always said that the country was going to the dogs
Sus principios estaban desfasados

His principles were out of date
Pero había mucho que decir sobre sus prejuicios
but there was a good deal to be said for his prejudices
Cuando lord Henry entró en la habitación, encontró a su tío sentado con un tosco abrigo de caza
When Lord Henry entered the room, he found his uncle sitting in a rough shooting-coat
su tío fumaba un cheroot y se quejaba de lo que estaba escrito en The Times
his uncle was smoking a cheroot and grumbling over what was written in The Times
—Bien, Harry —dijo el anciano caballero—, ¿qué es lo que te hace salir tan temprano?
"Well, Harry," said the old gentleman, "what brings you out so early?"
"Pensé que los dandies nunca se levantaban hasta las dos, y no eran visibles hasta las cinco"
"I thought you dandies never got up till two, and were not visible till five"
"Puro afecto familiar, se lo aseguro, tío George"
"Pure family affection, I assure you, Uncle George"
"Quiero sacar algo de ti"
"I want to get something out of you"
—Dinero, supongo —dijo lord Fermor, haciendo una mueca irónica—
"Money, I suppose," said Lord Fermor, making a wry face
"Bueno, siéntate y cuéntamelo todo"
"Well, sit down and tell me all about it"
"Los jóvenes, hoy en día, se imaginan que el dinero lo es todo"
"Young people, nowadays, imagine that money is everything"
—Sí —murmuró lord Henry, acomodándose el ojal en el abrigo—
"Yes," murmured Lord Henry, settling his button-hole in his coat
"Y cuando se hacen mayores lo saben"
"and when they grow older they know it"
"Pero no quiero dinero"
"But I don't want money"
"Solo las personas que pagan sus facturas quieren dinero"
"It is only people who pay their bills who want money"
"Y, como sabes, tío George, nunca pago mis cuentas"
"and, as you know Uncle George, I never pay my bills"
"El crédito es el capital de un hijo menor"

"Credit is the capital of a younger son"
"El crédito es algo de lo que puede vivir con encanto"
"credit is something he can live charmingly upon"
"Además, siempre trato con los comerciantes de Dartmoor"
"Besides, I always deal with Dartmoor's tradesmen"
"Y, en consecuencia, nunca me molestan"
"and consequently they never bother me"
"Lo que quiero es información", continuó
"What I want is information," he went on
"No es información útil, por supuesto, sino información inútil"
"not useful information, of course, but useless information"
"Bueno, puedo decirte cualquier cosa que esté en un libro azul inglés, Harry"
"Well, I can tell you anything that is in an English blue book, Harry"
"Aunque esos tipos hoy en día escriben muchas tonterías"
"although those fellows nowadays write a lot of nonsense"
"Cuando estaba en la diplomacia las cosas eran mucho mejores"
"When I was in diplomacy things were much better"
"Pero he oído que ahora los dejan entrar por examen"
"But I hear they let them in now by examination"
—¿Qué puedes esperar?
"What can you expect?"
"Los exámenes, señor, son pura farsa de principio a fin"
"Examinations, sir, are pure humbug from beginning to end"
"Si un hombre es un caballero, sabe bastante"
"If a man is a gentleman, he knows quite enough"
"Y si no es un caballero, todo lo que sabe es malo para él"
"and if he is not a gentleman, whatever he knows is bad for him"
—El señor Dorian Gray no pertenece a los libros azules, tío George —dijo lord Henry lánguidamente—
"Mr. Dorian Gray does not belong to blue books, Uncle George," said Lord Henry languidly
—¿Señor Dorian Gray? ¿Quién es? -preguntó lord Fermor, frunciendo sus pobladas cejas blancas.
"Mr. Dorian Gray? Who is he?" asked Lord Fermor, knitting his bushy white eyebrows"
—Eso es lo que he venido a aprender, tío Jorge.
"That is what I have come to learn, Uncle George"
"O mejor dicho, sé quién es"
"Or rather, I know who he is"
"Es el último nieto de Lord Kelso"

"He is the last Lord Kelso's grandson"
"Su madre era una Devereux, Lady Margaret Devereux"
"His mother was a Devereux, Lady Margaret Devereux"
"Quiero que me hables de su madre"
"I want you to tell me about his mother"
"¿Cómo era ella? ¿Con quién se casó?
"What was she like? Whom did she marry?"
"Has conocido a casi todo el mundo en tu época, así que es posible que la hayas conocido a ella"
"You have known nearly everybody in your time, so you might have known her"
"Estoy muy interesado en el Sr. Gray en este momento"
"I am very much interested in Mr. Gray at present"
"Acabo de conocerlo"
"I have only just met him"
—¡El nieto de Kelso! —repitió el anciano caballero—
"Kelso's grandson!" echoed the old gentleman
—¡El nieto de Kelso! ... Claro.... Conocí íntimamente a su madre"
"Kelso's grandson! ... Of course.... I knew his mother intimately"
"Creo que estuve en su bautizo"
"I believe I was at her christening"
"Era una muchacha extraordinariamente hermosa, Margaret Devereux"
"She was an extraordinarily beautiful girl, Margaret Devereux"
"Hizo que todos los hombres se volvieran frenéticos al huir con un joven sin un centavo
"she made all the men frantic by running away with a penniless young fellow
—Un don nadie, señor, un subalterno en un regimiento de infantería, o algo por el estilo.
"a mere nobody, sir, a subaltern in a foot regiment, or something of that kind"
—Ciertamente. Recuerdo todo como si hubiera pasado ayer"
"Certainly. I remember the whole thing as if it happened yesterday"
"El pobre muchacho fue asesinado en un duelo en Spa unos meses después de la boda"
"The poor chap was killed in a duel at Spa a few months after the marriage"
"Hubo una historia fea al respecto"
"There was an ugly story about it"
"Dijeron que Kelso había contratado a un aventurero bribón, a un

bruto belga"
"They said Kelso hired some rascally adventurer, some Belgian brute"
"Le pagaron para insultar a su yerno en público"
"he was paid to insult his son-in-law in public"
"Y que el tipo escupió a su hombre como si hubiera sido una paloma"
"and that the fellow spitted his man as if he had been a pigeon"
"La cosa se calló"
"The thing was hushed up"
"pero, egad, Kelso se comió su chuleta solo en el club durante algún tiempo después"
"but, egad, Kelso ate his chop alone at the club for some time afterwards"
"Me dijeron que se llevó a su hija con él"
"He brought his daughter back with him, I was told"
"Y nunca más volvió a hablar con él"
"and she never spoke to him again"
—Oh, sí; Fue algo malo lo que sucedió"
"Oh, yes; it was a bad thing that happened"
"La niña también murió, murió al cabo de un año"
"The girl died, too, died within a year"
— Así que dejó un hijo, ¿verdad?
"So she left a son, did she?"
"Lo había olvidado"
"I had forgotten that"
—¿Qué clase de chico es?
"What sort of boy is he?"
"Si es como su madre, debe ser un chico guapo"
"If he is like his mother, he must be a good-looking chap"
—Es muy guapo —asintió lord Henry—.
"He is very good-looking," assented Lord Henry"
—Espero que caiga en buenas manos —continuó el anciano—
"I hope he will fall into proper hands," continued the old man
"Debería tener una olla de dinero esperándolo si Kelso hizo lo correcto por él"
"He should have a pot of money waiting for him if Kelso did the right thing by him"
"Su madre también tenía dinero"
"His mother had money, too"
"Todas las propiedades de Selby le llegaron a ella, a través de su abuelo"

"All the Selby property came to her, through her grandfather"
"Su abuelo odiaba a Kelso, lo consideraba un perro malo"
"Her grandfather hated Kelso, thought him a mean dog"
"También era un perro malo"
"He was a mean dog, too"
"Vino a Madrid una vez cuando yo estuve allí"
"he came to Madrid once when I was there"
"Egad, me avergoncé de él"
"Egad, I was ashamed of him"
"La reina solía preguntarme por el noble inglés que siempre estaba discutiendo con los cocheros por sus pasajes"
"The Queen used to ask me about the English noble who was always quarrelling with the cabmen about their fares"
"Hicieron toda una historia de ello"
"They made quite a story of it"
"No me atreví a dar la cara en la Corte durante un mes"
"I didn't dare show my face at Court for a month"
"Espero que haya tratado mejor a su nieto que a los jarvies"
"I hope he treated his grandson better than he did the jarvies"
—No lo sé —respondió lord Henry—
"I don't know," answered Lord Henry
"Me imagino que el chico estará bien"
"I fancy that the boy will be well off"
"Todavía no es mayor de edad"
"He is not of age yet"
"Tiene a Selby, lo sé"
"He has Selby, I know"
"Él me lo dijo. Y... ¿Su madre era muy hermosa?"
"He told me so. And ... his mother was very beautiful?"
"Margaret Devereux fue una de las criaturas más encantadoras que he visto en mi vida, Harry"
"Margaret Devereux was one of the loveliest creatures I ever saw, Harry"
"Lo que la indujo a comportarse como lo hizo, nunca pude entenderlo"
"What on earth induced her to behave as she did, I never could understand"
"Podría haberse casado con quien quisiera"
"She could have married anybody she chose"
"Carlington estaba enojado con ella"
"Carlington was mad after her"

"Sin embargo, era romántica"
"She was romantic, though"
"Todas las mujeres de esa familia eran románticas"
"All the women of that family were romantic"
"Los hombres eran un grupo pobre, pero, ¡egad! Las mujeres eran maravillosas"
"The men were a poor lot, but, egad! the women were wonderful"
"Carlington se arrodilló ante ella"
"Carlington went on his knees to her"
Él mismo me lo dijo"
he told me so himself"
Ella se rió de él
She laughed at him
"Y no había una chica en Londres en ese momento que no estuviera detrás de él"
"and there wasn't a girl in London at the time who wasn't after him"
—Y por cierto, Harry, hablando de matrimonios tontos;
"And by the way, Harry, talking about silly marriages;"
—¿Qué es esa tontería que me dice tu padre de que Dartmoor quiere casarse con una americana?
"what is this humbug your father tells me about Dartmoor wanting to marry an American?"
—¿No son las inglesas lo suficientemente buenas para él?
"Ain't English girls good enough for him?"
"Está bastante de moda casarse con americanos en este momento, tío George"
"It is rather fashionable to marry Americans just now, Uncle George"
—Apoyaré a las mujeres inglesas contra el mundo, Harry —dijo lord Fermor—
"I'll back English women against the world, Harry," said Lord Fermor
y golpeó la mesa con el puño
and he struck the table with his fist
"Las apuestas son por los americanos"
"The betting is on the Americans"
—Me han dicho que no duran —murmuró su tío—
"They don't last, I am told," muttered his uncle
"Un compromiso largo los agota"
"A long engagement exhausts them"
"Pero son espléndidos en una carrera de obstáculos"
"but they are splendid at a steeplechase"
"Se toman las cosas con calma"

"They take things in their stride"
"No creo que Dartmoor tenga ninguna posibilidad"
"I don't think Dartmoor has a chance"
—¿**Quiénes son los suyos?** —refunfuñó el anciano caballero
"Who are her people?" grumbled the old gentleman
—¿**Tiene alguno?**
"Has she got any?"
Lord Henry negó con la cabeza
Lord Henry shook his head
"Las muchachas americanas son tan hábiles para ocultar a sus padres como las inglesas para ocultar su pasado"
"American girls are as clever at concealing their parents, as English women are at concealing their past"
Y se puso en pie, como si se dispusiera a marcharse
and he got to his feet, as if he was getting ready to go
—¿**Son empacadores de cerdo, supongo?**
"They are pork-packers, I suppose?"
—**Eso espero, tío George, por el bien de Dartmoor.**
"I hope so, Uncle George, for Dartmoor's sake"
"Me han dicho que empacar carne de cerdo es la profesión más lucrativa en Estados Unidos, después de la política"
"I am told that pork-packing is the most lucrative profession in America, after politics"
—¿**Es bonita?**
"Is she pretty?"
"Se comporta como si fuera guapa"
"She behaves as if she was beautiful"
"La mayoría de las mujeres estadounidenses lo hacen"
"Most American women do"
"Es el secreto de su encanto"
"It is the secret of their charm"
"¿Por qué estas mujeres estadounidenses no pueden quedarse en su propio país?"
"Why can't these American women stay in their own country?"
"Siempre nos dicen que es el paraíso de las mujeres"
"They are always telling us that it is the paradise for women"
"Es un paraíso para las mujeres"
"It is a paradise for women"
—**Ésa es la razón por la que, como Eva, están tan excesivamente ansiosos por salir de allí** —dijo lord Henry—
"That is the reason why, like Eve, they are so excessively anxious to

get out of it," said Lord Henry
—Adiós, tío George. Llegaré tarde a la hora del almuerzo, si me detengo más.
"Good-bye, Uncle George. I shall be late for lunch, if I stop any longer"
"Gracias por darme la información que quería"
"Thanks for giving me the information I wanted"
"Siempre me gusta saber todo sobre mis nuevos amigos"
"I always like to know everything about my new friends"
"y me gusta no saber nada de mis viejos amigos"
"and I like to know nothing about my old friends"
—¿Dónde estás almorzando, Harry?
"Where are you lunching, Harry?"
"Estaré almorzando en casa de la tía Agatha"
"I shall be lunching at Aunt Agatha's"
"Y he invitado al señor Gray"
"and I have invited Mr. Gray"
"Es su último protegido"
"He is her latest protégé"
"¡Humph! dile a tu tía Agatha, Harry, que no me molestes más con sus súplicas de caridad.
"Humph! tell your Aunt Agatha, Harry, not to bother me any more with her charity appeals"
"Estoy harto de sus comidas benéficas"
"I am sick of her charity meals"
"la buena mujer piensa que no tengo nada que hacer más que escribir cheques para sus tontas modas"
"the good woman thinks I have nothing to do but to write cheques for her silly fads"
—Muy bien, tío George, se lo diré.
"All right, Uncle George, I'll tell her"
"Pero decírselo no tendrá ningún efecto"
"but telling her won't have any effect"
"Las personas filantrópicas pierden todo sentido de humanidad"
"Philanthropic people lose all sense of humanity"
"Es su característica distintiva"
"It is their distinguishing characteristic"
El anciano caballero gruñó con aprobación
The old gentleman growled approvingly
Y tocó la campanilla para llamar a su criado
and he rang the bell for his servant

Lord Henry pasó por la arcada baja hacia Burlington Street
Lord Henry passed up the low arcade into Burlington Street
y volvió sus pasos en dirección a Berkeley Square
and he turned his steps in the direction of Berkeley Square
Así que esa fue la historia de la paternidad de Dorian Gray
So that was the story of Dorian Gray's parentage
A pesar de la crudeza con que se lo habían contado, le había conmovido por su sugerencia de un romance extraño, casi moderno
Crudely as it had been told to him, it had yet stirred him by its suggestion of a strange, almost modern romance
Una hermosa mujer que lo arriesga todo por una pasión loca
A beautiful woman risking everything for a mad passion
Unas semanas salvajes de felicidad truncadas por un crimen horrible y traicionero
A few wild weeks of happiness cut short by a hideous, treacherous crime
Meses de agonía sin voz, y luego un niño nacido con dolor
Months of voiceless agony, and then a child born in pain
La madre arrebatada por la muerte
The mother snatched away by death
El muchacho se fue a la soledad
the boy left to solitude
y la tiranía de un hombre viejo y sin amor
and the tyranny of an old and loveless man
Sí; Era un trasfondo interesante
Yes; it was an interesting background
Posaba al muchacho, lo hacía más perfecto, por así decirlo
It posed the lad, made him more perfect, as it were
Detrás de cada cosa exquisita que existía, había algo trágico
Behind every exquisite thing that existed, there was something tragic
Los mundos tenían que estar de parto, para que la flor más mezquina pudiera volar...
Worlds had to be in travail, so that the meanest flower might blow....
¡Y qué encantador había sido en la cena de la noche anterior
And how charming he had been at dinner the night before
Con los ojos sorprendidos y los labios entreabiertos por el placer asustado, se había sentado frente a él en el club
with startled eyes and lips parted in frightened pleasure he had sat opposite to him at the club
las sombras rojas de las velas tiñendo a una rosa más rica la maravilla despierta de su rostro

the red candle shades staining to a richer rose the wakening wonder of his face

Hablar con él era como tocar un violín exquisito
Talking to him was like playing upon an exquisite violin

Respondía a cada roce y emoción de la reverencia
He answered to every touch and thrill of the bow

Había algo terriblemente fascinante en el ejercicio de la influencia
There was something terribly enthralling in the exercise of influence

Ninguna otra actividad fue igual
No other activity was like it

Proyectar el alma en alguna forma graciosa
To project one's soul into some gracious form

Dejar que el alma se quede allí por un momento
to let one's soul tarry there for a moment

Escuchar los propios puntos de vista intelectuales resonando en uno con toda la música añadida de la pasión y la juventud
to hear one's own intellectual views echoed back to one with all the added music of passion and youth

transmitir el temperamento de uno a otro como si fuera un fluido sutil o un perfume extraño
to convey one's temperament into another as though it were a subtle fluid or a strange perfume

Había una verdadera alegría en eso
there was a real joy in that

tal vez la alegría más satisfactoria que nos queda en una época tan limitada y vulgar como la nuestra
perhaps the most satisfying joy left to us in an age so limited and vulgar as our own

una época groseramente carnal en sus placeres
an age grossly carnal in its pleasures

una época groseramente común en sus objetivos
an age grossly common in its aims

Era un tipo maravilloso, también, este muchacho
He was a marvellous type, too, this lad

a este muchacho lo había conocido por tan curiosa casualidad en el estudio de Basilo
this lad he had met by such curious chance in Basil's studio

Podría convertirse en un tipo maravilloso de persona
he could be fashioned into a marvellous type of person

La gracia era suya, y la blanca pureza de la niñez
Grace was his, and the white purity of boyhood

y tenía una belleza como los antiguos mármoles griegos
and he had beauty like the old Greek marbles
No había nada que no se pudiera hacer con él
There was nothing that one could not do with him
Podría convertirse en un titán o en un juguete
He could be made a Titan or a toy
¡Qué lástima que tanta belleza estuviera destinada a desvanecerse!
What a pity it was that such beauty was destined to fade!
Y en cuanto a Basilo, desde un punto de vista psicológico, ¡qué interesante era!
And as for Basil, from a psychological point of view, how interesting he was!
La nueva manera en el arte y el nuevo modo de ver la vida
The new manner in art and the fresh mode of looking at life
Era tan impresionable por una mera presencia visible
he was so impressionable by a mere visible presence
y esa presencia visible es inconsciente de su propia influencia
and that visible presence is unconscious of its own influence
el espíritu silencioso que habitaba en el bosque oscuro
the silent spirit that dwelt in dim woodland
el espíritu silencioso que caminaba invisible en campo abierto
the silent spirit that walked unseen in open field
de repente se muestra, como una dríade y sin miedo
suddenly she shows herself, Dryadlike and not afraid
porque solo se revela en las almas que la buscan
because she only reveals herself in the souls that look for her
las meras formas y patrones de las cosas que se refinan
the mere shapes and patterns of things becoming refined
formas y patrones que adquieren una especie de valor simbólico
shapes and patterns gaining a kind of symbolical value
como si las formas fueran en sí mismas patrones de alguna otra forma más perfecta
as though the forms were themselves patterns of some other and more perfect form
Y son sus sombras las que hacen que sus patrones sean reales
and it is their shadows that make their patterns real
¡Qué extraño era todo!
how strange it all was!
Recordaba algo parecido en la historia
He remembered something like it in history
¿No fue Platón, ese artista del pensamiento, quien lo analizó por

primera vez?
Was it not Plato, that artist in thought, who had first analyzed it?
¿No era Buonarotti quien lo había esculpido en los mármoles coloreados de una secuencia de sonetos?
Was it not Buonarotti who had carved it in the coloured marbles of a sonnet-sequence?
Pero en nuestro propio siglo era extraño
But in our own century it was strange
Sí; sabía quién sería para Dorian Gray
Yes; he knew who it would be to Dorian Gray
trataría de ser para Dorian Gray lo que Dorian fue para el pintor
he would try to be to Dorian Gray what Dorian was to the painter
Trataría de dominarlo, como ya lo había hecho a medias
He would seek to dominate him, how he had already half done so
Él haría suyo ese maravilloso espíritu
He would make that wonderful spirit his own
Había algo fascinante en este hijo del amor y la muerte
There was something fascinating in this son of love and death
De repente se detuvo y miró hacia las casas
Suddenly he stopped and glanced up at the houses
Descubrió que había pasado la de su tía a cierta distancia
He found that he had passed his aunt's some distance
Sonriendo para sí mismo, se volvió hacia la casa de su tía
smiling to himself, he turned back to his aunt's house
Cuando entró en el vestíbulo, un tanto sombrío, el mayordomo le dijo que habían entrado a almorzar
When he entered the somewhat sombre hall, the butler told him that they had gone in to lunch
Le dio a uno de los lacayos su sombrero y su bastón y entró en el comedor
He gave one of the footmen his hat and stick and passed into the dining-room
—Tarde como siempre, Harry —exclamó su tía, sacudiendo la cabeza—
"Late as usual, Harry," cried his aunt, shaking her head at him
Inventó una excusa fácil y se sentó junto a ella
He invented a facile excuse and took the seat next to her
Luego miró a su alrededor para ver quién estaba allí
then he looked round to see who was there
Dorian se inclinó tímidamente ante él desde el extremo de la mesa
Dorian bowed to him shyly from the end of the table

Un rubor de placer se escapó de su mejilla
a flush of pleasure escaped into his cheek
Enfrente estaba la duquesa de Harley, una dama de admirable bondad y buen temperamento
Opposite was the Duchess of Harley, a lady of admirable good-nature and good temper
Era muy querida por todos los que la conocían
she was much liked by everyone who knew her
Si no hubiera sido duquesa, los historiadores contemporáneos podrían haberla descrito como robusta
had she not been a duchess contemporary historians might have described her as stout
A su lado estaba sentado, a su derecha, Sir Thomas Burdon
Next to her sat, on her right, Sir Thomas Burdon
fue diputado radical
he was a Radical member of Parliament
Siguió a su líder en la vida pública
he followed his leader in public life
y en la vida privada siguió a los mejores cocineros
and in private life he followed the best cooks
cenaba con los conservadores y pensaba con los liberales
he dined with Tories and thought with the Liberals
Todo esto estaba de acuerdo con una regla sabia y bien conocida
all of this was in accordance with a wise and well-known rule
El puesto de su izquierda estaba ocupado por el señor Erskine de Treadley
The post on her left was occupied by Mr. Erskine of Treadley
Un anciano caballero de considerable encanto y cultura
an old gentleman of considerable charm and culture
Sin embargo, había caído en el mal hábito del silencio
he had fallen, however, into bad habits of silence
"todo lo que tenía que decir lo dije antes de los treinta"
"everything I had to say I said before I was thirty"
Su vecina era la señora Vandeleur, una de las amigas más antiguas de su tía
His own neighbour was Mrs. Vandeleur, one of his aunt's oldest friends
Era una santa perfecta entre las mujeres
she was a perfect saint amongst women
pero era tan espantosamente desaliñada que recordaba a un himnario mal encuadernado

but she was so dreadfully dowdy that she reminded one of a badly bound hymn-book
Afortunadamente para él, tenía al otro lado a Lord Faudel
Fortunately for him she had on the other side Lord Faudel
Lord Faudel era un mediocridad de mediana edad muy inteligente
Lord Faudel was a most intelligent middle-aged mediocrity
tan descarnada como una declaración ministerial en la Cámara de los Comunes
as bald as a ministerial statement in the House of Commons
Ella conversaba con él de esa manera intensamente seria
she was conversing with him in that intensely earnest manner
Este es el único error imperdonable, como él mismo comentó una vez
this is the one unpardonable error, as he remarked once himself
Pero todas las personas realmente buenas caen en la trampa
but all really good people fall into the trap
y nadie escapa del todo escapa de esa trampa
and no one ever quite escape escapes that trap
—**Estamos hablando del pobre Dartmoor, lord Henry —exclamó la duquesa—**
"We are talking about poor Dartmoor, Lord Henry," cried the duchess
Ella asintió amablemente con la cabeza desde el otro lado de la mesa
she nodded pleasantly to him across the table
"**¿Crees que realmente se casará con este joven fascinante?**"
"Do you think he will really marry this fascinating young person?"
—**Creo que se ha decidido a proponerle matrimonio, duquesa.**
"I believe she has made up her mind to propose to him, Duchess"
—**¡Qué horror! —exclamó lady Agatha—**
"How dreadful!" exclaimed Lady Agatha
"**Realmente, alguien debería interferir**"
"Really, someone should interfere"
—**Me han dicho, de buena fuente, que su padre tiene una tienda americana de productos secos —dijo Sir Thomas Burdon—**
"I am told, on excellent authority, that her father keeps an American dry-goods store," said Sir Thomas Burdon
—**Mi tío ya ha sugerido empacar carne de cerdo, Sir Thomas.**
"My uncle has already suggested pork-packing, Sir Thomas"
—**¡Productos secos! ¿Qué son los productos secos americanos? - preguntó la duquesa**
"Dry-goods! What are American dry-goods?" asked the duchess

y alzó sus grandes manos con asombro y acentuando el verbo
and she raised her large hands in wonder and accentuating the verb
—Novelas americanas —respondió lord Henry, sirviéndose unas codornices—
"American novels," answered Lord Henry, helping himself to some quail
La duquesa parecía perpleja
The duchess looked puzzled
—No te preocupes por él, querida —susurró lady Agatha—
"Don't mind him, my dear," whispered Lady Agatha
"Nunca quiere decir nada de lo que dice"
"He never means anything that he says"
—Cuando se descubrió América —dijo el miembro radical, y comenzó a dar algunos datos tediosos—
"When America was discovered," said the Radical member, and he began to give some wearisome facts
Como todas las personas que tratan de agotar un tema, agotó a sus oyentes
Like all people who try to exhaust a subject, he exhausted his listeners
La duquesa suspiró y ejerció su privilegio de interrupción
The duchess sighed and exercised her privilege of interruption
"¡Ojalá nunca se hubiera descubierto!", exclamó
"I wish to goodness it never had been discovered at all!" she exclaimed
"Realmente, nuestras chicas no tienen ninguna oportunidad hoy en día"
"Really, our girls have no chance nowadays"
"Es muy injusto"
"It is most unfair"
—Quizás, después de todo, América nunca ha sido descubierta —dijo el señor Erskine—
"Perhaps, after all, America never has been discovered," said Mr. Erskine
"Yo mismo diría que simplemente había sido detectado"
"I myself would say that it had merely been detected"
—¡Oh! pero he visto ejemplares de los habitantes -respondió la duquesa vagamente-
"Oh! but I have seen specimens of the inhabitants" answered the duchess vaguely
"Debo confesar que la mayoría de ellas son muy bonitas"

"I must confess that most of them are extremely pretty"
"Y además visten bien"
"And they dress well, too"
"Compran todos sus vestidos en París"
"They get all their dresses in Paris"
"Ojalá pudiera permitirme hacer lo mismo"
"I wish I could afford to do the same"
—**Dicen que cuando mueren los buenos americanos van a París —rió Sir Thomas—**
"They say that when good Americans die they go to Paris," chuckled Sir Thomas
él mismo tenía un gran armario con ropa desechada de Humor
he himself had a large wardrobe of Humour's cast-off clothes
"¡De verdad! ¿Y a dónde van los malos americanos cuando mueren?", preguntó la duquesa
"Really! And where do bad Americans go to when they die?" inquired the duchess
—**Van a América —murmuró lord Henry—**
"They go to America," murmured Lord Henry
Sir Thomas frunció el ceño
Sir Thomas frowned
—**Me temo que tu sobrino tiene prejuicios contra ese gran país —le dijo a lady Águeda—**
"I am afraid that your nephew is prejudiced against that great country," he said to Lady Agatha
"He viajado por toda América en coches proporcionados por los directores"
"I have travelled all over America in cars provided by the directors"
"En estos asuntos son extremadamente civilizados"
"in such matters they are extremely civil"
"Te aseguro que es una educación visitarlo"
"I assure you that it is an education to visit it"
—**Pero, ¿tenemos que ver realmente Chicago para ser educados? —preguntó el señor Erskine lastimeramente**
"But must we really see Chicago in order to be educated?" asked Mr. Erskine plaintively
"No me siento con ganas de afrontar el viaje"
"I don't feel up to the journey"
Sir Thomas hizo un gesto con la mano
Sir Thomas waved his hand
"El Sr. Erskine de Treadley tiene el mundo en sus estanterías"

"Mr. Erskine of Treadley has the world on his shelves"
"A los hombres prácticos nos gusta ver cosas, no leer sobre ellas"
"We practical men like to see things, not to read about them"
"Los americanos son un pueblo muy interesante"
"The Americans are an extremely interesting people"
"Son absolutamente razonables"
"They are absolutely reasonable"
"Creo que esa es su característica distintiva"
"I think that is their distinguishing characteristic"
—Sí, señor Erskine, un pueblo absolutamente razonable.
"Yes, Mr. Erskine, an absolutely reasonable people"
"Les aseguro que no hay tonterías sobre los americanos"
"I assure you there is no nonsense about the Americans"
-¡Qué horror! -exclamó lord Henry-
"How dreadful!" cried Lord Henry
"Puedo soportar la fuerza bruta, pero la razón bruta es bastante insoportable"
"I can stand brute force, but brute reason is quite unbearable"
"Hay algo injusto en su uso"
"There is something unfair about its use"
"Está golpeando por debajo del intelecto"
"It is hitting below the intellect"
—No le comprendo —dijo Sir Thomas, enrojeciendo un poco—
"I do not understand you," said Sir Thomas, growing rather red
—Sí, lord Henry —murmuró el señor Erskine con una sonrisa—
"I do, Lord Henry," murmured Mr. Erskine, with a smile
"Las paradojas están muy bien a su manera..." se reincorporó al baronet
"Paradoxes are all very well in their way...." rejoined the baronet
—¿Era una paradoja? —preguntó el señor Erskine
"Was that a paradox?" asked Mr. Erskine
"No pensé que fuera una paradoja. Tal vez lo era"
"I did not think it was a paradox. Perhaps it was"
"Bueno, el camino de las paradojas es el camino de la verdad"
"Well, the way of paradoxes is the way of truth"
"Para probar la realidad hay que verla en la cuerda floja"
"To test reality we must see it on the tight rope"
"Cuando las verdades se convierten en acróbatas, podemos juzgarlas"
"When the verities become acrobats, we can judge them"
—¡Querida mía! —dijo lady Agatha—, ¡cómo discutís!

"Dear me!" said Lady Agatha, "how you men argue!"
"Estoy seguro de que nunca podré entender de qué estás hablando"
"I am sure I never can make out what you are talking about"
—¡Oh! Harry, estoy bastante molesto contigo"
"Oh! Harry, I am quite vexed with you"
—¿Por qué intenta persuadir a nuestro simpático señor Dorian Gray para que abandone el East End?
"Why do you try to persuade our nice Mr. Dorian Gray to give up the East End?"
"Te aseguro que sería muy valioso"
"I assure you he would be quite invaluable"
"Les encantaría que tocara el piano"
"They would love his playing the piano"
—Quiero que juegue conmigo —exclamó lord Henry, sonriendo—
"I want him to play to me," cried Lord Henry, smiling
Y miró hacia abajo de la mesa y captó una brillante mirada de respuesta
and he looked down the table and caught a bright answering glance
—Pero son muy infelices en Whitechapel —continuó lady Agatha—
"But they are so unhappy in Whitechapel," continued Lady Agatha
—Puedo simpatizar con todo, excepto con el sufrimiento —dijo lord Henry, encogiéndose de hombros—
"I can sympathize with everything except suffering," said Lord Henry, shrugging his shoulders
"No puedo simpatizar con eso"
"I cannot sympathize with that"
"Es demasiado feo, demasiado horrible, demasiado angustioso"
"It is too ugly, too horrible, too distressing"
"Hay algo terriblemente morboso en la simpatía moderna por el dolor"
"There is something terribly morbid in the modern sympathy with pain"
"Uno debe simpatizar con el color, la belleza, la alegría de vivir"
"One should sympathize with the colour, the beauty, the joy of life"
"Cuanto menos se hable de las llagas de la vida, mejor"
"The less said about life's sores, the better"
—De todos modos, el East End es un problema muy importante —comentó Sir Thomas con un grave movimiento de cabeza—
"Still, the East End is a very important problem," remarked Sir Thomas with a grave shake of the head
—Así es —respondió el joven señor—

"Quite so," answered the young lord
"Es el problema de la esclavitud, y tratamos de resolverlo divirtiendo a los esclavos"
"It is the problem of slavery, and we try to solve it by amusing the slaves"
El político lo miró fijamente
The politician looked at him keenly
"¿Qué cambio propones, entonces?", preguntó
"What change do you propose, then?" he asked
Lord Henry se echó a reír
Lord Henry laughed
"No deseo cambiar nada en Inglaterra, excepto el clima", respondió
"I don't desire to change anything in England except the weather," he answered
"Me conformo con la contemplación filosófica"
"I am quite content with philosophic contemplation"
"Pero el siglo XIX se ha ido a la bancarrota por un gasto excesivo de simpatía"
"But, the nineteenth century has gone bankrupt through an over-expenditure of sympathy"
"Así que sugeriría que deberíamos apelar a la ciencia para que nos aclare"
"so I would suggest that we should appeal to science to put us straight"
"La ventaja de las emociones es que nos llevan por mal camino"
"The advantage of the emotions is that they lead us astray"
"Y la ventaja de la ciencia es que no es emocional"
"and the advantage of science is that it is not emotional"
—Pero tenemos responsabilidades muy graves —aventuró tímidamente la señora Vandeleur—
"But we have such grave responsibilities," ventured Mrs. Vandeleur timidly
—Terriblemente grave —repitió lady Agatha—
"Terribly grave," echoed Lady Agatha
Lord Henry miró al señor Erskine
Lord Henry looked over at Mr. Erskine
"La humanidad se toma a sí misma demasiado en serio"
"Humanity takes itself too seriously"
"Es el pecado original del mundo"
"It is the world's original sin"
"Si el hombre de las cavernas hubiera sabido reír, la historia habría

sido diferente"
"If the caveman had known how to laugh, history would have been different"
-Eres realmente muy reconfortante -gorjeó la duquesa-
"You are really very comforting," warbled the duchess
"Siempre me he sentido bastante culpable cuando he venido a ver a tu querida tía"
"I have always felt rather guilty when I came to see your dear aunt"
"porque no me interesa en absoluto el East End"
"because I take no interest at all in the East End"
"En el futuro podré mirarla a la cara sin sonrojarme"
"For the future I shall be able to look her in the face without a blush"
—Un rubor es muy apropiado, duquesa —comentó lord Henry—
"A blush is very becoming, Duchess," remarked Lord Henry
"Solo cuando uno es joven", respondió ella
"Only when one is young," she answered
"Cuando una anciana como yo se sonroja, es una muy mala señal"
"When an old woman like myself blushes, it is a very bad sign"
—¡Ah! Lord Henry, me gustaría que me dijera cómo volver a ser joven.
"Ah! Lord Henry, I wish you would tell me how to become young again"
Pensó por un momento
He thought for a moment
—¿Recuerdas algún gran error que cometieras en tus primeros días, duquesa? —preguntó
"Can you remember any great error that you committed in your early days, Duchess?" he asked
Y él la miró desde el otro lado de la mesa
and he looked at her across the table
—Me temo que he cometido muchos errores —exclamó—
"I have made a great many errors, I fear," she cried
—Entonces vuelve a cometerlos —dijo con gravedad—
"Then commit them over again," he said gravely
"Para recuperar la juventud, no hay más que repetir las locuras"
"To get back one's youth, one has merely to repeat one's follies"
"¡Una teoría deliciosa!", exclamó
"A delightful theory!" she exclaimed
"Debo poner en práctica tu teoría"
"I must put your theory into practice"
—¡Una teoría peligrosa! —exclamó Sir Thomas—

"A dangerous theory!" came from Sir Thomas's tight lips
Lady Agatha negó con la cabeza, pero no pudo evitar divertirse
Lady Agatha shook her head, but could not help being amused
El señor Erskine escuchó
Mr. Erskine listened
"Sí", continuó, "ese es uno de los grandes secretos de la vida"
"Yes," he continued, "that is one of the great secrets of life"
"Hoy en día la mayoría de la gente muere por una especie de sentido común rastrero"
"Nowadays most people die of a sort of creeping common sense"
"Y descubren, cuando ya es demasiado tarde, que lo único de lo que uno nunca se arrepiente son de sus errores"
"and they discover when it is too late that the only things one never regrets are one's mistakes"
Una carcajada corrió alrededor de la mesa
A laugh ran round the table
Jugó con la idea y se volvió obstinado; lo lanzó al aire y lo transformó
He played with the idea and grew wilful; tossed it into the air and transformed it
Dejó escapar el pensamiento y lo recapturó; lo hizo iridiscente con fantasía y lo aló con paradoja
he let the thought escape and recaptured it; made it iridescent with fancy and winged it with paradox
El elogio de la insensatez, a medida que avanzaba, se elevó hasta convertirse en una filosofía
The praise of folly, as he went on, soared into a philosophy
y la filosofía misma se hizo joven
and philosophy herself became young
Uno podría imaginarla con su túnica manchada de vino y su corona de hiedra
one might fancy her wearing her wine-stained robe and wreath of ivy
y al oír la loca música del placer, bailó como una bacante sobre las colinas de la vida
and catching the mad music of pleasure, she danced like a Bacchante over the hills of life
y se burló del lento Sileno por ser sobrio
and she mocked the slow Silenus for being sober
Los hechos huyeron ante ella como asustados del bosque
Facts fled before her like frightened forest things
Sus pies blancos pisaban la enorme prensa ante la que se sienta el

sabio Omar
Her white feet trod the huge press at which wise Omar sits
hasta que el jugo de uva hirviente se elevó alrededor de sus miembros desnudos en oleadas de burbujas púrpuras
till the seething grape-juice rose round her bare limbs in waves of purple bubbles
o se arrastraba en espuma roja sobre los lados negros, goteantes e inclinados de la cuba
or she crawled in red foam over the vat's black, dripping, sloping sides
Fue una improvisación extraordinaria
It was an extraordinary improvisation
Sintió que los ojos de Dorian Gray estaban fijos en él
He felt that the eyes of Dorian Gray were fixed on him
la conciencia de que entre su auditorio había alguien cuyo temperamento deseaba fascinar
the consciousness that amongst his audience there was one whose temperament he wished to fascinate
Su conciencia parecía dar agudeza a su ingenio y dar color a su imaginación
his consciousness seemed to give his wit keenness and to lend colour to his imagination
Era brillante, fantástico, irresponsable
He was brilliant, fantastic, irresponsible
Encantó a sus oyentes fuera de sí mismos
He charmed his listeners out of themselves
y siguieron su pipa, riendo
and they followed his pipe, laughing
Dorian Gray nunca le quitó la mirada de encima
Dorian Gray never took his gaze off him
pero se sentó como si estuviera bajo un hechizo
but he sat like one under a spell
sonrisas que se persiguen en sus labios
smiles chasing each other over his lips
y el asombro se hace cada vez más grave en sus ojos oscurecidos
and wonder growing grave in his darkening eyes
Por fin, ataviada con el traje de la época, la realidad entró en la habitación en forma de sirviente
At last, liveried in the costume of the age, reality entered the room in the shape of a servant
Vino a decirle a la duquesa que su carruaje le esperaba

he came to tell the duchess that her carriage was waiting
Se retorció las manos con fingida desesperación
She wrung her hands in mock despair
"¡Qué fastidioso!", exclamó
"How annoying!" she cried
"Tengo que irme, tengo que llamar a mi marido al club"
"I must go, I have to call for my husband at the club"
"Lo llevaré a una reunión absurda en Willis's Rooms"
"I will take him to some absurd meeting at Willis's Rooms"
"Y ahí va a estar en la silla"
"and there he is going to be in the chair"
"Si llego tarde, seguro que se pondrá furioso"
"If I am late he is sure to be furious"
"Y no podría tener una escena con este capó"
"and I couldn't have a scene in this bonnet"
"Es demasiado frágil"
"It is far too fragile"
"Una palabra dura lo arruinaría"
"A harsh word would ruin it"
—**No, tengo que irme, querida Agatha.**
"No, I must go, dear Agatha"
—**Adiós, lord Henry, es usted encantador y terriblemente desmoralizador.**
"Good-bye, Lord Henry, you are quite delightful and dreadfully demoralizing"
"Estoy seguro de que no sé qué decir sobre sus puntos de vista"
"I am sure I don't know what to say about your views"
"Tienes que venir a cenar con nosotros alguna noche"
"You must come and dine with us some night"
"¿Martes? ¿Estás desconectado el martes?
"Tuesday? Are you disengaged Tuesday?"
-Por vos tiraría a cualquiera, duquesa -dijo lord Henry con una reverencia-
"For you I would throw over anybody, Duchess," said Lord Henry with a bow
—**¡Ah! Eso es muy bonito y muy malo de tu parte -exclamó-**
"Ah! that is very nice, and very wrong of you," she cried
—**Así que puedo contar contigo —y salió de la habitación**
"so I can count on you coming," and she swept out of the room
Lady Agatha y las otras damas la siguieron
Lady Agatha and the other ladies followed her

Lord Henry se había vuelto a sentar
Lord Henry had sat down again
El señor Erskine se dio la vuelta y se sentó cerca de lord Henry
Mr. Erskine moved roundand took a chair close to Lord Henry
Y le puso la mano en el brazo
and he placed his hand upon his arm
"Hablas tan bien como un libro", dijo
"You talk as well as a book," he said
"¿Por qué no escribes un libro?"
"why don't you write a book?"
—**Soy demasiado aficionado a leer libros como para preocuparme por escribirlos, señor Erskine.**
"I am too fond of reading books to care to write them, Mr. Erskine"
"Me gustaría escribir una novela, sin duda"
"I should like to write a novel certainly"
"una novela que sería tan hermosa como una alfombra persa, y tan irreal"
"a novel that would be as lovely as a Persian carpet, and as unreal"
"Pero no hay público literario en Inglaterra para otra cosa que no sean periódicos, cartillas y enciclopedias"
"But there is no literary public in England for anything except newspapers, primers, and encyclopaedias"
"De todas las personas en el mundo, los ingleses son los que menos sentido tienen de la belleza de la literatura"
"Of all people in the world the English have the least sense of the beauty of literature"
—**Me temo que tiene usted razón** —respondió el señor Erskine—
"I fear you are right," answered Mr. Erskine
"Yo mismo solía tener ambiciones literarias, pero las dejé hace mucho tiempo"
"I myself used to have literary ambitions, but I gave them up long ago"
"Y ahora, mi querido y joven amigo, si me permites llamarte así"
"And now, my dear young friend, if you will allow me to call you so"
—**¿Puedo preguntarle si realmente quiso decir todo lo que nos dijo durante el almuerzo?**
"may I ask if you really meant all that you said to us at lunch?"
—**Olvidé por completo lo que dije** —sonrió lord Henry—
"I quite forget what I said," smiled Lord Henry
—**¿Estuvo todo muy mal?**
"Was it all very bad?"

—Muy mal —confirmó el señor Erskine—
"Very bad indeed," Mr. Erskine confirmed
"De hecho, te considero extremadamente peligroso"
"In fact, I consider you extremely dangerous"
"Dios no quiera que le pase nada a nuestra buena duquesa"
"God forbid anything happens to our good duchess"
"Todos te consideraríamos el principal responsable"
"we would all look on you as being primarily responsible"
"Pero me gustaría hablarte de la vida"
"But I should like to talk to you about life"
"La generación en la que nací fue tediosa"
"The generation into which I was born was tedious"
"Algún día, cuando estés cansado de Londres, ven a Treadley"
"Some day, when you are tired of London, come down to Treadley"
"y explícame tu filosofía del placer sobre un poco de Borgoña"
"and expound to me your philosophy of pleasure over some Burgundy"
"Resulta que tengo el placer de poseer una botella muy admirable"
"I happen to have the pleasure of possessing a very admirable bottle"
"Estaría encantado; una visita a Treadley sería un gran privilegio"
"I would be charmed; a visit to Treadley would be a great privilege"
"Treadly tiene un anfitrión perfecto y una biblioteca perfecta"
"Treadly has a perfect host, and a perfect library"
—Completará usted la biblioteca —respondió el anciano caballero con una cortés reverencia—
"You will complete the library," answered the old gentleman with a courteous bow
"Y ahora debo despedirme de tu excelente tía"
"And now I must bid good-bye to your excellent aunt"
"Me toca en el Ateneo"
"I am due at the Athenaeum"
"Es la hora en que dormimos allí"
"It is the hour when we sleep there"
—¿A todos ustedes, señor Erskine?
"All of you, Mr. Erskine?"
"Cuarenta de nosotros, en cuarenta sillones"
"Forty of us, in forty arm-chairs"
"Estamos practicando para una Academia Inglesa de Letras"
"We are practising for an English Academy of Letters"
Lord Henry se echó a reír y se levantó
Lord Henry laughed and rose

—Voy al parque —exclamó—
"I am going to the park," he cried
Cuando salía por la puerta, Dorian Gray le tocó el brazo
As he was passing out of the door, Dorian Gray touched him on the arm
—Déjame ir contigo —murmuró—
"Let me come with you," he murmured
—**Pero pensé que le habías prometido a Basil Hallward que iría a verlo —respondió lord Henry—**
"But I thought you had promised Basil Hallward to go and see him," answered Lord Henry
"Preferiría ir contigo; Sí, siento que debo hacerlo"
"I would rather come with you; yes, I feel I must"
"Por favor, déjame ir contigo"
"please do let me me come with you"
—**¿Y prometerás hablar conmigo todo el tiempo?**
"And you will promise to talk to me all the time?"
"Nadie habla tan maravillosamente como tú".
"No one talks so wonderfully as you do."
—**¡Ah! Ya he hablado bastante por hoy -dijo lord Henry, sonriendo-**
"Ah! I have talked quite enough for to-day," said Lord Henry, smiling
"Lo único que quiero ahora es mirar la vida"
"All I want now is to look at life"
"Puedes venir a ver la vida conmigo, si quieres"
"You may come and look at life with me, if you care to"

Capítulo Cuarto
Chapter Four

Una tarde, un mes después, Dorian Gray estaba reclinado en un lujoso sillón
One afternoon, a month later, Dorian Gray was reclining in a luxurious arm-chair
estaba en la pequeña biblioteca de la casa de lord Henry en Mayfair
he was in the little library of Lord Henry's house in Mayfair
Era, a su manera, una habitación con mucho encanto
It was, in its way, a very charming room
La habitación tenía un revestimiento de madera de roble teñido de olivo
the room had high panelled wainscoting of olive-stained oak
Friso de color crema y techo de yeserías elevadas
cream-coloured frieze and ceiling of raised plasterwork
y largas alfombras persas colgaban de la habitación
and long-fringed Persian rugs hung about the room
Sobre una diminuta mesa de madera satinada había una estatuilla de Clodion
On a tiny satinwood table stood a statuette by Clodion
y junto a la estatua yacía un ejemplar de Les Cent Nouvelles
and beside the statue lay a copy of Les Cent Nouvelles
el libro estaba encuadernado para Margarita de Valois por Clovis Eve
the book was bound for Margaret of Valois by Clovis Eve
y estaba empolvado con las margaritas doradas que la Reina había seleccionado
and it was powdered with the gilt daisies that Queen had selected
En la repisa de la chimenea había algunos grandes frascos de porcelana azul y tulipanes de loro
Some large blue china jars and parrot-tulips were arranged on the mantelshelf
y a través de los pequeños cristales emplomados de la ventana entraba una luz de color albaricoque
and through the small leaded panes of the window streamed apricot-coloured light
la luz color albaricoque de un día de verano en Londres
the apricot-coloured light of a summer day in London
Lord Henry aún no había entrado
Lord Henry had not yet come in
Siempre llegaba tarde por principio

He was always late on principle
Su principio es que la puntualidad es la ladrona del tiempo
his principle being that punctuality is the thief of time
Así que el muchacho parecía bastante malhumorado
So the lad was looking rather sulky
había encontrado una edición elaboradamente ilustrada de Manon Lescaut
he had found an elaborately illustrated edition of Manon Lescaut
Con dedos apáticos pasó las páginas
with listless fingers he turned over the pages
El monótono tic-tac formal del reloj Louis Quatorze le molestaba
The formal monotonous ticking of the Louis Quatorze clock annoyed him
Una o dos veces pensó en marcharse
Once or twice he thought of going away
Al fin oyó unos pasos y la puerta se abrió
At last he heard a step outside, and the door opened
—¡Qué tarde llegas, Harry! —murmuró—
"How late you are, Harry!" he murmured
—Me temo que no es Harry, señor Gray —respondió una voz estridente—
"I am afraid it is not Harry, Mr. Gray," answered a shrill voice
Miró rápidamente a su alrededor y se puso en pie
He glanced quickly round and rose to his feet
"Le ruego que me perdone. Pensé..."
"I beg your pardon. I thought—"
"Pensabas que era mi marido"
"You thought it was my husband"
"Es solo su esposa"
"It is only his wife"
"Debes dejarme presentarme"
"You must let me introduce myself"
"Te conozco bastante bien por tus fotografías"
"I know you quite well by your photographs"
"Creo que mi marido tiene diecisiete"
"I think my husband has got seventeen of them"
—¿No tiene diecisiete años, lady Henry?
"Not seventeen, Lady Henry?"
—Bueno, dieciocho, entonces...
"Well, eighteen, then"
"Y te vi con él la otra noche en la ópera"

"And I saw you with him the other night at the opera"
Se rió nerviosamente mientras hablaba
She laughed nervously as she spoke
Y ella lo miraba con sus vagos ojos de nomeolvides
and she watched him with her vague forget-me-not eyes
Era una mujer curiosa
She was a curious woman
Sus vestidos siempre parecían haber sido diseñados con rabia
her dresses always looked as if they had been designed in a rage
y parecía como si se hubiera puesto los vestidos en medio de una tempestad
and she looked as if she had put put her dresses on in a tempest
Por lo general, estaba enamorada de alguien
She was usually in love with somebody
y, como su pasión nunca fue correspondida, había conservado todas sus ilusiones
and, as her passion was never returned, she had kept all her illusions
Trató de parecer pintoresca, pero solo logró ser desordenada
She tried to look picturesque, but only succeeded in being untidy
Se llamaba Victoria y tenía una manía perfecta por ir a la iglesia
Her name was Victoria, and she had a perfect mania for going to church
—¿Eso fue en Lohengrin, lady Henry, creo?
"That was at Lohengrin, Lady Henry, I think?"
—Sí; fue en el querido Lohengrin"
"Yes; it was at dear Lohengrin"
"Me gusta más la música de Wagner que la de nadie"
"I like Wagner's music better than anybody's"
"Es tan fuerte que uno puede hablar todo el tiempo"
"It is so loud that one can talk the whole time"
"Y no hay peligro de que otras personas escuchen lo que uno dice"
"and there is no danger other people hear what one says"
—Es una gran ventaja, ¿no lo cree, señor Gray?
"That is a great advantage, don't you think so, Mr. Gray?"
La misma risa nerviosa brotó de sus delgados labios
The same nervous staccato laugh broke from her thin lips
Y sus dedos empezaron a jugar con una larga navaja de carey
and her fingers began to play with a long tortoise-shell paper-knife
Dorian sonrió y negó con la cabeza
Dorian smiled and shook his head
—Me temo que no lo creo, lady Henry.

"I am afraid I don't think so, Lady Henry"
"Nunca hablo durante la música, al menos no durante la buena música"
"I never talk during music, at least not during good music"
"Si uno escucha mala música, es su deber ahogarla en la conversación"
"If one hears bad music, it is one's duty to drown it in conversation"
—¡Ah! esa es una de las opiniones de Harry, ¿no es así, señor Gray?
"Ah! that is one of Harry's views, isn't it, Mr. Gray?"
"Siempre escucho las opiniones de Harry de sus amigos"
"I always hear Harry's views from his friends"
"Es la única manera de conocer sus puntos de vista"
"It is the only way I get to know of his views"
"Pero no pienses que no me gusta la buena música"
"But you must not think I don't like good music"
"Adoro la buena música, pero le tengo miedo"
"I adore good music, but I am afraid of it"
"La buena música me hace demasiado romántico"
"good music makes me too romantic"
"Simplemente he adorado a los pianistas"
"I have simply worshipped pianists"
"Dos a la vez, a veces, me dice Harry"
"two at a time, sometimes, Harry tells me"
"No sé qué es lo que pasa con ellos"
"I don't know what it is about them"
"Quizás sea que son extranjeros"
"Perhaps it is that they are foreigners"
—Todos lo son, ¿verdad?
"They all are, ain't they?"
Incluso los que nacen en Inglaterra se convierten en extranjeros después de un tiempo, ¿no es así?
Even those that are born in England become foreigners after a time, don't they?"
"Es tan inteligente de su parte, y un gran elogio para el arte"
"It is so clever of them, and such a compliment to art"
"Lo hace bastante cosmopolita, ¿no?"
"Makes it quite cosmopolitan, doesn't it?"
—Nunca ha estado en ninguna de mis fiestas, ¿verdad, señor Gray?
"You have never been to any of my parties, have you, Mr. Gray?"
"Tienes que venir a una de mis fiestas"
"You must come to one of my parties"

- 101 -

"No puedo permitirme orquídeas, pero no escatimo en gastos en extranjeros"
"I can't afford orchids, but I spare no expense in foreigners"
"Hacen que las habitaciones parezcan tan pintorescas"
"They make one's rooms look so picturesque"
"¡Pero aquí está Harry!"
"but here is Harry!"
"Harry, vine a buscarte, a preguntarte algo"
"Harry, I came in to look for you, to ask you something"
"Se me olvida qué era lo que quería preguntarte"
"I forget what it was that I wanted to ask you"
"pero en lugar de eso encontré al Sr. Gray aquí"
"but instead I found Mr. Gray here"
"Hemos tenido una charla muy amena sobre música"
"We have had such a pleasant chat about music"
"Tenemos las mismas ideas"
"We have quite the same ideas"
—No; Creo que nuestras ideas son muy diferentes"
"No; I think our ideas are quite different"
"Pero ha sido muy agradable"
"But he has been most pleasant"
"Estoy muy contento de haberlo visto"
"I am so glad I've seen him"
—Estoy encantado, mi amor, muy encantado —dijo lord Henry—
"I am charmed, my love, quite charmed," said Lord Henry
Y alzó sus cejas oscuras en forma de media luna
and he elevated his dark, crescent-shaped eyebrows
Los miró a ambos con una sonrisa divertida
he looked at them both with an amused smile
"Siento mucho llegar tarde, Dorian"
"So sorry I am late, Dorian"
"Fui a cuidar un pedazo de brocado viejo en Wardour Street"
"I went to look after a piece of old brocade in Wardour Street"
"Y tuve que regatear durante horas por ello"
"and I had to bargain for hours for it"
"Hoy en día la gente conoce el precio de todo y el valor de nada"
"Nowadays people know the price of everything and the value of nothing"
—Me temo que debo irme —exclamó lady Henry—
"I am afraid I must be going," exclaimed Lady Henry
y rompió un silencio incómodo con su risa tonta y repentina

and she broke an awkward silence with her silly sudden laugh
"He prometido conducir con la duquesa"
"I have promised to drive with the duchess"
—Adiós, señor Gray. Adiós, Harry"
"Good-bye, Mr. Gray. Good-bye, Harry"
—¿Vas a cenar fuera, supongo? Yo también"
"You are dining out, I suppose? So am I"
—Tal vez te vea en casa de lady Thornbury.
"Perhaps I shall see you at Lady Thornbury's"
—Me atrevo a decirlo, querida —dijo lord Henry, cerrando la puerta tras de sí—
"I dare say, my dear," said Lord Henry, shutting the door behind her
Parecía un ave del paraíso que había estado afuera toda la noche bajo la lluvia
she looked like a bird of paradise that had been out all night in the rain
Y así salió de la habitación, dejando un leve olor a frangipani
and so she flitted out of the room, leaving a faint odour of frangipani
Luego encendió un cigarrillo y se dejó caer en el sofá
Then he lit a cigarette and flung himself down on the sofa
Dio unas cuantas caladas a su cigarrillo
he had a few puffs of his cigarette
"Nunca te cases con una mujer con el pelo color pajizo, Dorian"
"Never marry a woman with straw-coloured hair, Dorian"
—¿Por qué, Harry?
"Why, Harry?"
"Porque son muy sentimentales"
"Because they are so sentimental"
"Pero me gusta la gente sentimental"
"But I like sentimental people"
"Nunca te cases en absoluto, Dorian"
"Never marry at all, Dorian"
"Los hombres se casan porque están cansados"
"Men marry because they are tired"
"Las mujeres se casan porque son curiosas"
"women marry because they are curious"
"Ambos están decepcionados por el matrimonio"
"both are disappointed by marriage"
"No creo que vaya a casarme, Harry"
"I don't think I am likely to marry, Harry"
"Estoy demasiado enamorado"

"I am too much in love"
"Ese es uno de tus aforismos"
"That is one of your aphorisms"
"Lo estoy poniendo en práctica, como hago todo lo que dices"
"I am putting it into practice, as I do everything that you say"
—¿De quién está usted enamorado? —preguntó lord Henry después de una pausa
"Who are you in love with?" asked Lord Henry after a pause
—Estoy enamorado de una actriz —dijo Dorian Gray, sonrojándose—
"I'm in love with an actress," said Dorian Gray, blushing
Lord Henry se encogió de hombros
Lord Henry shrugged his shoulders
"Es un debut bastante común"
"That is a rather commonplace début"
—No dirías eso si la vieras, Harry.
"You would not say so if you saw her, Harry"
—¿Quién es ella?
"Who is she?"
"Su nombre es Sibyl Vane"
"Her name is Sibyl Vane"
"Nunca he oído hablar de ella"
"Never heard of her"
"Nadie lo ha hecho.
"No one has.
"Sin embargo, la gente lo hará algún día"
"People will someday, however"
"Es un genio"
"She is a genius"
"Mi querido muchacho, ninguna mujer es un genio"
"My dear boy, no woman is a genius"
"Las mujeres son un sexo decorativo"
"Women are a decorative sex"
"Nunca tienen nada que decir, pero lo dicen con encanto"
"They never have anything to say, but they say it charmingly"
"Las mujeres representan el triunfo de la materia sobre la mente"
"Women represent the triumph of matter over mind"
"Así como los hombres representan el triunfo de la mente sobre la moral"
"just as men represent the triumph of mind over morals"
"Harry, ¿cómo puedes?"

"Harry, how can you?"
"Mi querido Dorian, es muy cierto"
"My dear Dorian, it is quite true"
"Estoy analizando a las mujeres en este momento, así que debería saberlo"
"I am analysing women at present, so I ought to know"
"El tema no es tan abstruso como pensaba"
"The subject is not so abstruse as I thought it was"
"Me parece que, en última instancia, solo hay dos tipos de mujeres"
"I find that, ultimately, there are only two kinds of women"
"Está el tipo de mujer sencilla y el tipo de color"
"there is the plain kind of woman, and the coloured kind"
"Las mujeres sencillas son muy útiles"
"The plain women are very useful"
"Si quieres ganarte una reputación de respetabilidad, llévalos a cenar"
"If you want to gain a reputation for respectability, take them to supper"
"Las otras mujeres son muy encantadoras"
"The other women are very charming"
"Sin embargo, cometen un error"
"They commit one mistake, however"
"Pintan para intentar parecer jóvenes"
"They paint in order to try and look young"
"Nuestras abuelas pintaban para tratar de hablar brillantemente"
"Our grandmothers painted in order to try and talk brilliantly"
"El colorete y el espíritu solían ir de la mano"
"Rouge and esprit used to go together"
"Todo eso ya pasó"
"That is all over now"
"Mientras una mujer pueda parecer diez años más joven que su propia hija, está perfectamente satisfecha"
"As long as a woman can look ten years younger than her own daughter, she is perfectly satisfied"
"En cuanto a la conversación, solo hay cinco mujeres en Londres con las que vale la pena hablar"
"As for conversation, there are only five women in London worth talking to"
"Y dos de estas mujeres no pueden ser admitidas en una sociedad decente"
"and two of these women can't be admitted into decent society"

"Sin embargo, háblame de tu genio"
"However, tell me about your genius"
—¿Cuánto tiempo hace que la conoces?
"How long have you known her?"
—¡Ah! Harry, tus puntos de vista me aterrorizan"
"Ah! Harry, your views terrify me"
"Eso no importa. ¿Cuánto tiempo hace que la conoces?
"Never mind that. How long have you known her?"
"Unas tres semanas"
"About three weeks"
—¿Y dónde la encontraste?
"And where did you come across her?"
"Te lo diré, Harry, pero no debes ser antipático al respecto"
"I will tell you, Harry, but you mustn't be unsympathetic about it"
"Después de todo, nunca habría sucedido si no te hubiera conocido"
"After all, it never would have happened if I had not met you"
"Me llenaste de un deseo salvaje de saberlo todo sobre la vida"
"You filled me with a wild desire to know everything about life"
"Durante los días posteriores a conocerte, algo parecía palpitar en mis venas"
"For days after I met you, something seemed to throb in my veins"
"Mientras descansaba en el parque, o paseaba por Piccadilly"
"As I lounged in the park, or strolled down Piccadilly"
"Miraba a todos los que pasaban a mi lado y me preguntaba"
"I used to look at every one who passed me and wonder"
"Con una curiosidad loca me pregunté qué tipo de vida llevaban"
"with a mad curiosity I wondered what sort of lives they led"
"Algunos de ellos me fascinaron"
"Some of them fascinated me"
"Otros me llenaron de terror"
"Others filled me with terror"
"Había un veneno exquisito en el aire"
"There was an exquisite poison in the air"
"Tenía pasión por las sensaciones"
"I had a passion for sensations"
"Bueno, una noche, a eso de las siete, decidí salir en busca de alguna aventura"
"Well, one evening about seven o'clock, I determined to go out in search of some adventure"
**"Sentí que este gris y monstruoso Londres nuestro debía tener algo

reservado para mí"
"I felt that this grey monstrous London of ours must have something in store for me"
Londres, con sus miríadas de gente, pecadores sórdidos y pecados espléndidos"
London, with its myriads of people, sordid sinners, and splendid sins"
"Tomar prestada una de sus observaciones"
"to borrow one of your observations"
"Me apetecían mil cosas"
"I fancied a thousand things"
"El mero peligro me dio una sensación de deleite"
"The mere danger gave me a sense of delight"
"Recordé lo que me dijiste aquella maravillosa noche en la que cenamos juntos por primera vez"
"I remembered what you had said to me on that wonderful evening when we first dined together"
"Hablabas de que la búsqueda de la belleza es el verdadero secreto de la vida"
"you spoke about the search for beauty being the real secret of life"
"No sé lo que esperaba"
"I don't know what I expected"
"pero salí y anduve errante hacia el oriente"
"but I went out and wandered eastward"
"Pronto me perdí en un laberinto de calles mugrientas y plazas negras sin hierba"
"I soon lost my way in a labyrinth of grimy streets and black grassless squares"
"A eso de las ocho y media pasé por delante de un pequeño teatro absurdo"
"About half-past eight I passed by an absurd little theatre"
"Uno de esos teatros con grandes chorros de gas y carteles llamativos"
"one of those theatres with great flaring gas-jets and gaudy play-bills"
"Un hombre con el chaleco más asombroso que he visto en mi vida, estaba parado en la entrada"
"A man in the most amazing waistcoat I ever beheld in my life, was standing at the entrance"
"Estaba fumando un vil cigarro"
"he was smoking a vile cigar"
"Tenía rizos grasientos y un enorme diamante brillaba en el centro

de una camisa sucia"
"He had greasy ringlets, and an enormous diamond blazed in the centre of a soiled shirt"
"'¿Tiene un palco de teatro, mi señor?', me dijo cuando me vio"
"'Have a theatre box, my Lord?' he said, when he saw me"
"Y se quitó el sombrero con un aire de magnífico servilismo"
"and he took off his hat with an air of gorgeous servility"
"Había algo en él, Harry, que me divertía"
"There was something about him, Harry, that amused me"
"Era un monstruo"
"He was such a monster"
"Te reirás de mí, lo sé"
"You will laugh at me, I know"
"pero realmente entré y pagué una guinea entera por el palco de escenario"
"but I really went in and paid a whole guinea for the stage-box"
"Hasta el día de hoy no puedo entender por qué lo hice"
"To the present day I can't make out why I did so"
"Y, sin embargo, me habría perdido el mayor romance de mi vida si no lo hubiera hecho"
"and yet I would have missed the greatest romance of my life if I hadn't"
"Veo que te estás riendo. ¡Es horrible de tu parte!"
"I see you are laughing. It is horrid of you!"
—No me estoy riendo, Dorian; al menos no me estoy riendo de ti"
"I am not laughing, Dorian; at least I am not laughing at you"
"Pero no deberías decir el mejor romance de tu vida"
"But you should not say the greatest romance of your life"
"Deberías decir el primer romance de tu vida"
"You should say the first romance of your life"
"Siempre serás amado"
"You will always be loved"
"Y siempre estarás enamorado del amor"
"and you will always be in love with love"
"Una gran pasión es el privilegio de las personas que no tienen nada que hacer"
"A grande passion is the privilege of people who have nothing to do"
"Ese es el único uso de las clases ociosas de un país"
"That is the one use of the idle classes of a country"
"No tengas miedo, hay cosas exquisitas reservadas para ti"
"Don't be afraid, there are exquisite things in store for you"

"Esto es solo el comienzo"
"This is merely the beginning"
—¿Crees que mi naturaleza es tan superficial? —exclamó Dorian Gray con rabia—
"Do you think my nature so shallow?" cried Dorian Gray angrily
—No; Creo que tu naturaleza es tan profunda"
"No; I think your nature so deep"
—¿A qué te refieres?"
"How do you mean?"
"Mi querido muchacho, las personas que aman solo una vez en su vida son realmente las personas superficiales"
"My dear boy, the people who love only once in their lives are really the shallow people"
"Lo que ellos llaman lealtad y fidelidad, yo lo llamo letargo de costumbre y falta de imaginación"
"What they call loyalty and fidelity, I call lethargy of custom and lack of imagination"
"La fidelidad es a la vida emocional lo que la coherencia es a la vida del intelecto"
"Faithfulness is to the emotional life what consistency is to the life of the intellect"
"Es decir, simplemente una confesión de fracaso"
"that is to say, simply a confession of failure"
"¡Fidelidad! Algún día tendré que analizarlo"
"Faithfulness! I must analyse it someday"
"La pasión por la propiedad está en ello"
"The passion for property is in it"
"Hay muchas cosas que tiraríamos a la basura"
"There are many things that we would throw away"
"Los tiraríamos si no tuviéramos miedo de que otros los recogieran"
"we would throw them away if we were not afraid that others might pick them up"
"Pero no quiero interrumpirte"
"But I don't want to interrupt you"
"Continúa con tu historia"
"Go on with your story"
"Bueno, me encontré sentado en una horrible cajita privada"
"Well, I found myself seated in a horrid little private box"
"Una vulgar escena de caída me miraba a la cara"
"a vulgar drop-scene was staring me in the face"
"Miré desde detrás de la cortina y examiné la casa"

"I looked out from behind the curtain and surveyed the house"
"Fue un asunto de mal gusto"
"It was a tawdry affair"
"todo Cupidos y cornucopias, como un pastel de bodas de tercera categoría"
"all Cupids and cornucopias, like a third-rate wedding-cake"
"La galería y el foso estaban bastante llenos"
"The gallery and pit were fairly full"
"Pero las dos hileras de puestos sucios estaban bastante vacías"
"but the two rows of dingy stalls were quite empty"
"Y apenas había una persona en lo que supongo que llamaban el círculo de la vestimenta"
"and there was hardly a person in what I suppose they called the dress-circle"
"Las mujeres andaban con naranjas y cerveza de jengibre"
"Women went about with oranges and ginger-beer"
"Y había un consumo terrible de frutos secos"
"and there was a terrible consumption of nuts going on"
"Debe haber sido como en los días de gloria del drama británico"
"It must have been just like the palmy days of the British drama"
"Así de simple, me apetece, y muy deprimente"
"Just like that, I should fancy, and very depressing"
"Empecé a preguntarme qué demonios debía hacer cuando viera el cartel"
"I began to wonder what on earth I should do when I caught sight of the play-bill"
—¿Cuál crees que fue la obra, Harry?
"What do you think the play was, Harry?"
"Yo pensaría; El chico idiota, o tonto pero inocente"
"I would think; The Idiot Boy, or Dumb but Innocent"
"A nuestros padres les gustaba ese tipo de piezas, creo"
"Our fathers used to like that sort of piece, I believe"
"Cuanto más vivo, Dorian, más intensamente lo siento"
"The longer I live, Dorian, the more keenly I feel it"
"Lo que fue lo suficientemente bueno para nuestros padres no es lo suficientemente bueno para nosotros"
"whatever was good enough for our fathers is not good enough for us"
"En el arte, como en la política, les grandpères ont toujours tort"
"In art, as in politics, les grandpères ont toujours tort"
"Esta jugada fue lo suficientemente buena para nosotros, Harry"

"This play was good enough for us, Harry"
"Eran Romeo y Julieta"
"It was Romeo and Juliet"
"Debo admitir que al principio me molestó bastante la idea"
"I must admit that I was rather annoyed at the idea at first"
"No podía soportar ver a Shakespeare hecho en un lugar tan miserable"
"I couldn't bear seeing Shakespeare done in such a wretched hole of a place"
"Aun así, me sentí interesado, en cierto modo"
"Still, I felt interested, in a sort of way"
"De todos modos, decidí esperar al primer acto"
"At any rate, I determined to wait for the first act"
"Había una orquesta espantosa"
"There was a dreadful orchestra"
"La orquesta estaba presidida por un joven sentado a un piano roto"
"the orchestra was presided over by a young man sat at a cracked piano"
"El piano casi me ahuyenta"
"the piano nearly drove me away"
"Pero al fin se preparó la escena de la caída y comenzó la obra"
"but at last the drop-scene was drawn up and the play began"
"Romeo era un anciano corpulento, con las cejas encorchadas"
"Romeo was a stout elderly gentleman, with corked eyebrows"
"Una voz ronca de tragedia, y una figura como un barril de cerveza"
"a husky tragedy voice, and a figure like a beer-barrel"
"Mercucio era casi igual de malo"
"Mercutio was almost as bad"
"Fue interpretado por el comediante de baja altivez"
"He was played by the low-comedian"
"Introdujo sus propios gags"
"he introduced gags of his own"
"Y estaba en los términos más amistosos con el pozo"
"and he was on most friendly terms with the pit"
"Ambos eran tan grotescos como el paisaje"
"They were both as grotesque as the scenery"
"Y el paisaje parecía salido de una caseta de campo"
"and the scenery looked as if it had come out of a country-booth"
"—¡Pero Julieta! Harry, imagínate una chica de apenas diecisiete años"
"But Juliet! Harry, imagine a girl, hardly seventeen years of age"

"una cara pequeña y florida, una pequeña cabeza griega con trenzas de cabello castaño oscuro"
"a little, flowerlike face, a small Greek head with plaited coils of dark-brown hair"
"Ojos que eran pozos violetas de pasión"
"eyes that were violet wells of passion"
"Labios que eran como los pétalos de una rosa"
"lips that were like the petals of a rose"
"Era lo más bonito que he visto en mi vida"
"She was the loveliest thing I have ever seen in my life"
"Una vez me dijiste que el patetismo te dejaba impasible"
"You said to me once that pathos left you unmoved"
"Pero dijiste que la belleza, la mera belleza, podía llenarte los ojos de lágrimas"
"but you said that beauty, mere beauty, could fill your eyes with tears"
"Te digo, Harry, que apenas pude ver a esta chica por la niebla de lágrimas que me invadió"
"I tell you, Harry, I could hardly see this girl for the mist of tears that came across me"
"Y su voz, nunca escuché una voz así"
"And her voice—I never heard such a voice"
"Su voz era muy baja al principio"
"her voice was very low at first"
"Tenía notas profundas y suaves que parecían caer solas sobre el oído"
"she had deep mellow notes that seemed to fall singly upon one's ear"
"Luego se hizo un poco más fuerte y sonó como una flauta o un niño de coro distante"
"Then it became a little louder, and sounded like a flute or a distant choir boy"
"Luego vino la escena del jardín, y su voz evolucionó más"
"then came the garden-scene, and her voice evolved more"
"Su voz tenía todo el éxtasis trémulo que se oye justo antes del amanecer cuando cantan los ruiseñores"
"her voice had all the tremulous ecstasy that one hears just before dawn when nightingales are singing"
"Hubo momentos, más tarde, en los que tuvo la pasión salvaje de los violines"
"There were moments, later on, when it had the wild passion of violins"

"Sabes cómo una voz puede conmover"
"You know how a voice can stir one"
"Tu voz y la voz de Sibyl Vane son dos cosas que nunca olvidaré"
"Your voice and the voice of Sibyl Vane are two things that I shall never forget"
"Cuando cierro los ojos, los escucho"
"When I close my eyes, I hear them"
"Y cada uno de ellos dice algo diferente"
"and each of them says something different"
"No sé cuál seguir"
"I don't know which to follow"
—¿Por qué no he de quererla?
"Why should I not love her?"
"Harry, la amo"
"Harry, I do love her"
"Ella lo es todo para mí en la vida"
"She is everything to me in life"
"Noche tras noche voy a verla jugar"
"Night after night I go to see her play"
"Una noche es Rosalind, y a la noche siguiente es Imogen"
"One evening she is Rosalind, and the next evening she is Imogen"
"La he visto morir en la penumbra de una tumba italiana, chupando el veneno de los labios de su amante"
"I have seen her die in the gloom of an Italian tomb, sucking the poison from her lover's lips"
"La he visto vagar por el bosque de Arden"
"I have watched her wandering through the forest of Arden"
"La he visto disfrazada de chico guapo con medias y jubón y gorro delicado"
"I have seen her disguised as a pretty boy in hose and doublet and dainty cap"
"Ha estado loca, y ha venido a la presencia de un rey culpable"
"She has been mad, and has come into the presence of a guilty king"
"Y ella le ha dado ruda para vestir y hierbas amargas para probar"
"and she has given him rue to wear and bitter herbs to taste of"
"Ha sido inocente"
"She has been innocent"
"Y las manos negras de los celos han aplastado su garganta como un junco"
"and the black hands of jealousy have crushed her reedlike throat"
"La he visto en todas las épocas y con todos los trajes"

"I have seen her in every age and in every costume"
"Las mujeres ordinarias nunca apelan a la imaginación"
"Ordinary women never appeal to one's imagination"
"Están limitados a su siglo"
"They are limited to their century"
"Ningún glamour los transfigura jamás"
"No glamour ever transfigures them"
"Uno conoce sus mentes tan fácilmente como conoce sus sombreros"
"One knows their minds as easily as one knows their bonnets"
"Siempre se pueden encontrar"
"One can always find them"
"No hay misterio en ninguno de ellos"
"There is no mystery in any of them"
"Montan en el parque por la mañana y charlan en las fiestas de té por la tarde"
"They ride in the park in the morning and chatter at tea-parties in the afternoon"
"Tienen su sonrisa estereotipada y sus modales a la moda"
"They have their stereotyped smile and their fashionable manner"
"Son bastante obvios"
"They are quite obvious"
"¡Pero una actriz! ¡Qué diferente es una actriz!".
"But an actress! How different an actress is!"
"¡Harry! ¿Por qué no me dijiste que lo único que vale la pena amar es una actriz?"
"Harry! why didn't you tell me that the only thing worth loving is an actress?"
"Porque he amado a muchos de ellos, Dorian"
"Because I have loved so many of them, Dorian"
"Oh, sí, gente horrible con el pelo teñido y la cara pintada"
"Oh, yes, horrid people with dyed hair and painted faces"
"No corras el pelo teñido y la cara pintada"
"Don't run down dyed hair and painted faces"
—A veces hay un encanto extraordinario en ellos —dijo lord Henry—
"There is an extraordinary charm in them, sometimes," said Lord Henry
"Ojalá no te hubiera hablado de Sibyl Vane"
"I wish now I had not told you about Sibyl Vane"
—No podías haber evitado decírmelo, Dorian.

"You could not have helped telling me, Dorian"
"A lo largo de tu vida me contarás todo lo que haces"
"All through your life you will tell me everything you do"
"Sí, Harry, creo que es cierto"
"Yes, Harry, I believe that is true"
"No puedo evitar decirte cosas"
"I cannot help telling you things"
"Tienes una curiosa influencia sobre mí"
"You have a curious influence over me"
"Si alguna vez cometiera un crimen, vendría y te lo confesaría"
"If I ever did a crime, I would come and confess it to you"
"Me entenderías"
"You would understand me"
"La gente como tú, los voluntariosos rayos de sol de la vida, no cometes crímenes, Dorian"
"People like you, the wilful sunbeams of life, don't commit crimes, Dorian"
"Pero estoy muy agradecido por el cumplido, de todos modos"
"But I am much obliged for the compliment, all the same"
—Y ahora dime, como buen chico, ¿cuáles son tus relaciones reales con Sibyl Vane?
"And now tell me like a good boy, what are your actual relations with Sibyl Vane?"
Encendió un cigarrillo en preparación para la historia
he lit a cigarette in preparation for the story
Dorian Gray se puso en pie de un salto, con las mejillas sonrojadas y los ojos ardientes
Dorian Gray leaped to his feet, with flushed cheeks and burning eyes
"¡Harry! ¡Sibyl Vane es sagrada!"
"Harry! Sibyl Vane is sacred!"
—Lo único que merece la pena tocar son las cosas sagradas, Dorian —dijo lord Henry—
"It is only the sacred things that are worth touching, Dorian," said Lord Henry
Había un extraño toque de patetismo en su voz
there was a strange touch of pathos in his voice
"Pero, ¿por qué deberías estar molesto?"
"But why should you be annoyed?"
"Supongo que algún día te pertenecerá"
"I suppose she will belong to you someday"
"Cuando uno está enamorado, siempre empieza por engañarse a sí

mismo"
"When one is in love, one always begins by deceiving one's self"
"Y uno siempre termina engañando a los demás"
"and one always ends by deceiving others"
"Eso es lo que el mundo llama un romance"
"That is what the world calls a romance"
—¿La conoces, al menos, supongo?
"You know her, at any rate, I suppose?"
"Por supuesto que la conozco"
"Of course I know her"
"La conocí la primera noche que estuve en el teatro"
"I met her on the first night that I was at the theatre"
"El horrible anciano se acercó al palco después de que terminó la actuación"
"the horrid old man came round to the box after the performance was over"
"Se ofreció a llevarme entre bastidores y presentarme a ella"
"he offered to take me behind the scenes and introduce me to her"
"Estaba furioso con él y le dije que Julieta había estado muerta durante cientos de años"
"I was furious with him, and told him that Juliet had been dead for hundreds of years"
"Le dije que su cuerpo yacía en una tumba de mármol en Verona"
"I told him that her body was lying in a marble tomb in Verona"
"Había una mirada de asombro en su rostro"
"there was a blank look of amazement over his face"
"Debe haber tenido la impresión de que había tomado demasiado champán, o algo así"
"he must have been under the impression that I had taken too much champagne, or something"
"No me sorprende"
"I am not surprised"
"Luego me preguntó si escribía para alguno de los periódicos"
"Then he asked me if I wrote for any of the newspapers"
"Le dije que ni siquiera los había leído"
"I told him I never even read them"
"Parecía terriblemente decepcionado por eso"
"He seemed terribly disappointed at that"
"Y me confió que todos los críticos dramáticos estaban conspirando contra él"
"and he confided to me that all the dramatic critics were in a

conspiracy against him"
"Y me dijo que todo crítico podía ser comprado"
"and he told me that every critic could be bought"
"No me extrañaría que tuviera razón"
"I should not wonder if he was quite right there"
"Pero, por otro lado, a juzgar por su apariencia, la mayoría de ellos no pueden ser nada caros"
"But, on the other hand, judging from their appearance, most of them cannot be at all expensive"
—**Bueno, parecía pensar que estaban más allá de sus posibilidades —rió Dorian—**
"Well, he seemed to think they were beyond his means," laughed Dorian
"En ese momento, sin embargo, se estaban apagando las luces en el teatro y tuve que irme"
"By this time, however, the lights were being put out in the theatre, and I had to go"
"Quería que probara unos cigarros que me recomendaba encarecidamente, pero me negué"
"He wanted me to try some cigars that he strongly recommended, but I declined"
"A la noche siguiente, por supuesto, llegué de nuevo al lugar"
"The next night, of course, I arrived at the place again"
"Cuando me vio, me hizo una reverencia"
"When he saw me, he made me a low bow"
"Y me aseguró que yo era un generoso mecenas del arte"
"and he assured me that I was a munificent patron of art"
"Era un bruto de lo más ofensivo, aunque tenía una pasión extraordinaria por Shakespeare"
"He was a most offensive brute, though he had an extraordinary passion for Shakespeare"
"Me dijo una vez, con un aire de orgullo, que sus cinco bancarrotas se debían enteramente a El Bardo"
"He told me once, with an air of pride, that his five bankruptcies were entirely due to The Bard"
"Y él insistió en llamarlo así"
"and he insisted on calling him that"
"Parecía pensar que era una distinción"
"He seemed to think it a distinction"
—**Era una distinción, mi querido Dorian, una gran distinción.**
"It was a distinction, my dear Dorian—a great distinction"

"La mayoría de la gente se arruina por haber invertido demasiado en la prosa de la vida"
"Most people become bankrupt through having invested too heavily in the prose of life"
"Haberse arruinado por la poesía es un honor"
"To have ruined one's self over poetry is an honour"
– ¿Pero cuándo habló por primera vez con la señorita Sibyl Vane?
"But when did you first speak to Miss Sibyl Vane?"
"La tercera noche"
"The third night"
"Había estado interpretando a Rosalind"
"She had been playing Rosalind"
"No pude evitar dar vueltas"
"I could not help going round"
"Le había tirado unas flores y ella me había mirado"
"I had thrown her some flowers, and she had looked at me"
"al menos, me imaginaba que me había mirado"
"at least, I fancied that she had looked at me"
"El viejo era persistente"
"The old man was persistent"
"Parecía decidido a llevarme detrás del escenario, así que accedí"
"He seemed determined to take me behind the stage, so I consented"
"Era curioso que no quisiera conocerla, ¿no?"
"It was curious my not wanting to know her, wasn't it?"
—No; No lo creo"
"No; I don't think so"
—Mi querido Harry, ¿por qué?
"My dear Harry, why?"
"Te lo diré en otro momento"
"I will tell you some other time"
"Ahora quiero saber de la chica"
"Now I want to know about the girl"
"¿Sibila? Oh, era tan tímida y tan gentil"
"Sibyl? Oh, she was so shy and so gentle"
"Hay algo de niña en ella"
"There is something of a child about her"
"Sus ojos se abrieron de par en par con exquisito asombro cuando le dije lo que pensaba de su actuación"
"Her eyes opened wide in exquisite wonder when I told her what I thought of her performance"
"Y parecía bastante inconsciente de su poder"

"and she seemed quite unconscious of her power"
"Creo que los dos estábamos bastante nerviosos"
"I think we were both rather nervous"
"El anciano estaba sonriendo en la puerta del polvoriento invernadero"
"The old man stood grinning at the doorway of the dusty greenroom"
"Hizo elaborados discursos sobre los dos"
"he made elaborate speeches about us both"
"Y nos quedamos mirándonos como niños"
"and we stood looking at each other like children"
"Insistió en llamarme Mi Señor"
"He insisted on calling me My Lord"
"así que tuve que asegurarle a Sibyl que yo no era nada de eso"
"so I had to assure Sibyl that I was not anything of the kind"
"Ella me dijo simplemente: 'Pareces más un príncipe'"
"She said quite simply to me, 'You look more like a prince'"
"Debo llamarte Príncipe Azul"
'I must call you Prince Charming'
—Le doy mi palabra, Dorian, que la señorita Sibyl sabe cómo hacer cumplidos.
"Upon my word, Dorian, Miss Sibyl knows how to pay compliments"
"No la entiendes, Harry"
"You don't understand her, Harry"
"Me consideraba simplemente como una persona en una obra de teatro"
"She regarded me merely as a person in a play"
"No sabe nada de la vida"
"She knows nothing of life"
"Vive con su madre, una mujer cansada y descolorida"
"She lives with her mother, a faded tired woman"
"su madre interpretó a Lady Capuleto en una especie de envoltorio magenta la primera noche"
"her mother played Lady Capulet in a sort of magenta dressing-wrapper on the first night"
"Y parece que ha visto días mejores"
"and she looks as if she had seen better days"
"Conozco esa mirada. Me deprime -murmuró lord Henry, examinando sus anillos-
"I know that look. It depresses me," murmured Lord Henry, examining his rings
"El hombre quería contarme su historia"

"The man wanted to tell me her history"
"pero dije que no me interesaba"
"but I said it did not interest me"
"Tenías toda la razón"
"You were quite right"
"Siempre hay algo infinitamente mezquino en las tragedias de otras personas"
"There is always something infinitely mean about other people's tragedies"
"Sibila es lo único que me importa"
"Sibyl is the only thing I care about"
—¿De dónde viene?
"What is it to me where she came from?"
"Desde su cabecita hasta sus piececitos, ella es absoluta y enteramente divina"
"From her little head to her little feet, she is absolutely and entirely divine"
"Todas las noches de mi vida voy a verla actuar"
"Every night of my life I go to see her act"
"Y cada noche es más maravillosa"
"and every night she is more marvellous"
"Esa es la razón, supongo, por la que ahora nunca cenas conmigo"
"That is the reason, I suppose, that you never dine with me now"
"Pensé que debías tener algún romance curioso entre manos"
"I thought you must have some curious romance on hand"
"y tienes un romance curioso, pero no es exactamente lo que esperaba"
"and you do have a curious romance, but it is not quite what I expected"
"Mi querido Harry, almorzamos juntos todos los días"
"My dear Harry, we have lunch together every day"
"Y si no almorzamos juntos, cenamos juntos"
"and if we don't have lunch together then we sup together"
—Y he ido a la ópera contigo varias veces —dijo Dorian—
"and I have been to the opera with you several times," said Dorian
y abrió sus ojos azules con asombro
and he opened his blue eyes in wonder
"Siempre llegas terriblemente tarde"
"You always come dreadfully late"
—Bueno, no puedo evitar ir a ver jugar a Sibyl —exclamó—
"Well, I can't help going to see Sibyl play," he cried

"Aunque solo sea para un solo acto de la obra"
"even if it is only for a single act of the play"
"Me da hambre su presencia"
"I get hungry for her presence"
"Pienso en el alma maravillosa que está escondida en ese cuerpecito de marfil"
"I think of the wonderful soul that is hidden away in that little ivory body"
"Y el pensamiento me llena de asombro"
"and the thought fills me with awe"
—**Puedes cenar conmigo esta noche, Dorian, ¿verdad?**
"You can dine with me tonight, Dorian, can't you?"
Sacudió la cabeza
He shook his head
"Esta noche es Imogen", respondió, "y mañana por la noche será Julieta"
"Tonight she is Imogen," he answered, "and tomorrow night she will be Juliet"
—**¿Cuándo es Sibyl Vane?**
"When is she Sibyl Vane?"
"Nunca"
"Never"
"Te felicito"
"I congratulate you"
"¡Qué horrible eres!"
"How horrid you are!"
"Ella es todas las grandes heroínas del mundo en una"
"She is all the great heroines of the world in one"
"Ella es más que un individuo"
"She is more than an individual"
"Te ríes, pero yo te digo que tiene genio"
"You laugh, but I tell you she has genius"
"La amo, y debo hacer que ella me ame"
"I love her, and I must make her love me"
"Tú, que conoces todos los secretos de la vida"
"You, who know all the secrets of life"
"¡Dime cómo encantar a Sibyl Vane para que me ame!"
"tell me how to charm Sibyl Vane to love me!"
"Quiero poner celoso a Romeo.
"I want to make Romeo jealous.
**"Quiero que los amantes muertos del mundo escuchen nuestra risa

y se entristezcan"
"I want the dead lovers of the world to hear our laughter and grow sad"
"Quiero un soplo de nuestra pasión para remover su polvo en la conciencia"
"I want a breath of our passion to stir their dust into consciousness"
"Quiero despertar sus cenizas en el dolor"
"I want to wake their ashes into pain"
—¡Dios mío, Harry, cómo la adoro!
"My God, Harry, how I worship her!"

Caminaba de un lado a otro de la habitación mientras hablaba
He was walking up and down the room as he spoke
Manchas rojas agitadas ardían en sus mejillas
Hectic spots of red burned on his cheeks
Estaba terriblemente emocionado
He was terribly excited
Lord Henry lo observó con una sutil sensación de placer
Lord Henry watched him with a subtle sense of pleasure
¡Qué diferente era ahora del chico tímido y asustado que había conocido en el estudio de Basil Hallward!
How different he was now from the shy frightened boy he had met in Basil Hallward's studio!
Su naturaleza se había desarrollado como una flor
His nature had developed like a flower
una flor que había dado flores de llama escarlata
a flower that had borne blossoms of scarlet flame
De su escondite secreto se había deslizado su alma
Out of its secret hiding-place had crept his soul
y el deseo había llegado a su encuentro en el camino
and desire had come to meet it on the way
-¿Y qué os proponéis hacer? -dijo al fin lord Henry
"And what do you propose to do?" said Lord Henry at last
"Quiero que tú y Basil vengáis conmigo alguna noche y la veáis actuar"
"I want you and Basil to come with me some night and see her act"
"No tengo el menor miedo al resultado"
"I have not the slightest fear of the result"
"Seguro que reconocerás su genio"
"You are certain to acknowledge her genius"
"Entonces debemos sacarla de las manos de ese horrible hombre"
"Then we must get her out of that horrible man's hands"

"**Está ligada a él desde hace tres años**"
"She is bound to him for three years"
"**Tendré que pagarle algo, por supuesto**"
"I shall have to pay him something, of course"
"**Cuando todo eso esté resuelto, tomaré un teatro del West End**"
"When all that is settled, I shall take a West End theatre"
"**Y allí la sacaré como es debido**"
"and there I will bring her out properly"
"**Hará que el mundo se vuelva tan loco como me ha hecho a mí**"
"She will make the world as mad as she has made me"
—**Eso sería imposible, mi querido muchacho**
"That would be impossible, my dear boy"
"**Sí, lo hará**"
"Yes, she will"
No sólo tiene en su cuerpo el arte, sino también un consumado instinto artístico
She has not merely art, consummate art-instinct, in her
pero también tiene personalidad
but she has personality also
"**Y usted me ha dicho a menudo que son las personalidades, no los principios, los que mueven la época**"
"and you have often told me that it is personalities, not principles, that move the age"
—**Bueno, ¿qué noche iremos?**
"Well, what night shall we go?"
"**Déjame ver. Hoy es martes**"
"Let me see. Today is Tuesday"
"**Arreglemos el mañana**"
"Let us fix tomorrow"
Mañana interpreta a Julieta".
She plays Juliet tomorrow."
—**Muy bien. el Bristol a las ocho; y me llevaré al querido Basilo**"
"All right. The Bristol at eight o'clock; and I will get dear Basil"
—**No ocho, Harry, por favor. A las seis y media**"
"Not eight, Harry, please. Half-past six"
"**Debemos estar allí antes de que se levante el telón**"
"We must be there before the curtain rises"
"**Hay que verla en el primer acto, donde conoce a Romeo**"
"You must see her in the first act, where she meets Romeo"
—**¡A las seis y media! ¡Qué hora!**".
"Half-past six! What an hour!"

"Será como tomar un té de carne o leer una novela inglesa"
"It will be like having a meat-tea, or reading an English novel"
"Debe ser a las siete. Ningún caballero cena antes de las siete"
"It must be at seven. No gentleman dines before seven"
—¿Verás al querido Basilo entre ahora y entonces?
"Shall you see dear Basil between this and then?"
—¿O le escribo?
"Or shall I write to him?"
—¡Basil Hallward! Hace una semana que no lo veo"
"Basil Hallward! I have not laid eyes on him for a week"
"Es bastante horrible de mi parte"
"It is rather horrid of me"
"Me ha enviado mi retrato en el marco más maravilloso"
"he has sent me my portrait in the most wonderful frame"
"El marco que él mismo diseñó especialmente"
"the frame he specially designed by himself"
"Todavía estoy un poco celoso de la foto"
"I am still a little jealous of the picture"
mi retrato es ahora un mes más joven que yo"
my portrait is now whole month younger than I am"
"pero debo admitir que me deleito en mi retrato"
"but I must admit that I delight in my portrait"
"Tal vez sea mejor que le escribas"
"Perhaps you had better write to him"
"No quiero estar con él a solas"
"I don't want to be with him alone"
"Dice cosas que me molestan"
"He says things that annoy me"
"Me da buenos consejos"
"He gives me good advice"
Lord Henry sonrió
Lord Henry smiled
"A la gente le gusta mucho regalar lo que más necesita"
"People are very fond of giving away what they need most themselves"
"Es lo que yo llamo la profundidad de la generosidad"
"It is what I call the depth of generosity"
"Oh, Basil es el mejor de los compañeros"
"Oh, Basil is the best of fellows"
"pero me parece un poco filisteo"
"but he seems to me to be just a bit of a Philistine"

"**Desde que te conozco, Harry, lo he descubierto**"
"Since I have known you, Harry, I have discovered that"
"**Basilo, mi querido muchacho, pone todo lo que hay de encantador en su trabajo**"
"Basil, my dear boy, puts everything that is charming in him into his work"
"**La consecuencia es que no le queda nada para toda la vida**"
"The consequence is that he has nothing left for life"
"**Lo único que le queda son sus prejuicios, sus principios y su sentido común**"
"all he is left with is his prejudices, his principles, and his common sense"
"**Los únicos artistas que he conocido que son personalmente encantadores son malos artistas**"
"The only artists I have ever known who are personally delightful are bad artists"
"**Los buenos artistas existen simplemente en lo que hacen**"
"Good artists exist simply in what they make"
"**y, en consecuencia, carecen de interés en lo que son**"
"and consequently they are perfectly uninteresting in what they are"
"**Un gran poeta, un gran poeta de verdad, es la menos poética de todas las criaturas**"
"A great poet, a really great poet, is the most unpoetic of all creatures"
"**Pero los poetas inferiores son absolutamente fascinantes**"
"But inferior poets are absolutely fascinating"
"**Cuanto peores son sus rimas, más pintorescas parecen**"
"The worse their rhymes are, the more picturesque they look"
"**El mero hecho de haber publicado un libro de sonetos de segunda categoría hace a un hombre irresistible**"
"The mere fact of having published a book of second-rate sonnets makes a man quite irresistible"
"**Vive la poesía que no puede escribir**"
"He lives the poetry that he cannot write"
"**Los otros escriben la poesía que no se atreven a realizar**"
"The others write the poetry that they dare not realize"
—**Me pregunto si es así, Harry —dijo Dorian Gray—**
"I wonder is that really so, Harry?" said Dorian Gray
Y se puso un poco de perfume en el pañuelo de un frasco grande con tapa dorada
and he put some perfume on his handkerchief out of a large, gold-topped bottle

"Debe serlo, si lo dices"
"It must be, if you say it"
"Y ahora me voy"
"And now I am off"
"Imogen me está esperando"
"Imogen is waiting for me"
"No te olvides del mañana. Adiós"
"Don't forget about tomorrow. Good-bye"
Al salir de la habitación, los pesados párpados de lord Henry cayeron y empezó a pensar
As he left the room, Lord Henry's heavy eyelids drooped, and he began to think
Ciertamente, pocas personas le habían interesado tanto como Dorian Gray
Certainly few people had ever interested him so much as Dorian Gray
El muchacho adoraba locamente a otra persona
the lad madly adored someone else
y, sin embargo, no le causaba la menor punzada de molestia o celos
and yet it caused him not the slightest pang of annoyance or jealousy
Se mostró satisfecho con el desarrollo
He was pleased by the development
Lo convirtió en un estudio más interesante
It made him a more interesting study
Siempre le habían cautivado los métodos de las ciencias naturales
He had been always enthralled by the methods of natural science
pero el tema ordinario de esa ciencia le había parecido trivial y sin importancia
but the ordinary subject-matter of that science had seemed to him trivial and of no import
Y así había comenzado por viviseccionarse a sí mismo, como había terminado por viviseccionar a otros
And so he had begun by vivisecting himself, as he had ended by vivisecting others
La vida humana, que le parecía la única cosa que valía la pena investigar
Human life—that appeared to him the one thing worth investigating
Comparado con él, no había nada más de valor
Compared to it there was nothing else of any value
Uno puede ver la vida en su curioso crisol de dolor y placer
one can watch life in its curious crucible of pain and pleasure

pero no se puede llevar sobre la cara una máscara de cristal
but one cannot wear over one's face a mask of glass
Tampoco se podía evitar que los vapores sulfurosos perturbaran el cerebro
nor could one keep the sulphurous fumes from troubling the brain
Hacía turbia la imaginación con fantasías monstruosas y sueños deformes
it made the imagination turbid with monstrous fancies and misshapen dreams
Había venenos tan sutiles que para conocer sus propiedades había que enfermarse de ellos
There were poisons so subtle that to know their properties one had to sicken of them
Había enfermedades tan extrañas que había que pasar por ellas
There were maladies so strange that one had to pass through them
de lo contrario, no había forma de comprender la naturaleza de las enfermedades
else there was no way of understanding the nature of the maladies
Y, sin embargo, ¡qué gran recompensa recibía!
And, yet, what a great reward one received!
¡Qué maravilloso se convirtió el mundo entero en uno!
How wonderful the whole world became to one!
Notar la curiosa y dura lógica de la pasión, y la vida emocional coloreada del intelecto
To note the curious hard logic of passion, and the emotional coloured life of the intellect
para observar dónde se conocieron y dónde se separaron
to observe where they met, and where they separated
en qué momento estaban al unísono y en qué punto estaban en discordia
at what point they were in unison, and at what point they were at discord
¡Había un deleite en eso!
there was a delight in that!
¿Qué importaba cuál era el costo?
hat matter what the cost was?
Nunca se puede pagar un precio demasiado alto por cualquier sensación
One could never pay too high a price for any sensation
Estaba consciente, y la idea hizo brillar de placer sus ojos marrones de ágata

He was conscious, and the thought brought a gleam of pleasure into his brown agate eyes
a través de ciertas palabras musicales suyas, el alma de Dorian Gray se había vuelto hacia esta muchacha blanca
through certain musical words of his, Dorian Gray's soul had turned to this white girl
Las palabras dichas con expresión musical inclinaron a Dorian en adoración ante ella
words said with musical utterance bowed Dorian in worship before her
En gran medida, el muchacho era su propia creación
To a large extent the lad was his own creation
Lo había hecho prematuro, eso era parte de eso
He had made him premature, that was part of it
La gente común esperó hasta que la vida les reveló sus secretos
Ordinary people waited till life disclosed to them its secrets
Pero a los pocos, a los elegidos, los misterios de la vida se revelan antes de que el velo haya sido corrido
but to the few, to the elect, the mysteries of life are revealed before the veil has been drawn away
A veces este era el efecto del arte
Sometimes this was the effect of art
Principalmente el arte de la literatura trata directamente con las pasiones y el intelecto
mainly the art of literature deals directly with the passions and the intellect
Pero de vez en cuando una personalidad compleja toma el lugar del arte
But now and then a complex personality takes the place of art
La vida también tiene sus elaboradas obras maestras
life too has its elaborate masterpieces
así como la poesía, o la escultura, o la pintura tienen sus obras maestras
just as poetry has, or sculpture, or painting have their masterpieces
Sí, el muchacho era prematuro
Yes, the lad was premature
Estaba recogiendo su cosecha cuando aún era primavera
He was gathering his harvest while it was yet spring
El pulso y la pasión de la juventud estaban en él
The pulse and passion of youth were in him
Pero se estaba volviendo consciente de sí mismo

but he was becoming self-conscious
Era una delicia verlo
It was delightful to watch him
Su hermoso rostro y su alma eran cosas para maravillarse
his beautiful face and soul were things to wonder at
No importaba cómo terminara todo, o cómo estuviera destinado a terminar
It was no matter how it all ended, or was destined to end
Era como una de esas figuras graciosas en un desfile o en una obra de teatro
He was like one of those gracious figures in a pageant or a play
sus alegrías parecen estar alejadas de uno
their joys seem to be remote from one
pero sus penas despiertan el sentido de la belleza
but their sorrows stir one's sense of beauty
y sus heridas son como rosas rojas
and their wounds are like red roses
Alma y cuerpo, cuerpo y alma, ¡qué misteriosos eran!
Soul and body, body and soul—how mysterious they were!
Había animalismo en el alma
There was animalism in the soul
y el cuerpo tuvo sus momentos de espiritualidad
and the body had its moments of spirituality
Los sentidos podían refinarse, y el intelecto podía degradarse
The senses could refine, and the intellect could degrade
¿Quién podría decir dónde cesó el impulso carnal, o dónde comenzó el impulso psíquico?
Who could say where the fleshly impulse ceased, or the psychical impulse began?
¡Cuán superficiales eran las definiciones arbitrarias de los psicólogos ordinarios!
How shallow were the arbitrary definitions of ordinary psychologists!
Y, sin embargo, ¡qué difícil es decidir entre las pretensiones de las diversas escuelas!
And yet how difficult to decide between the claims of the various schools!
¿Era el alma una sombra sentada en la casa del pecado?
Was the soul a shadow seated in the house of sin?
¿O el cuerpo estaba realmente en el alma, como pensaba Giordano Bruno?

Or was the body really in the soul, as Giordano Bruno thought?
La separación del espíritu de la materia era un misterio
The separation of spirit from matter was a mystery
y la unión del espíritu con la materia era también un misterio
and the union of spirit with matter was a mystery also
Empezó a preguntarse si alguna vez podríamos hacer una psicología absoluta
He began to wonder whether we could ever make an absolute psychology
una psicología tan absoluta que cada pequeño manantial de la vida nos sería revelado
a psychology so absolute a science that each little spring of life would be revealed to us
Al igual que la psicología, siempre nos malinterpretamos a nosotros mismos y rara vez entendíamos a los demás
As psychology was, we always misunderstood ourselves and rarely understood others
La experiencia no tenía ningún valor ético
Experience was of no ethical value
La experiencia no era más que el nombre que los hombres daban a sus errores
Experience was merely the name men gave to their mistakes
Los moralistas habían considerado, por regla general, la experiencia como un modo de advertencia
Moralists had, as a rule, regarded experience as a mode of warning
Habían afirmado que la experiencia tenía cierta eficacia ética en la formación del carácter
they had claimed experience had certain ethical efficacy in the formation of character
Habían elogiado la experiencia como algo que nos enseñaba qué seguir
they had praised experience as something that taught us what to follow
y la experiencia nos mostró lo que debemos evitar
and experience showed us what to avoid
Pero no había fuerza motriz en la experiencia
But there was no motive power in experience
Era una causa tan poco activa como la conciencia misma
It was as little of an active cause as conscience itself
Lo único que esa experiencia demostró fue que nuestro futuro sería el mismo que nuestro pasado

All that experience really demonstrated was that our future would be the same as our past

Y demostró que el pecado que habíamos cometido una vez con aborrecimiento lo haríamos muchas veces con gozo

and it demonstrated that the sin we had done once with loathing we would do many times with joy

Tenía claro que el método experimental era el único método para la tarea

It was clear to him that the experimental method was the only method for the task

Era el único método por el cual se podía llegar a un análisis científico de las pasiones

it was the only method by which one could arrive at any scientific analysis of the passions

y, ciertamente, Dorian Gray era un sujeto hecho para sus curiosidades

and certainly Dorian Gray was a subject made to for his curiosities

Parecía prometer resultados ricos y fructíferos

he seemed to promise rich and fruitful results

Su repentino y loco amor por Sibyl Vane fue un fenómeno psicológico de no poco interés

His sudden mad love for Sibyl Vane was a psychological phenomenon of no small interest

No había duda de que la curiosidad tenía mucho que ver con ello

There was no doubt that curiosity had much to do with it

La curiosidad y el deseo de nuevas experiencias

curiosity and the desire for new experiences

Sin embargo, no era una pasión simple, sino más bien muy compleja

yet it was not a simple, but rather a very complex passion

Lo que había en su pasión por el instinto puramente sensual de la niñez se había transformado

What there was in his passion of the purely sensuous instinct of boyhood had been transformed

Su niñez había sido transformada por el funcionamiento de la imaginación

his boyhood had been transformed by the workings of the imagination

Se había transformado en algo que al muchacho le parecía estar alejado de los sentidos

it had changed into something that seemed to the lad himself to be

remote from sense
Por esa misma razón era aún más peligroso
because of that very reason it was all the more dangerous
Fueron las pasiones sobre cuyo origen nos engañamos a nosotros mismos las que tiranizaron con más fuerza sobre nosotros
It was the passions about whose origin we deceived ourselves that tyrannized most strongly over us
Nuestros motivos más débiles eran aquellos de cuya naturaleza éramos conscientes
Our weakest motives were those of whose nature we were conscious
A menudo sucedía que cuando pensábamos que estábamos experimentando con otros
It often happened that when we thought we were experimenting on others
Realmente estábamos experimentando con nosotros mismos
really we were experimenting on ourselves
Mientras lord Henry estaba sentado soñando con estas cosas, llamaron a la puerta
While Lord Henry sat dreaming on these things, a knock came to the door
Su ayuda de cámara entró y le recordó que era hora de vestirse para la cena
his valet entered and reminded him it was time to dress for dinner
Se levantó y miró hacia la calle
He got up and looked out into the street
La puesta de sol había teñido de oro escarlata las ventanas superiores de las casas de enfrente
The sunset had smitten into scarlet gold the upper windows of the houses opposite
Los cristales brillaban como placas de metal caliente
The panes glowed like plates of heated metal
El cielo era como una rosa marchita
The sky above was like a faded rose
Pensó en la joven vida de color fuego de su amigo y se preguntó cómo iba a terminar todo
He thought of his friend's young fiery-coloured life and wondered how it was all going to end
Cuando llegó a casa, a eso de las doce y media, vio un telegrama sobre la mesa del vestíbulo
When he arrived home, about half-past twelve o'clock, he saw a telegram lying on the hall table

Lo abrió y descubrió que era de Dorian Gray
He opened it and found it was from Dorian Gray
el telegrama le decía que Dorian estaba comprometido para casarse con Sibyl Vane
the telegram told him that Dorian was engaged to be married to Sibyl Vane

Capítulo Quinto
Chapter Five

Enterró la cara en el regazo de la mujer descolorida y de aspecto cansado
she buried her face in the lap of the faded, tired-looking woman

"¡Madre, madre, estoy tan feliz!", susurró la niña
"Mother, Mother, I am so happy!" whispered the girl

Estaba sentada en el único sillón que contenía su lúgubre sala de estar
she was sitting in the one arm-chair that their dingy sitting-room contained

Estaba de espaldas a la luz estridente e intrusiva
her back was turned to the shrill intrusive light

"¡Estoy tan feliz!", repitió, "¡y tú también debes estar feliz!"
"I am so happy!" she repeated, "and you must be happy, too!"

La señora Vane hizo una mueca de dolor y puso sus manos delgadas y blanqueadas de bismuto sobre la cabeza de su hija
Mrs. Vane winced and put her thin, bismuth-whitened hands on her daughter's head

"¡Feliz!", repitió, "solo soy feliz, Sibila, cuando te veo en el escenario"
"Happy!" she echoed, "I am only happy, Sibyl, when I see you on stage"

"No debes pensar en nada más que en tu actuación"
"You must not think of anything but your acting"

"El Sr. Isaacs se ha portado muy bien con nosotros, y le debemos dinero"
"Mr. Isaacs has been very good to us, and we owe him money"

La muchacha levantó la vista e hizo un puchero
The girl looked up and pouted

—¿Dinero, madre? —exclamó—, ¿qué importa el dinero?
"Money, Mother?" she cried, "what does money matter?"

"El amor es más que el dinero"
"Love is more than money"

El señor Isaacs nos ha adelantado cincuenta libras para pagar nuestras deudas.
"Mr. Isaacs has advanced us fifty pounds to pay off our debts"

"y podemos conseguir un atuendo adecuado para James"
"and we can get a proper outfit for James"

—No debes olvidarlo, Sibila.
"You must not forget that, Sibyl"

"Cincuenta libras es una suma muy grande"
"Fifty pounds is a very large sum"
"El Sr. Isaacs ha sido muy considerado"
"Mr. Isaacs has been most considerate"
La muchacha se puso en pie y se acercó a la ventana
the girl, raised to her feet and went over to the window
"No es un caballero, madre, y odio la forma en que me habla"
"He is not a gentleman, Mother, and I hate the way he talks to me"
"No sé cómo podríamos arreglárnoslas sin él", respondió la anciana quejumbrosamente
"I don't know how we could manage without him," answered the elder woman querulously
Sibyl Vane sacudió la cabeza y se echó a reír
Sibyl Vane tossed her head and laughed
"Ya no lo queremos, madre"
"We don't want him anymore, Mother"
"El príncipe azul gobierna la vida para nosotros ahora". Luego hizo una pausa
"Prince Charming rules life for us now." Then she paused
Una rosa temblaba en su sangre y ensombrecía sus mejillas
A rose shook in her blood and shadowed her cheeks
Un aliento rápido separó los pétalos de sus labios. Temblaban.
Quick breath parted the petals of her lips. They trembled.
Un viento austral de pasión se apoderó de ella y agitó los delicados pliegues de su vestido
Some southern wind of passion swept over her and stirred the dainty folds of her dress
"Lo amo", dijo simplemente
"I love him," she said simply
"¡Niño tonto! ¡Niño tonto!", fue la frase de loro lanzada como respuesta
"Foolish child! foolish child!" was the parrot-phrase flung in answer
El movimiento de los dedos torcidos y enjoyados de falsas joyas daba grotesco a las palabras
The waving of crooked, false-jewelled fingers gave grotesqueness to the words
La muchacha volvió a reír
The girl laughed again
La alegría de un pájaro enjaulado estaba en su voz
The joy of a caged bird was in her voice
Sus ojos captaron la melodía y la repitieron con resplandor

Her eyes caught the melody and echoed it in radiance
Entonces sus ojos se cerraron por un momento, como si quisiera ocultar su secreto
then her eyes closed for a moment, as though to hide their secret
Cuando sus ojos se abrieron, la niebla de un sueño había pasado a través de ellos
When her eyes opened, the mist of a dream had passed across them
La sabiduría de labios finos le hablaba desde la silla gastada, insinuaba prudencia
Thin-lipped wisdom spoke at her from the worn chair, hinted at prudence
Citado de ese libro de cobardía
quoted from that book of cowardice
El autor imita el nombre del sentido común
the author apes the name of common sense
Ella no escuchó. Estaba libre en su prisión de pasión
She did not listen. She was free in her prison of passion
Su príncipe, el príncipe azul, estaba con ella
Her prince, Prince Charming, was with her
Había recurrido a la memoria para rehacerlo
She had called on memory to remake him
Había enviado su alma a buscarlo, y lo había traído de vuelta
She had sent her soul to search for him, and it had brought him back
Su beso volvió a arder en su boca
His kiss burned again upon her mouth
Sus párpados estaban calientes con su aliento
Her eyelids were warm with his breath
Entonces la sabiduría alteró su método y habló de espionaje y descubrimiento
Then wisdom altered its method and spoke of espial and discovery
Este joven podría ser rico
This young man might be rich
Si es así, se debe pensar en el matrimonio
If so, marriage should be thought of
Contra la concha de su oreja rompieron las olas de la astucia mundana
Against the shell of her ear broke the waves of worldly cunning
Las flechas de la artesanía disparadas por ella
The arrows of craftsmanship shot by her
Vio que los delgados labios se movían y sonrió
She saw the thin lips moving, and smiled

De repente sintió la necesidad de hablar
Suddenly she felt the need to speak
El silencio verbal la inquietó
The wordy silence troubled her
—Madre, madre —exclamó—, ¿por qué me quiere tanto?
"Mother, Mother," she cried, "why does he love me so much?"
"Sé por qué lo amo"
"I know why I love him"
"Lo amo porque es como lo que debe ser el amor mismo"
"I love him because he is like what love itself should be"
—¿Pero qué ve en mí?
"But what does he see in me?"
"No soy digno de él"
"I am not worthy of him"
"Y, sin embargo, no puedo decir por qué, aunque me siento muy por debajo de él"
"And yet—why, I cannot tell—though I feel so much beneath him"
"No me siento humilde"
"I don't feel humble"
"Me siento orgulloso, terriblemente orgulloso"
"I feel proud, terribly proud"
"Madre, ¿amaste a mi padre como yo amo al príncipe azul?"
"Mother, did you love my father as I love Prince Charming?"
La anciana palideció bajo el polvo áspero que le embadurnaba las mejillas
The elder woman grew pale beneath the coarse powder that daubed her cheeks
y sus labios secos se crisparon con un espasmo de dolor
and her dry lips twitched with a spasm of pain
Sybil corrió hacia ella, le echó los brazos al cuello y la besó
Sybil rushed to her, flung her arms round her neck, and kissed her
"Perdóname, madre"
"Forgive me, Mother"
"Sé que te duele hablar de nuestro padre"
"I know it pains you to talk about our father"
"Pero solo te duele porque lo amaste tanto"
"But it only pains you because you loved him so much"
"No te veas tan triste"
"Don't look so sad"
"Soy tan feliz hoy como tú lo fuiste hace veinte años"
"I am as happy today as you were twenty years ago"

—¡Ah! ¡Déjame ser feliz para siempre!"
"Ah! let me be happy forever!"
"Hija mía, eres demasiado joven para pensar en enamorarte"
"My child, you are far too young to think of falling in love"
—**Además, ¿qué sabes de este joven?**
"Besides, what do you know of this young man?"
"Ni siquiera sabes su nombre"
"You don't even know his name"
"Todo esto es muy inconveniente"
"The whole thing is most inconvenient"
"Y realmente, ¿por qué tuviste que enamorarte cuando James se va a Australia?"
"and really, why did you have to fall in love when James is going away to Australia"
"Y tengo tanto en qué pensar"
"and I have so much to think of"
"Debo decir que deberías haber mostrado más consideración"
"I must say that you should have shown more consideration"
"Sin embargo, como dije antes, si es rico..."
"However, as I said before, if he is rich ..."
—¡Ah! ¡Madre, madre, déjame ser feliz!"
"Ah! Mother, Mother, let me be happy!"
La señora Vane la miró y la estrechó entre sus brazos
Mrs. Vane glanced at her with and clasped her in her arms
uno de esos falsos gestos teatrales que tan a menudo se convierten en una segunda naturaleza para un actor de teatro
one of those false theatrical gestures that so often become a mode of second nature to a stage-player
En ese momento, la puerta se abrió y un joven de pelo castaño áspero entró en la habitación
At this moment, the door opened and a young lad with rough brown hair came into the room
Era de figura gruesa, y sus manos y pies eran grandes y algo torpes en el movimiento
He was thick-set of figure, and his hands and feet were large and somewhat clumsy in movement
No era tan bien criado como su hermana
He was not so finely bred as his sister
Difícilmente se hubiera adivinado la estrecha relación que existía entre ellos
One would hardly have guessed the close relationship that existed

between them
La señora Vane fijó sus ojos en él e intensificó su sonrisa
Mrs. Vane fixed her eyes on him and intensified her smile
Mentalmente elevó a su hijo a la dignidad de una audiencia
She mentally elevated her son to the dignity of an audience
Estaba segura de que el cuadro era interesante
She felt sure that the tableau was interesting
—Creo que podrías guardarme algunos de tus besos, Sibila —dijo el muchacho con un gruñido bondadoso—
"You might keep some of your kisses for me, Sibyl, I think," said the lad with a good-natured grumble
—¡Ah! pero no te gusta que te besen, Jim —exclamó—
"Ah! but you don't like being kissed, Jim," she cried
"Eres un viejo oso espantoso"
"You are a dreadful old bear"
Y ella corrió a través de la habitación y lo abrazó
And she ran across the room and hugged him
James Vane miró el rostro de su hermana con ternura
James Vane looked into his sister's face with tenderness
—Quiero que salgas conmigo a dar un paseo, Sibila.
"I want you to come out with me for a walk, Sibyl"
"Supongo que nunca volveré a ver este horrible Londres"
"I don't suppose I shall ever see this horrid London again"
"Estoy seguro de que no quiero"
"I am sure I don't want to"
—Hijo mío, no digas cosas tan terribles —murmuró la señora Vane—
"My son, don't say such dreadful things," murmured Mrs Vane
Y se puso un vestido teatral de mal gusto, con un suspiro
and she took up a tawdry theatrical dress, with a sigh
Y empezó a remendar el vestido
and she began to patch up the dress
Se sintió un poco decepcionada de que él no se hubiera unido al grupo
She felt a little disappointed that he had not joined the group
Habría aumentado el pintoresquismo teatral de la situación
It would have increased the theatrical picturesqueness of the situation
—¿Por qué no, madre? Lo digo en serio"
"Why not, Mother? I mean it"
"Me dueles, hijo mío"

"You pain me, my son"
"Confío en que regresarás de Australia en una posición de opulencia"
"I trust you will return from Australia in a position of affluence"
"Creo que no hay sociedad de ningún tipo en las Colonias"
"I believe there is no society of any kind in the Colonies"
"nada que yo llamaría sociedad"
"nothing that I would call society"
"Así que cuando hayas hecho tu fortuna, debes regresar y afirmarte en Londres"
"so when you have made your fortune, you must come back and assert yourself in London"
—¡Sociedad! —murmuró el muchacho—
"Society!" muttered the lad
"No quiero saber nada de eso"
"I don't want to know anything about that"
"Me gustaría ganar algo de dinero para sacarte a ti y a Sibyl del escenario"
"I should like to make some money to take you and Sibyl off the stage"
"Lo odio"
"I hate it"
—¡Oh, Jim! —dijo Sibyl, riendo—, ¡qué cruel eres!
"Oh, Jim!" said Sibyl, laughing, "how unkind of you!"
"Pero, ¿de verdad vas a dar un paseo conmigo? ¡Eso será bueno!"
"But are you really going for a walk with me? That will be nice!"
"Tenía miedo de que fueras a despedirte de algunos de tus amigos"
"I was afraid you were going to say good-bye to some of your friends"
"Tom Hardy, que te dio esa horrible pipa"
"Tom Hardy, who gave you that hideous pipe"
"Ned Langton, que se burla de ti por fumar en esa pipa"
"Ned Langton, who makes fun of you for smoking from that pipe"
"Es muy dulce de tu parte dejarme tener tu última tarde"
"It is very sweet of you to let me have your last afternoon"
"¿A dónde iremos? Vamos al parque"
"Where shall we go? Let us go to the park"
—Estoy demasiado mal —respondió, frunciendo el ceño—
"I am too shabby," he answered, frowning
"Solo la gente elegante va al parque"
"Only fancy people go to the park"

- Tonterías, Jim -susurró ella, acariciándole la manga del abrigo-
"Nonsense, Jim," she whispered, stroking the sleeve of his coat
Vaciló un momento
He hesitated for a moment
—Muy bien —dijo al fin—, pero no tardes mucho en vestirte.
"Very well," he said at last, "but don't be too long dressing"
Salió bailando por la puerta
She danced out of the door
Se la oía cantar mientras subía corriendo las escaleras
One could hear her singing as she ran upstairs
Sus pequeños pies golpeteaban por encima de su cabeza
Her little feet pattered overhead
Caminó de un lado a otro de la habitación dos o tres veces
He walked up and down the room two or three times
Luego se volvió hacia la figura inmóvil en la silla
Then he turned to the still figure in the chair
"Madre, ¿están listas mis cosas?", preguntó
"Mother, are my things ready?" he asked
—Muy listo, James —contestó ella, sin perder de vista su trabajo—
"Quite ready, James," she answered, keeping her eyes on her work
Durante los últimos meses se había sentido incómoda cuando estaba a solas con su hijo rudo y severo
For some months past she had felt ill at ease when she was alone with this rough stern son of hers
Su naturaleza secreta y superficial se turbó cuando sus miradas se encontraron
Her shallow secret nature was troubled when their eyes met
Solía preguntarse si él sospechaba algo
She used to wonder if he suspected anything
El silencio, pues él no hacía otra observación, se le hizo intolerable
The silence, for he made no other observation, became intolerable to her
Empezó a quejarse
She began to complain
Las mujeres se defienden atacando, así como atacan con entregas repentinas y extrañas
Women defend themselves by attacking, just as they attack by sudden and strange surrenders
—Espero que estés contento, James, con tu vida marinera —dijo—
"I hope you will be contented, James, with your sea-faring life," she said

"Debes recordar que es tu propia elección"
"You must remember that it is your own choice"
"Podrías haber entrado en el despacho de un abogado"
"You could have entered a solicitor's office"
"Los abogados son una clase muy respetable"
"Solicitors are a very respectable class"
"Y en el campo suelen cenar con las mejores familias"
"and in the countryside they often dine with the best families"
"Odio las oficinas, y odio a los oficinistas", respondió
"I hate offices, and I hate clerks," he replied
"Pero tienes toda la razón"
"But you are quite right"
"He elegido mi propia vida"
"I have chosen my own life"
"Lo único que digo es que cuides a Sibila"
"All I say is, watch over Sibyl"
"No dejes que sufra ningún daño"
"Don't let her come to any harm"
"Madre, debes cuidarla"
"Mother, you must watch over her"
"James, realmente hablas de manera muy extraña"
"James, you really talk very strangely"
"Por supuesto que cuido a Sibila"
"Of course I watch over Sibyl"
"Escucho que un señor viene todas las noches al teatro y va detrás a hablar con ella"
"I hear a gentleman comes every night to the theatre and goes behind to talk to her"
"¿Es eso correcto? ¿Qué hay de eso?"
"Is that right? What about that?"
"Estás hablando de cosas que no entiendes, James"
"You are speaking about things you don't understand, James"
"En la profesión estamos acostumbrados a recibir una gran cantidad de atenciones muy gratificantes"
"In the profession we are accustomed to receive a great deal of most gratifying attention"
"Yo mismo recibía muchos ramos de flores a la vez"
"I myself used to receive many bouquets at one time"
"Fue entonces cuando realmente se entendió la actuación"
"That was when acting was really understood"
"En cuanto a Sibyl, no sé en este momento si su apego es serio o no"

"As for Sibyl, I do not know at present whether her attachment is serious or not"
"Pero no hay duda de que el joven en cuestión es un perfecto caballero"
"But there is no doubt that the young man in question is a perfect gentleman"
"Siempre es muy educado conmigo"
"He is always most polite to me"
"Además, tiene la apariencia de ser rico"
"Besides, he has the appearance of being rich"
"Y las flores que envía son preciosas"
"and the flowers he sends are lovely"
—**Pero no sabes cómo se llama —dijo el muchacho con dureza—**
"You don't know his name, though," said the lad harshly
—**No —respondió su madre con una expresión plácida en el rostro—**
"No," answered his mother with a placid expression in her face
"Todavía no ha revelado su verdadero nombre"
"He has not yet revealed his real name"
"Creo que es bastante romántico de su parte"
"I think it is quite romantic of him"
"Probablemente sea un miembro de la aristocracia"
"He is probably a member of the aristocracy"
James Vane se mordió el labio
James Vane bit his lip
—**Cuida a Sibila, madre —gritó—, cuídala.**
"Watch over Sibyl, Mother," he cried, "watch over her"
"Hijo mío, me afliges mucho"
"My son, you distress me very much"
"Sibyl siempre está bajo mi cuidado especial"
"Sibyl is always under my special care"
"Por supuesto, si este caballero es rico, no hay razón para que ella no contraiga una alianza con él"
"Of course, if this gentleman is wealthy, there is no reason why she should not contract an alliance with him"
"Confío en que sea de la aristocracia"
"I trust he is one of the aristocracy"
"Tiene toda la apariencia de ello, debo decir"
"He has all the appearance of it, I must say"
"Podría ser un matrimonio muy brillante para Sibyl"
"It might be a most brilliant marriage for Sibyl"

"Serían una pareja encantadora"
"They would make a charming couple"
"Su buen aspecto es realmente notable; todo el mundo se fija en ellos"
"His good looks are really quite remarkable; everybody notices them"
El muchacho murmuró algo para sí mismo y golpeó el cristal de la ventana con sus dedos ásperos
The lad muttered something to himself and drummed on the window-pane with his coarse fingers
Acababa de darse la vuelta para decir algo cuando la puerta se abrió y Sibyl entró corriendo
He had just turned round to say something when the door opened and Sibyl ran in
"¡Qué serios sois los dos!", exclamó. "¿Qué pasa?"
"How serious you both are!" she cried. "What is the matter?"
"Nada", respondió. "Supongo que a veces hay que ser serio"
"Nothing," he answered. "I suppose one must be serious sometimes"
Adiós, madre; Cenaré a las cinco"
Good-bye, Mother; I will have my dinner at five o'clock"
"Todo está empacado, excepto mis camisas, así que no tienes que preocuparte"
"Everything is packed, except my shirts, so you need not trouble"
—Adiós, hijo mío —respondió ella con una reverencia de majestuosidad—
"Good-bye, my son," she answered with a bow of strained stateliness
Estaba muy molesta por el tono que había adoptado con ella
She was extremely annoyed at the tone he had adopted with her
Y había algo en su mirada que la había hecho sentir miedo.
and there was something in his look that had made her feel afraid.
—Bésame, madre —dijo la muchacha—
"Kiss me, Mother," said the girl
Sus labios floridos tocaron la mejilla marchita y calentaron su escarcha
Her flowerlike lips touched the withered cheek and warmed its frost
"¡Hija mía! ¡Hija mía! -exclamó la señora Vane-
"My child! my child!" cried Mrs. Vane
y alzó la vista hacia el techo en busca de una galería imaginaria
and she looked up to the ceiling in search of an imaginary gallery
—Vamos, Sibila —dijo su hermano con impaciencia—
"Come, Sibyl," said her brother impatiently
Odiaba las afectaciones de su madre

He hated his mother's affectations
Salieron a la luz del sol parpadeante y azotada por el viento y pasearon por la lúgubre Euston Road.
They went out into the flickering, wind-blown sunlight and strolled down the dreary Euston Road.
Los transeúntes miraron con asombro al hosco y pesado joven
The passersby glanced in wonder at the sullen heavy youth
el joven que, con ropas toscas y mal ajustadas, estaba en compañía de una muchacha tan elegante y de aspecto refinado
the youth who, in coarse, ill-fitting clothes, was in the company of such a graceful, refined-looking girl
Era como un jardinero común que caminaba con una rosa
He was like a common gardener walking with a rose
Jim fruncía el ceño de vez en cuando cuando captaba la mirada inquisitiva de algún extraño
Jim frowned from time to time when he caught the inquisitive glance of some stranger
Tenía esa aversión a que lo miraran fijamente,
He had that dislike of being stared at,
el sentimiento que se apodera de los genios al final de la vida y nunca abandona el lugar común
the feeling which comes on geniuses late in life and never leaves the commonplace
Sibyl, sin embargo, no era consciente del efecto que estaba produciendo
Sibyl, however, was quite unconscious of the effect she was producing
Su amor temblaba de risa en sus labios
Her love was trembling in laughter on her lips
Estaba pensando en el Príncipe Azul
She was thinking of Prince Charming
para que pudiera pensar más en él, no habló de él
so that she might think of him all the more, she did not talk of him
pero, en cambio, siguió parloteando sobre el barco en el que Jim iba a navegar
but instead she prattled on about the ship in which Jim was going to sail
Habló del oro que estaba seguro de encontrar
she spoke about the gold he was certain to find
Preguntó por la maravillosa heredera cuya vida iba a salvar de los malvados guardabosques de camisas rojas

she inquired about the wonderful heiress whose life he was to save from the wicked, red-shirted bushrangers

porque no iba a seguir siendo marinero, ni supercargo, ni lo que fuera que fuera a ser

because he was not to remain a sailor, or a supercargo, or whatever he was going to be

¡No! La existencia de un marinero era espantosa

Oh, no! A sailor's existence was dreadful

Imagínate estar encerrado en un barco horrible, con las olas roncas y jorobadas tratando de entrar

Fancy being cooped up in a horrid ship, with the hoarse, humpbacked waves trying to get in

¡Y un viento negro que derribaba los mástiles y rompía las velas en largas cintas chillonas!

and a black wind blowing the masts down and tearing the sails into long screaming ribbons!

Debía dejar el buque en Melbourne

He was to leave the vessel at Melbourne

Debía despedirse cortésmente del capitán

he was to bid a polite good-bye to the captain

y luego se fue inmediatamente a los yacimientos de oro

and then he was go off at once to the gold-fields

Antes de que pasara una semana, se encontraría con una gran pepita de oro puro

Before a week was over he was to come across a large nugget of pure gold

La pepita más grande que jamás se haya descubierto

the largest nugget that had ever been discovered

y luego debía llevar sus pepitas de oro a la costa en un carro custodiado por seis policías montados

and then he was to bring his gold nuggets down to the coast in a wagon guarded by six mounted policemen

Los guardabosques debían atacarlos tres veces

The bushrangers were to attack them three times

y fueron derrotados con una inmensa matanza

and they were be defeated with immense slaughter

O no. No debía ir a los yacimientos de oro en absoluto

Or, no. He was not to go to the gold-fields at all

Eran lugares horribles, donde los hombres se embriagaban

They were horrid places, where men got intoxicated

Allí los hombres se disparaban unos a otros en los bares y usaban

malas palabras
there men shot each other in bar-rooms, and used bad language
Iba a ser un buen criador de ovejas
He was to be a nice sheep-farmer
Una noche, mientras cabalgaba hacia su casa
one evening, as he was riding home
Iba a ver a la hermosa heredera siendo raptada por un ladrón en un caballo negro
he was to see the beautiful heiress being carried off by a robber on a black horse
Tenía que perseguirla y rescatarla
he was to give chase, and rescue her
Por supuesto, ella se enamoraría de él, y él de ella
Of course, she would fall in love with him, and he with her
y se casaban, y volvían a casa, y vivían en una inmensa casa en Londres
and they would get married, and come home, and live in an immense house in London
Sí, le esperaban cosas deliciosas
Yes, there were delightful things in store for him
Pero debe ser muy bueno, y no perder los estribos, ni gastar su dinero tontamente
But he must be very good, and not lose his temper, or spend his money foolishly
Ella era solo un año mayor que él, pero sabía mucho más de la vida
She was only a year older than he was, but she knew so much more of life
También debe asegurarse de escribirle por correo
He must be sure, also, to write to her by every mail
Y tenía que rezar sus oraciones cada noche antes de irse a dormir
and he had to say his prayers each night before he went to sleep
Dios era muy bueno y velaba por él
God was very good, and would watch over him
Ella también rezaría por él
She would pray for him, too
y en pocos años volvería muy rico y feliz
and in a few years he would come back quite rich and happy
El muchacho la escuchó malhumorado y no contestó
The lad listened sulkily to her and made no answer
Estaba desconsolado por salir de casa
He was heart-sick at leaving home

Pero no era sólo esto lo que lo hacía sombrío y taciturno
but it was not this alone that made him gloomy and morose
A pesar de su inexperiencia, tenía un fuerte sentido del peligro de la posición de Sibila
Inexperienced though he was, he had still a strong sense of the danger of Sibyl's position
Este joven dandy que le estaba haciendo el amor no podía significarle nada bueno
This young dandy who was making love to her could mean her no good
Era un caballero y lo odiaba por eso
He was a gentleman, and he hated him for that
Lo odiaba por un curioso instinto racial que no podía explicar
he hated him through some curious race-instinct for which he could not account
un instinto que, por esa razón, era aún más dominante en él
an instinct which for that reason was all the more dominant within him
Era consciente también de la superficialidad y vanidad de la naturaleza de su madre
He was conscious also of the shallowness and vanity of his mother's nature
y en eso vio el peligro infinito para Sibila y la felicidad de Sibila
and in that he saw the infinite peril for Sibyl and Sibyl's happiness
Los hijos comienzan por amar a sus padres
Children begin by loving their parents
A medida que crecen, los juzgan
as they grow older they judge them
a veces los perdonan
sometimes they forgive them
¡Su madre! Tenía algo en mente que preguntarle
His mother! He had something on his mind to ask of her
algo sobre lo que había meditado durante muchos meses de silencio
something that he had brooded on for many months of silence
Una frase casual que había escuchado en el teatro
A chance phrase that he had heard at the theatre
una mueca susurrada que había llegado a sus oídos una noche mientras esperaba en la puerta del escenario
a whispered sneer that had reached his ears one night as he waited at the stage-door

Había desatado una serie de horribles pensamientos
it had set loose a train of horrible thoughts
Lo recordaba como si hubiera sido el látigo de una fusta de caza en la cara
He remembered it as if it had been the lash of a hunting-crop across his face
Sus cejas se fruncieron en forma de cuña
His brows knit together into a wedge-like furrow
y con un tic de dolor se mordió el labio inferior
and with a twitch of pain he bit his underlip
—No escuchas ni una palabra de lo que te digo, Jim —exclamó Sibyl—
"You are not listening to a word I am saying, Jim," cried Sibyl
"Y estoy haciendo los planes más deliciosos para tu futuro"
"and I am making the most delightful plans for your future"
"Di algo"
"Do say something"
—¿Qué quieres que te diga?
"What do you want me to say?"
—¡Oh! que seas un buen chico y no nos olvides —respondió ella, sonriéndole
"Oh! that you will be a good boy and not forget us," she answered, smiling at him
Se encogió de hombros
He shrugged his shoulders
—Es más probable que me olvides a mí que yo a ti, Sibyl.
"You are more likely to forget me than I am to forget you, Sibyl"
Ella se sonrojó. – ¿A qué te refieres, Jim? -preguntó
She flushed. "What do you mean, Jim?" she asked
"Tienes un nuevo amigo, he oído"
"You have a new friend, I hear"
"¿Quién es? ¿Por qué no me has hablado de él? No quiere decirte nada bueno"
"Who is he? Why have you not told me about him? He means you no good"
"¡Detente, Jim!", exclamó
"Stop, Jim!" she exclaimed
"No debes decir nada en su contra. Lo amo"
"You must not say anything against him. I love him"
"Vaya, ni siquiera sabes su nombre", respondió el muchacho
"Why, you don't even know his name," answered the lad

"**¿Quién es? Tengo derecho a saber**"
"Who is he? I have a right to know"
"**Se llama Príncipe Azul**"
"He is called Prince Charming"
"**¿No te gusta el nombre?**"
"Don't you like the name"
—**¡Oh! ¡Niño tonto! nunca debes olvidarlo**"
"Oh! you silly boy! you should never forget it"
"**Si solo lo vieras, pensarías que es la persona más maravillosa del mundo**"
"If you only saw him, you would think him the most wonderful person in the world"
"**Algún día lo conocerás, cuando regreses de Australia**"
"Someday you will meet him—when you come back from Australia"
"**Te va a gustar mucho**"
"You will like him so much"
"**A todo el mundo le gusta, y yo... Lo amo**"
"Everybody likes him, and I ... I love him"
"**Ojalá pudieras venir al teatro esta noche**"
"I wish you could come to the theatre tonight"
"**Él va a estar allí, y yo voy a interpretar a Julieta**"
"He is going to be there, and I am to play Juliet"
—**¡Oh! ¡Cómo lo jugaré!**
"Oh! how I shall play it!"
"**¡Imagínate, Jim, estar enamorado e interpretar el papel de Julieta!**"
"Imagine, Jim, to be in love and play the role Juliet!"
—**¡Tenerlo ahí sentado! ¡Y yo interpreto mi papel para su deleite!**"
"To have him sitting there! And I play my role for his delight!"
"**Tengo miedo de asustar a la empresa, asustarla o cautivarla**"
"I am afraid I may frighten the company, frighten or enthral them"
"**Estar enamorado es superarse a uno mismo**"
"To be in love is to surpass one's self"
"**El pobre y espantoso señor Isaacs gritará 'genio' a sus mocasines en el bar**"
"Poor dreadful Mr. Isaacs will be shouting 'genius' to his loafers at the bar"
"**Me ha predicado como un dogma; Esta noche me anunciará como una revelación**"
"He has preached me as a dogma; to-night he will announce me as a revelation"
"**Lo siento. Y todo es suyo, suyo, el príncipe azul, mi maravilloso**

amante, mi dios de gracias"
"I feel it. And it is all his, his only, Prince Charming, my wonderful lover, my god of graces"
"Pero yo soy pobre al lado de él"
"But I am poor beside him"
"¿Pobre? ¿Qué importa eso?"
"Poor? What does that matter?"
"Cuando la pobreza entra por la puerta, el amor entra por la ventana"
"When poverty creeps in at the door, love flies in through the window"
"Nuestros proverbios necesitan ser reescritos"
"Our proverbs want rewriting"
"Se hicieron en invierno, y ahora es verano; primavera para mí, creo"
"They were made in winter, and it is summer now; spring-time for me, I think"
"Una danza de flores en cielos azules"
"a very dance of blossoms in blue skies"
—Es un caballero —dijo el muchacho hoscamente—
"He is a gentleman," said the lad sullenly
"¡Un príncipe!", exclamó musicalmente
"A prince!" she cried musically
—¿Qué más quieres?
"What more do you want?"
"Quiere esclavizarte"
"He wants to enslave you"
"Me estremezco ante la idea de ser libre"
"I shudder at the thought of being free"
"Quiero que tengas cuidado con él"
"I want you to beware of him"
"Verlo es adorarlo"
"To see him is to worship him"
"Conocerlo es confiar en Él"
"to know him is to trust him"
"Sibila, estás loca por él"
"Sibyl, you are mad about him"
Ella se echó a reír y lo tomó del brazo
She laughed and took his arm
"Tú, querido Jim, hablas como si tuvieras cien años"
"You dear old Jim, you talk as if you were a hundred"

"Algún día tú misma estarás enamorada"
"Someday you will be in love yourself"
"Entonces sabrás lo que es"
"Then you will know what it is"
"No te veas tan malhumorado"
"Don't look so sulky"
"Seguramente deberías alegrarte de pensar eso"
"Surely you should be glad to think that"
"Aunque te vayas, me dejas más feliz que nunca"
"though you are going away, you leave me happier than I have ever been before"
"La vida ha sido dura para los dos, terriblemente dura y difícil"
"Life has been hard for us both, terribly hard and difficult"
"Pero ahora será diferente"
"But it will be different now"
"Te vas a un mundo nuevo, y yo lo he encontrado"
"You are going to a new world, and I have found one"
"Aquí hay dos sillas; Sentémonos y veamos pasar a la gente inteligente"
"Here are two chairs; let us sit down and see the smart people go by"
Tomaron asiento en medio de una multitud de espectadores
They took their seats amidst a crowd of watchers
Los lechos de tulipanes al otro lado de la carretera ardían como anillos de fuego palpitantes
The tulip-beds across the road flamed like throbbing rings of fire
Un polvo blanco, una nube trémula de raíz de lirio, parecía flotar en el aire jadeante
A white dust—tremulous cloud of orris-root it seemed—hung in the panting air
Las sombrillas de colores brillantes bailaban y se sumergían como mariposas monstruosas
The brightly coloured parasols danced and dipped like monstrous butterflies
Hizo que su hermano hablara de sí mismo, de sus esperanzas y de sus perspectivas
She made her brother talk of himself, of his hopes and his prospects
Hablaba despacio y con esfuerzo
He spoke slowly and with effort
Se pasaban palabras unos a otros ajedrecistas moviendo piezas
They passed words to each other chess players moving pieces
Sibila se sintió oprimida. No podía comunicar su alegría

Sibyl felt oppressed. She could not communicate her joy
Una leve sonrisa curvando aquella boca hosca fue todo el eco que pudo ganar
A faint smile curving that sullen mouth was all the echo she could win
Al cabo de un rato se quedó en silencio
After some time she became silent
De repente vislumbró una cabellera dorada y unos labios risueños
Suddenly she caught a glimpse of golden hair and laughing lips
y en un carruaje abierto con dos damas pasó Dorian Gray
and in an open carriage with two ladies Dorian Gray drove past
Se puso en pie
She started to her feet
"¡Ahí está!", exclamó
"There he is!" she cried
—¿Quién? —preguntó Jim Vane
"Who?" said Jim Vane
—Príncipe Azul —contestó ella, cuidando de la Victoria—
"Prince Charming," she answered, looking after the Victoria
Se levantó de un salto y la agarró bruscamente por el brazo
He jumped up and seized her roughly by the arm
"Enséñamelo. ¿Cuál es? Señálalo"
"Show him to me. Which is he? Point him out"
"¡Tengo que verlo!", exclamó
"I must see him!" he exclaimed
pero en ese momento el cuatro en la mano del duque de Berwick se interpuso entre
but at that moment the Duke of Berwick's four-in-hand came between
Y cuando hubo dejado el espacio libre, el carruaje había salido del parque
and when it had left the space clear, the carriage had swept out of the park
—Se ha ido —murmuró Sibyl con tristeza—
"He is gone," murmured Sibyl sadly
"Ojalá lo hubieras visto"
"I wish you had seen him"
"Si alguna vez te hace algún mal, lo mataré"
"if he ever does you any wrong, I shall kill him"
"porque tan cierto como que hay un Dios en el cielo"
"for as sure as there is a God in heaven"

Ella lo miró horrorizada
She looked at him in horror
Repitió sus palabras
He repeated his words
Cortan el aire como un puñal
They cut the air like a dagger
La gente a su alrededor empezó a quedarse boquiabierta
The people round began to gape
Una dama que estaba cerca de ella soltó una risita
A lady standing close to her tittered
—Vete, Jim; Váyanse —susurró
"Come away, Jim; come away," she whispered
Él la siguió obstinadamente mientras ella pasaba entre la multitud
He followed her doggedly as she passed through the crowd
Se alegró de lo que había dicho
He felt glad at what he had said
Cuando llegaron a la estatua de Aquiles, ella se dio la vuelta
When they reached the Achilles Statue, she turned round
Había lástima en sus ojos que se convirtió en risa en sus labios
There was pity in her eyes that became laughter on her lips
Ella negó con la cabeza
She shook her head at him
"Eres tonto, Jim, completamente tonto"
"You are foolish, Jim, utterly foolish"
"Eres un chico de mal carácter, eso es todo"
"you are a bad-tempered boy, that is all"
"¿Cómo puedes decir cosas tan horribles?"
"How can you say such horrible things?"
"No sabes de lo que hablas"
"You don't know what you are talking about"
"Simplemente eres celoso y cruel"
"You are simply jealous and unkind"
—¡Ah! Ojalá te enamoraras"
"Ah! I wish you would fall in love"
"El amor hace buenas a las personas"
"Love makes people good"
"Y lo que dijiste fue malvado"
"and what you said was wicked"
"Tengo dieciséis años", respondió, "y sé quién soy"
"I am sixteen," he answered, "and I know who I am"
"Mamá no te ayuda"

"Mother is no help to you"
"Ella no entiende cómo cuidarte"
"She doesn't understand how to look after you"
"Desearía ahora no ir a Australia en absoluto"
"I wish now that I was not going to Australia at all"
"Tengo una gran mente para tirar todo el asunto"
"I have a great mind to chuck the whole thing up"
"Lo haría, si mis artículos no hubieran sido firmados"
"I would, if my articles hadn't been signed"
"Oh, no seas tan serio, Jim"
"Oh, don't be so serious, Jim"
"Eres como uno de los héroes de esos melodramas tontos en los que mamá solía ser tan aficionada a actuar"
"You are like one of the heroes of those silly melodramas Mother used to be so fond of acting in"
"No voy a pelear contigo"
"I am not going to quarrel with you"
—Lo he visto, y ¡oh!
"I have seen him, and oh!"
"Verlo es la felicidad perfecta"
"to see him is perfect happiness"
"Sé que nunca harías daño a nadie a quien amo, ¿verdad?"
"I know you would never harm anyone I love, would you?"
—No mientras lo ames, supongo —fue la hosca respuesta
"Not as long as you love him, I suppose," was the sullen answer
"¡Lo amaré para siempre!", exclamó
"I shall love him forever!" she cried
—¿Y él? ¿Te amará para siempre?"
"And he? Will he love you forever?"
—¡Para siempre, también!
"Forever, too!"
"Más vale que te ame para siempre"
"He had better love you for ever"
Ella se apartó de él
She shrank from him
Entonces ella se echó a reír y le puso la mano en el brazo
Then she laughed and put her hand on his arm
No era más que un niño
He was merely a boy
En el Arco de Mármol llamaron a un ómnibus
At the Marble Arch they hailed an omnibus

el ómnibus los dejó cerca de su casa en mal estado en Euston Road
the omnibus left them close to their shabby home in the Euston Road
Eran más de las cinco de la tarde
It was after five o'clock
Sibyl tuvo que acostarse durante un par de horas antes de subir al escenario
Sibyl had to lie down for a couple of hours before going on stage
Jim insistió en que debía hacerlo
Jim insisted that she should do so
Dijo que prefería separarse de ella cuando su madre no estuviera presente
He said that he would rather part with her when their mother was not present
Ella se aseguraba de hacer una escena, y él detestaba escenas de todo tipo
She would be sure to make a scene, and he detested scenes of every kind
En la propia habitación de Sybil se separaron
In Sybil's own room they parted
Había celos en el corazón del muchacho
There was jealousy in the lad's heart
y había un odio feroz y asesino hacia el extranjero
and there was a fierce murderous hatred of the stranger
el desconocido que, según le pareció, se había interpuesto entre ellos
the stranger who, as it seemed to him, had come between them
Sin embargo, ella le echó los brazos al cuello
Yet, she flung her arms around his neck
y sus dedos se deslizaron por su cabello
and her fingers strayed through his hair
Él se ablandó y la besó con verdadero afecto
he softened and kissed her with real affection
Había lágrimas en sus ojos mientras bajaba las escaleras
There were tears in his eyes as he went downstairs
Su madre lo esperaba abajo
His mother was waiting for him below
Ella refunfuñó por su impuntualidad cuando entró
She grumbled at his unpunctuality, as he entered
No respondió, sino que se sentó a su escasa comida
He made no answer, but sat down to his meagre meal
Las moscas zumbaban alrededor de la mesa y se arrastraban sobre

la tela manchada
The flies buzzed round the table and crawled over the stained cloth
A través del estruendo de los ómnibus y el ruido de los taxis de la calle
Through the rumble of omnibuses, and the clatter of street-cabs
Podía oír la voz zumbante devorando cada minuto que le quedaba
he could hear the droning voice devouring each minute that was left to him
Al cabo de un rato, apartó su plato
After some time, he thrust away his plate
y puso su cabeza entre sus manos
and he put his head in his hands
Sentía que tenía derecho a saber
He felt that he had had a right to know
Debería habérselo dicho antes, si era como él sospechaba
It should have been told to him before, if it was as he suspected
Plomiza de miedo, su madre lo observaba
Leaden with fear, his mother watched him
Las palabras caían mecánicamente de sus labios
Words dropped mechanically from her lips
Un pañuelo de encaje andrajoso se retorcía entre sus dedos
A tattered lace handkerchief twitched in her fingers
Cuando el reloj dio las seis, se levantó y se dirigió a la puerta
When the clock struck six, he got up and went to the door
Luego se volvió y la miró
Then he turned back and looked at her
Sus miradas se encontraron, y en las de ella vio una salvaje súplica de misericordia
Their eyes met, and in hers he saw a wild appeal for mercy
Su súplica de misericordia lo enfureció
her appeal for mercy enraged him
"Madre, tengo algo que preguntarte", dijo
"Mother, I have something to ask you," he said
Sus ojos vagaban vagamente por la habitación
Her eyes wandered vaguely about the room
Ella no contestó
She made no answer
"Dime la verdad. Tengo derecho a saber"
"Tell me the truth. I have a right to know"
—¿Estabas casada con mi padre?
"Were you married to my father?"

Ella dejó escapar un profundo suspiro
She heaved a deep sigh
Fue un suspiro de alivio
It was a sigh of relief
el momento en que noche y día, durante semanas y meses, había temido
the moment that night and day, for weeks and months, she had dreaded
Por fin había llegado el terrible momento
the terrible moment had come at last
y, sin embargo, no sentía terror
and yet she felt no terror
De hecho, en cierta medida fue una decepción para ella
Indeed, in some measure it was a disappointment to her
La vulgar franqueza de la pregunta exigía una respuesta directa
The vulgar directness of the question called for a direct answer
Nada había conducido gradualmente a la situación
nothing had gradually led up to the situation
La pregunta era cruda
the question was crude
La situación le recordó a un mal ensayo
the situation reminded her of a bad rehearsal
—No —contestó ella, asombrada por la dura sencillez de la vida—
"No," she answered, wondering at the harsh simplicity of life
-¡Mi padre era entonces un sinvergüenza! -exclamó el muchacho, apretando los puños-
"My father was a scoundrel then!" cried the lad, clenching his fists
Ella negó con la cabeza
She shook her head
"Sabía que no era libre"
"I knew he was not free"
"Nos queríamos mucho"
"We loved each other very much"
"Si hubiera vivido, nos habría provisto"
"If he had lived, he would have made provision for us"
"No hables en contra de él, hijo mío"
"Don't speak against him, my son"
"Era tu padre, y un caballero"
"He was your father, and a gentleman"
"De hecho, estaba muy conectado"
"Indeed, he was highly connected"

Un juramento brotó de sus labios
An oath broke from his lips
—No me preocupo por mí mismo —exclamó—, pero no dejes que Sibyl...
"I don't care for myself," he exclaimed, "but don't let Sibyl...."
"Es un caballero, ¿no, que está enamorado de ella?"
"It is a gentleman, isn't it, who is in love with her?"
— Muy bien conectado, supongo, también.
"Highly connected, too, I suppose."
Por un momento, una horrible sensación de humillación se apoderó de la mujer
For a moment a hideous sense of humiliation came over the woman
Bajó la cabeza y se secó los ojos con manos temblorosas
Her head drooped and she wiped her eyes with shaking hands
—Sibila tiene madre —murmuró—; "No tenía ninguno"
"Sibyl has a mother," she murmured; "I had none"
El muchacho estaba conmovido
The lad was touched
Se acercó a ella y, agachándose, la besó
He went towards her, and stooping down, he kissed her
—Lamento haberte dolido preguntándole por mi padre —dijo—
"I am sorry if I have pained you by asking about my father," he said
"pero no pude evitarlo"
"but I could not help it"
"Debo irme ahora. Adiós"
"I must go now. Good-bye"
"No olvides que ahora solo tendrás un hijo que cuidar"
"Don't forget that you will have only one child now to look after"
"Y créeme que si este hombre le hace daño a mi hermana, averiguaré quién es"
"and believe me that if this man wrongs my sister, I will find out who he is"
"Y lo rastrearé, y lo mataré como a un perro. Lo juro"
"and I will track him down, and kill him like a dog. I swear it"
La locura exagerada de la amenaza y las locas palabras melodramáticas
The exaggerated folly of the threat and the mad melodramatic words
El gesto apasionado que acompañaba a la amenaza hacía que la vida le pareciera más vívida
the passionate gesture that accompanied the threat made life seem more vivid to her

Estaba familiarizada con el ambiente
She was familiar with the atmosphere
Respiraba más libremente
She breathed more freely
Y por primera vez en muchos meses admiraba de verdad a su hijo
and for the first time for many months she really admired her son
Le hubiera gustado continuar la escena en la misma escala emocional
She would have liked to have continued the scene on the same emotional scale
Pero había que bajar los baúles y buscar silenciadores
but trunks had to be carried down and mufflers looked for
El monótono de la casa de huéspedes entraba y salía bulliciosamente
The lodging-house drudge bustled in and out
Hubo un regateo con el cochero
There was the bargaining with the cabman
El momento se perdió en detalles vulgares
The moment was lost in vulgar details
Finalmente su hijo se alejaba
finally her son was driving away
Agitó el pañuelo de encaje andrajoso desde la ventana
she waved the tattered lace handkerchief from the window
hubo un renovado sentimiento de decepción
there was with a renewed feeling of disappointment
Era consciente de que se había desperdiciado una gran oportunidad
She was conscious that a great opportunity had been wasted
Se consoló diciéndole a Sibyl lo desolada que sentía que sería su vida
She consoled herself by telling Sibyl how desolate she felt her life would be
ahora que solo tenía un hijo que cuidar
now that she had only one child to look after
Recordó la frase
She remembered the phrase
Le había gustado
It had pleased her
De la amenaza no dijo nada
Of the threat she said nothing
Se expresó vívida y dramáticamente
It was vividly and dramatically expressed

Sintió que todos se reirían de eso algún día
She felt that they would all laugh at it some day

Capítulo Sexto
Chapter Six

La cena había sido preparada para las tres de la noche
dinner had been laid for three that evening

Hallward estaba siendo conducido a una pequeña habitación privada en el Bristol
Hallward was being shown into a little private room at the Bristol

—Supongo que habrás oído la noticia, Basil —dijo lord Henry—
"I suppose you have heard the news, Basil?" said Lord Henry

"No, Harry", respondió el artista
"No, Harry," answered the artist

Y le dio su sombrero y su abrigo al camarero que hacía una reverencia
and he gave his hat and coat to the bowing waiter

"¿Qué es? ¡Nada de política, espero!".
"What is it? Nothing about politics, I hope!"

"Las noticias de política no me interesan"
"news of politics don't interest me"

"Apenas hay una sola persona en la Cámara de los Comunes que valga la pena pintar"
"There is hardly a single person in the House of Commons worth painting"

"Aunque muchos de ellos serían mejores si estuvieran un poco blanqueados"
"though many of them would be the better if they were a little whitewashed"

—Dorian Gray está comprometido para casarse —dijo lord Henry—
"Dorian Gray is engaged to be married," said Lord Henry

Observó la reacción de Basil mientras hablaba
he watched for Basil's reaction as he spoke

Hallward se sorprendió, y luego frunció el ceño
Hallward was surprised, and then he frowned

—¡Dorian se comprometió a casarse! —exclamó—. "¡Imposible!"
"Dorian engaged to be married!" he cried. "Impossible!"

"Es perfectamente cierto"
"It is perfectly true"

—¿Con quién está comprometido?
"To whom is he engaged?"

"A alguna pequeña actriz"
"To some little actress or other"

"No lo puedo creer"

"I can't believe it"
"Dorian es demasiado sensato"
"Dorian is far too sensible"
"Dorian es demasiado sabio para no hacer tonterías de vez en cuando, mi querido Basil"
"Dorian is far too wise not to do foolish things now and then, my dear Basil"
"El matrimonio no es algo que uno pueda hacer de vez en cuando, Harry"
"Marriage is hardly a thing that one can do now and then, Harry"
—Excepto en América —replicó lánguidamente lord Henry—
"Except in America," rejoined Lord Henry languidly
"Pero yo no dije que estaba casado"
"But I didn't say he was married"
"Le dije que estaba comprometido para casarse"
"I said he was engaged to be married"
"Hay una gran diferencia"
"There is a great difference"
"Tengo un recuerdo claro de estar casado"
"I have a distinct remembrance of being married"
"pero no tengo ningún recuerdo de haber estado comprometido"
"but I have no recollection at all of being engaged"
"Me inclino a pensar que nunca estuve comprometido"
"I am inclined to think that I never was engaged"
"Pero piensa en el nacimiento, la posición y la riqueza de Dorian"
"But think of Dorian's birth, and position, and wealth"
"Sería absurdo que se casara tan por debajo de él"
"It would be absurd for him to marry so much beneath him"
"Si quieres que se case con esta chica, díselo, Basil"
"If you want to make him marry this girl, tell him that, Basil"
"Está seguro de que lo hará, entonces"
"He is sure to do it, then"
"Los hombres hacen cosas completamente estúpidas"
"men do thoroughly stupid thing"
"Pero siempre hacen una estupidez por los motivos más nobles"
"but they always do thoroughly stupid out of the noblest motives"
"Espero que la chica esté bien, Harry"
"I hope the girl is good, Harry"
"No quiero ver a Dorian atado a una vil criatura"
"I don't want to see Dorian tied to some vile creature"
"una criatura vil que podría degradar su naturaleza y arruinar su

intelecto"
"a vile creature who might degrade his nature and ruin his intellect"
—Oh, es mejor que buena, es hermosa —murmuró lord Henry—
"Oh, she is better than good—she is beautiful," murmured Lord Henry
y bebió un vaso de vermut y amargo de naranja
and he sipped a glass of vermouth and orange-bitters
"Dorian dice que es hermosa"
"Dorian says she is beautiful"
"Y no suele equivocarse en cosas de ese tipo"
"and he is not often wrong about things of that kind"
"Su retrato de él ha acelerado su apreciación"
"Your portrait of him has quickened his appreciation"
"Su aprecio por la apariencia personal de otras personas"
"his appreciation of the personal appearance of other people"
"Ha tenido un efecto excelente, entre otros"
"It has had that excellent effect, amongst others"
"Vamos a verla esta noche, si ese chico no se olvida de su cita"
"We are to see her tonight, if that boy doesn't forget his appointment"
—¿Hablas en serio?
"Are you serious?"
"Lo digo en serio, Basilo, imagínate si alguna vez fuera más serio"
"I am quite serious, Basil, imagine if I was ever more serious"
"la idea de ser más serio de lo que soy ahora me haría miserable"
"the thought of ever being more serious than I am now would make me miserable"
—¿Pero lo apruebas, Harry? —preguntó el pintor
"But do you approve of it, Harry?" asked the painter
Caminaba de un lado a otro de la habitación y se mordía el labio
he was walking up and down the room and biting his lip
"No se puede aprobar, posiblemente"
"You can't approve of it, possibly"
"Es un enamoramiento tonto"
"It is some silly infatuation"
"Nunca apruebo, ni desapruebo, nada ahora"
"I never approve, or disapprove, of anything now"
"Es una actitud absurda ante la vida"
"It is an absurd attitude to take towards life"
"No somos enviados al mundo para airear nuestros prejuicios morales"
"We are not sent into the world to air our moral prejudices"

"Nunca hago caso de lo que dice la gente común"
"I never take any notice of what common people say"
"Y nunca interfiero en lo que hace la gente encantadora"
"and I never interfere with what charming people do"
"Si una personalidad me fascina, es absolutamente encantadora para mí"
"If a personality fascinates me, it is absolutely delightful to me"
"cualquiera que sea el modo de expresión que la personalidad seleccione"
"whatever mode of expression that personality selects"
"Dorian Gray se enamora de una hermosa chica que interpreta a Julieta"
"Dorian Gray falls in love with a beautiful girl who acts Juliet"
"Y luego le propone casarse con ella"
"and then he proposes to marry her"
"¿Por qué no? Si se casara con Mesalina, no sería menos interesante"
"Why not? If he wedded Messalina, he would be none the less interesting"
"Sabes que no soy un campeón del matrimonio"
"You know I am not a champion of marriage"
"El verdadero inconveniente del matrimonio es que nos hace altruistas"
"The real drawback to marriage is that it makes one unselfish"
"Y las personas altruistas son incoloras, carecen de individualidad"
"And unselfish people are colourless, they lack individuality"
"Sin embargo, hay ciertos temperamentos que el matrimonio hace más complejos"
"Still, there are certain temperaments that marriage makes more complex"
"Conservan su egoísmo y le añaden muchos otros egos"
"They retain their egotism, and add to it many other egos"
"Se ven obligados a tener más de una vida"
"They are forced to have more than one life"
"Se organizan más"
"They become more highly organized"
"Me imagino que ese es el objeto de la existencia del hombre"
"I should fancy that is the object of man's existence"
"Además, cada experiencia es valiosa"
"Besides, every experience is of value"
"Y digan lo que digan contra el matrimonio, ciertamente es una

experiencia"
"and whatever one may say against marriage, it is certainly an experience"
"Espero que Dorian Gray haga de esta chica su esposa"
"I hope that Dorian Gray will make this girl his wife"
"Espero que la adore apasionadamente durante seis meses"
"I hope he passionately adores her for six months"
"Y luego espero que de repente se sienta fascinado por otra persona"
"and then I hope he suddenly becomes fascinated by someone else"
"Sería un estudio maravilloso"
"He would be a wonderful study"
—No quieres decir ni una sola palabra de todo eso, Harry; sabes que no lo haces"
"You don't mean a single word of all that, Harry; you know you don't"
"Si la vida de Dorian Gray se echara a perder, nadie estaría más triste que tú"
"If Dorian Gray's life were spoiled, no one would be sorrier than yourself"
"Eres mucho mejor de lo que pretendes ser"
"You are much better than you pretend to be"
Lord Henry se echó a reír. "Hay una razón por la que a todos nos gusta pensar tan bien de los demás"
Lord Henry laughed. "there is a reason we all like to think so well of others"
"Porque todos tememos por nosotros mismos"
"because we are all afraid for ourselves"
"La base del optimismo es el terror puro"
"The basis of optimism is sheer terror"
"Nos gusta pensar que somos generosos"
"we like to think of ourselves as generous"
"Atribuimos a los demás las virtudes que probablemente nos beneficien"
"we credit others with the virtues that are likely to benefit us"
"Alabamos al banquero para que sobregiremos nuestra cuenta"
"We praise the banker so that we may overdraw our account"
"Y encontramos buenas cualidades en el salteador de caminos"
"and we find good qualities in the highwayman"
"con la esperanza de que nos ahorre los bolsillos"
"in the hope that he may spare our pockets"

"Lo digo en serio todo lo que he dicho"
"I mean everything that I have said"
"Tengo el mayor desprecio por el optimismo"
"I have the greatest contempt for optimism"
"En cuanto a una vida echada a perder, no hay vida echada a perder sino aquella cuyo crecimiento se detiene"
"As for a spoiled life, no life is spoiled but one whose growth is arrested"
"Si quieres estropear una naturaleza, no tienes más que reformarla"
"If you want to mar a nature, you have merely to reform it"
"En cuanto al matrimonio, por supuesto que sería una tontería"
"As for marriage, of course that would be silly"
"Pero hay otros vínculos más interesantes entre hombres y mujeres"
"but there are other and more interesting bonds between men and women"
"Sin duda fomentaré estas relaciones"
"I will certainly encourage these relationships"
"Tienen el encanto de estar a la moda"
"They have the charm of being fashionable"
"Pero aquí está el propio Dorian"
"But here is Dorian himself"
"Él te dirá más de lo que yo puedo"
"He will tell you more than I can"
-¡Mi querido Harry, mi querido Basilo, los dos debéis felicitarme! -dijo el muchacho-
"My dear Harry, my dear Basil, you must both congratulate me!" said the lad
y se quitó la capa de noche con sus alas forradas de raso
and he threw off his evening cape with its satin-lined wings
y estrechó la mano de cada uno de sus amigos
and he shook each of his friends by the hand
"Nunca he sido tan feliz"
"I have never been so happy"
"Por supuesto, es repentino, todas las cosas realmente encantadoras lo son"
"Of course, it is sudden, all really delightful things are"
"Y, sin embargo, me parece que es lo único que he estado buscando toda mi vida"
"And yet it seems to me to be the one thing I have been looking for all my life"
Estaba enrojecido de emoción y placer

He was flushed with excitement and pleasure
y se veía extraordinariamente guapo
and he looked extraordinarily handsome
—Espero que siempre seas muy feliz, Dorian —dijo Hallward—
"I hope you will always be very happy, Dorian," said Hallward
"pero no te perdono del todo por no haberme avisado de tu compromiso"
"but I don't quite forgive you for not having let me know of your engagement"
"Y no puedo perdonarte por avisar a Harry primero"
"and I can't forgive you for letting Harry know first"
—Y no le perdono que llegue tarde a la cena —interrumpió lord Henry—
"And I don't forgive you for being late for dinner," broke in Lord Henry
Puso su mano en el hombro del muchacho y sonrió mientras hablaba
he put his hand on the lad's shoulder and smiled as he spoke
"Ven, sentémonos y probemos cómo es el nuevo chef aquí"
"Come, let us sit down and try what the new chef here is like"
"Y luego nos contarás cómo surgió todo"
"and then you will tell us how it all came about"
—Realmente no hay mucho que contar —exclamó Dorian—
"There is really not much to tell," cried Dorian
Tomaron asiento en la pequeña mesa redonda
they took their seats at the small round table
"Lo que sucedió fue simplemente esto:"
"What happened was simply this:"
"Después de que te dejé ayer por la noche, Harry, me vestí"
"After I left you yesterday evening, Harry, I dressed"
"Cené en ese pequeño restaurante italiano"
"I had some dinner at that little Italian restaurant"
"el pequeño restaurante italiano en Rupert Street que me presentaste"
"the little Italian restaurant in Rupert Street you introduced me to"
"Y bajé a las ocho al teatro"
"and I went down at eight o'clock to the theatre"
"Sibyl estaba interpretando el papel de Rosalind"
"Sibyl was playing the role of Rosalind"
"Por supuesto, el paisaje era espantoso y el Orlando absurdo"
"Of course, the scenery was dreadful and the Orlando absurd"

—¡Pero Sibila! ¡Tendrías que haberla visto!"
"But Sibyl! You should have seen her!"
"Cuando entró con su ropa de niño, fue perfectamente maravillosa"
"When she came on in her boy's clothes, she was perfectly wonderful"
"Llevaba un jerkin de terciopelo color musgo con mangas canela"
"She wore a moss-coloured velvet jerkin with cinnamon sleeves"
"medias delgadas, marrones, con ligas cruzadas"
"slim, brown, cross-gartered hose"
un delicado gorrito verde con una pluma de halcón atrapada en una joya"
a dainty little green cap with a hawk's feather caught in a jewel"
"y una capa con capucha forrada de rojo opaco"
"and a hooded cloak lined with dull red"
"Nunca me había parecido más exquisita"
"She had never seemed to me more exquisite"
"Tienes esa figurita de Tanagra en tu estudio, Basil"
"you have that Tanagra figurine in your studio, Basil"
"Tenía toda la delicada gracia de esa figurita de Tanagra"
"She had all the delicate grace of that Tanagra figurine"
"Sus cabellos se agrupaban alrededor de su rostro como hojas oscuras alrededor de una rosa pálida"
"Her hair clustered round her face like dark leaves round a pale rose"
"En cuanto a su actuación, bueno, la verás esta noche"
"As for her acting—well, you shall see her tonight"
"Es simplemente una artista nata"
"She is simply a born artist"
"Me senté en el palco sucio absolutamente embelesado"
"I sat in the dingy box absolutely enthralled"
"Olvidé que estaba en Londres y en el siglo XIX"
"I forgot that I was in London and in the nineteenth century"
"Estaba con mi amor en un bosque que ningún hombre había visto jamás"
"I was away with my love in a forest that no man had ever seen"
"Después de que terminó la actuación, me fui detrás y hablé con ella"
"After the performance was over, I went behind and spoke to her"
"Estábamos sentados juntos detrás del teatro"
"we were sitting together behind the theatre"
"De repente apareció en sus ojos una mirada que nunca antes había visto allí"

"suddenly there came into her eyes a look that I had never seen there before"
"Mis labios se acercaron a los suyos y nos besamos"
"My lips moved towards hers and we kissed each other"
"No puedo describirte lo que sentí en ese momento"
"I can't describe to you what I felt at that moment"
"Me parecía que toda mi vida se había reducido a un punto perfecto"
"It seemed to me that all my life had been narrowed to one perfect point"
"Un momento perfecto de pura alegría color de rosa"
"one perfect moment of pure rose-coloured joy"
"Temblaba por todas partes y temblaba como un narciso blanco"
"She trembled all over and shook like a white narcissus"
"Entonces se arrodilló y me besó las manos"
"Then she flung herself on her knees and kissed my hands"
"Siento que no debería contarte todo esto, pero no puedo evitarlo"
"I feel that I should not tell you all this, but I can't help it"
"Por supuesto, nuestro compromiso es un secreto a voces"
"Of course, our engagement is a dead secret"
"Ni siquiera se lo ha dicho a su propia madre"
"She has not even told her own mother"
"No sé qué dirán mis tutores"
"I don't know what my guardians will say"
"Lord Radley seguramente estará furioso, pero no me importa"
"Lord Radley is sure to be furious, but I don't care"
"Cumpliré la mayoría de edad en menos de un año"
"I shall be of age in less than a year"
"y luego puedo hacer lo que me gusta"
"and then I can do what I like"
—He tenido razón, Basilo, ¿verdad?
"I have been right, Basil, haven't I?"
—¿Quitarle mi amor a la poesía fue bueno?
"to take my love out of poetry was good?"
—¿Y encontrar a mi esposa en las obras de Shakespeare fue bueno?
"and to find my wife in Shakespeare's plays was good?"
"Los labios que Shakespeare enseñó a hablar me han susurrado su secreto al oído"
"Lips that Shakespeare taught to speak have whispered their secret in my ear"
"He tenido los brazos de Rosalind a mi alrededor"

"I have had the arms of Rosalind around me"
"y he besado a Julieta en la boca"
"and I have kissed Juliet on the mouth"
—Sí, Dorian, supongo que tenías razón —dijo Hallward lentamente—
"Yes, Dorian, I suppose you were right," said Hallward slowly
—¿La has visto hoy? —preguntó lord Henry
"Have you seen her today?" asked Lord Henry
Dorian Gray negó con la cabeza
Dorian Gray shook his head
"La dejé en el bosque de Arden"
"I left her in the forest of Arden"
"La encontraré en un huerto de Verona"
"I shall find her in an orchard in Verona"
Lord Henry bebió un sorbo de champán de manera meditativa
Lord Henry sipped his champagne in a meditative manner
—¿En qué momento en particular mencionaste la palabra matrimonio, Dorian?
"At what particular point did you mention the word marriage, Dorian?"
—¿Y qué contestó ella?
"And what did she say in answer?"
"Tal vez lo olvidaste todo"
"Perhaps you forgot all about it"
"Mi querido Harry, no lo traté como una transacción comercial"
"My dear Harry, I did not treat it as a business transaction"
"y no hice ninguna propuesta formal"
"and I did not make any formal proposal"
"Le dije que la amaba"
"I told her that I loved her"
"Y ella dijo que no era digna de ser mi esposa"
"and she said she was not worthy to be my wife"
"¡No es digno! Pues, el mundo entero no es nada para mí comparado con ella"
"Not worthy! Why, the whole world is nothing to me compared with her"
—Las mujeres son maravillosamente prácticas —murmuró lord Henry—
"Women are wonderfully practical," murmured Lord Henry
"Son mucho más prácticos que nosotros"
"they are much more practical than we are"

"En situaciones de este tipo a menudo nos olvidamos de decir algo sobre el matrimonio"
"In situations of that kind we often forget to say anything about marriage"
"Y siempre nos recuerdan al matrimonio"
"and they always remind us about marriage"
Hallward le puso la mano en el brazo
Hallward laid his hand upon his arm
—No lo hagas, Harry. Has molestado a Dorian"
"Don't, Harry. You have annoyed Dorian"
"No es como los demás hombres"
"He is not like other men"
"Él nunca traería miseria a nadie"
"He would never bring misery upon anyone"
"Su naturaleza es demasiado fina para eso"
"His nature is too fine for that"
Lord Henry miró al otro lado de la mesa
Lord Henry looked across the table
—Dorian nunca se molesta conmigo —respondió—
"Dorian is never annoyed with me," he answered
"Hice la pregunta por la mejor razón posible"
"I asked the question for the best reason possible"
"Hice la pregunta por la única razón, de hecho"
"I asked the question for the only reason, indeed"
"Eso excusa a uno para hacer cualquier pregunta, simple curiosidad"
"that excuses one for asking any question—simple curiosity"
"Tengo la teoría de que siempre son las mujeres las que nos proponen matrimonio"
"I have a theory that it is always the women who propose to us"
"No somos nosotras las que proponemos matrimonio a las mujeres"
"it is not not we who propose to the women"
"Excepto, por supuesto, en la vida de clase media"
"Except, of course, in middle-class life"
"Pero entonces las clases medias no son modernas"
"But then the middle classes are not modern"
Dorian Gray se echó a reír y sacudió la cabeza
Dorian Gray laughed, and tossed his head
—Eres bastante incorregible, Harry; pero no me importa"
"You are quite incorrigible, Harry; but I don't mind"
"Es imposible estar enojado contigo"

"It is impossible to be angry with you"
"Cuando veas a Sibyl Vane, sentirás que la ves"
"When you see Sibyl Vane, you will feel see it"
"El hombre que pudiera hacerle daño sería una bestia"
"the man who could wrong her would be a beast"
"Una bestia sin corazón"
"a beast without a heart"
"¿Cómo puede alguien querer avergonzar lo que ama?"
"how can anyone wish to shame the thing he loves?"
"Amo a Sibyl Vane"
"I love Sibyl Vane"
"Quiero ponerla en un pedestal de oro"
"I want to place her on a pedestal of gold"
"y quiero ver al mundo adorar a la mujer que es mía"
"and I want to see the world worship the woman who is mine"
"¿Qué es el matrimonio? Un voto irrevocable"
"What is marriage? An irrevocable vow"
"Te burlas de eso por eso. ¡Ah! no te burles"
"You mock at it for that. Ah! don't mock"
"Es un voto irrevocable que quiero hacer"
"It is an irrevocable vow that I want to take"
"Su confianza me hace fiel, su fe me hace bueno"
"Her trust makes me faithful, her belief makes me good"
"Cuando estoy con ella, me arrepiento de todo lo que me has enseñado"
"When I am with her, I regret all that you have taught me"
"Me vuelvo diferente de lo que has sabido que soy"
"I become different from what you have known me to be"
"He cambiado"
"I am changed"
"Y el mero roce de la mano de Sibyl Vane me hace olvidar"
"and the mere touch of Sibyl Vane's hand makes me forget"
"Me olvido de ti y de todas tus teorías"
"I forget you and all your theories"
"Todas tus teorías equivocadas, fascinantes, venenosas, deliciosas"
"all your wrong, fascinating, poisonous, delightful theories"
mientras se servía un poco de ensalada, inquirió lord Henry;
while helping himself to some salad, Lord Henry inquired;
"¿Y cuáles son esas teorías? Si se me permite preguntar"
"And what are those theories? If I may ask"
"Oh, tus teorías sobre la vida, el amor y tus teorías sobre el placer"

"Oh, your theories about life, love, and your theories about pleasure"
"Olvido todas tus teorías, de hecho, Harry"
"I forget all your theories, in fact, Harry"
—**respondió con su voz lenta y melodiosa**—
he answered in his slow melodious voice
"El placer es lo único sobre lo que vale la pena tener una teoría"
"Pleasure is the only thing worth having a theory about"
"Pero me temo que no puedo reclamar mi teoría como propia"
"But I am afraid I cannot claim my theory as my own"
"Pertenece a la Naturaleza, no a mí"
"It belongs to Nature, not to me"
"El placer es la prueba de la naturaleza, su signo de aprobación"
"Pleasure is Nature's test, her sign of approval"
"Cuando somos felices, siempre somos buenos"
"When we are happy, we are always good"
"Pero cuando somos buenos, no siempre somos felices"
"but when we are good, we are not always happy"
—**¡Ah! pero ¿qué entiendes por bueno?", exclamó Basil Hallward**
"Ah! but what do you mean by good?" cried Basil Hallward
—**Sí —repitió Dorian, reclinándose en su silla**—
"Yes," echoed Dorian, leaning back in his chair
y miró a lord Henry por encima de los pesados racimos de lirios de labios púrpuras
and he looked at Lord Henry over the heavy clusters of purple-lipped irises
—**¿A qué te refieres con bueno, Harry?**
"what do you mean by good, Harry?"
Tocó el delgado tallo de su vaso con sus dedos pálidos y puntiagudos
he touched the thin stem of his glass with his pale, fine-pointed fingers
"Ser bueno es estar en armonía con uno mismo", respondió
"To be good is to be in harmony with one's self," he replied
"La discordia es ser forzado a estar en armonía con los demás"
"Discord is to be forced to be in harmony with others"
"La propia vida, eso es lo importante"
"One's own life—that is the important thing"
"En cuanto a la vida de los vecinos, bueno..."
"As for the lives of one's neighbours, well..."
"si uno quiere ser un preciado o un puritano"
"if one wishes to be a prig or a Puritan"

"Entonces uno puede hacer alarde de sus puntos de vista morales sobre ellos"
"then one can flaunt one's moral views about them"
"Pero la vida de los demás y su moral no son asunto de uno"
"but the lives of others and their morals are not one's concern"
"Además, el individualismo tiene realmente el objetivo superior"
"Besides, individualism has really the higher goal"
"La moral moderna consiste en aceptar la norma de la época"
"Modern morality consists in accepting the standard of one's age"
"Pero un hombre culto nunca debe aceptar las normas de su época"
"but a man of culture must never accept the standards of one's age"
"Aceptar la norma de su época es una forma de la más grosera inmoralidad"
"to accept the standard of his age is a form of the grossest immorality"
el pintado no estaba tan seguro de la conclusión de lord Henry
the painted was not so sure of Lord Henry's conclusion
"No podemos vivir solo para uno mismo"
"we can't live merely for one self"
—¿Seguramente, Harry, se paga un precio terrible por hacerlo?
"surely, Harry, one pays a terrible price for doing so?"
"Sí, hoy en día nos cobran de más por todo"
"Yes, we are overcharged for everything nowadays"
"Me imagino que hay una verdadera tragedia de los pobres"
"I should fancy that there is one real tragedy of the poor"
"No pueden permitirse nada más que la abnegación"
"they can afford nothing but self-denial"
"Los pecados bellos son como las cosas bellas""
"Beautiful sins are like beautiful things""
"Son el privilegio de los ricos"
"they are the privilege of the rich"
"Hay que pagar de otras maneras menos de dinero"
"One has to pay in other ways but money"
—¿De qué manera, querido Basilo?
"What sort of ways, dear Basil?"
—¡Oh! Me imagino que hay que pagar con remordimiento, con sufrimiento, en..."
"Oh! I should fancy one has to pay in remorse, in suffering, in ..."
"Bueno, hay que pagar con la conciencia de la degradación"
"well, one has to pay in the consciousness of degradation"
Lord Henry se encogió de hombros

Lord Henry shrugged his shoulders
"Mi querido amigo, el arte medieval es encantador"
"My dear fellow, medieval art is charming"
"Pero las emociones medievales están desfasadas"
"but medieval emotions are out of date"
"Se pueden usar en la ficción, por supuesto"
"One can use them in fiction, of course"
"Pero entonces, las cosas que se usan en la ficción ya no se pueden usar en los hechos"
"But then, the things used in fiction can no longer be used in facts"
"Créeme, ningún hombre civilizado se arrepiente jamás de un placer"
"Believe me, no civilized man ever regrets a pleasure"
"Y ningún hombre incivilizado sabe jamás lo que es un placer"
"and no uncivilized man ever knows what a pleasure is"
—Sé lo que es el placer —exclamó Dorian Gray—
"I know what pleasure is," cried Dorian Gray
"El placer es adorar a alguien"
"pleasure is to adore someone"
respondió mientras jugaba con algunas frutas;
he answered while toying with some fruits;
"Eso es mejor que ser adorado"
"That is certainly better than being adored"
"Ser adorado es una molestia"
"Being adored is a nuisance"
"Las mujeres nos tratan igual que la humanidad trata a sus dioses"
"Women treat us just as humanity treats its gods"
"Nos adoran y siempre nos están molestando para que hagamos algo por ellos"
"They worship us, and are always bothering us to do something for them"
El muchacho murmuró gravemente en respuesta;
the lad murmured gravely in reply;
"Debería haber dicho que todo lo que piden primero nos lo han dado"
"I should have said that whatever they ask for they had first given to us"
"Crean amor en nuestra naturaleza"
"They create love in our natures"
"Tienen derecho a exigirlo de vuelta"
"They have a right to demand it back"

—Eso es muy cierto, Dorian —exclamó Hallward—
"That is quite true, Dorian," cried Hallward
—Nada es del todo cierto —dijo lord Henry—
"Nothing is ever quite true," said Lord Henry
—Esto es muy cierto —interrumpió Dorian—
"THIS is quite true" interrupted Dorian
"Debes admitir, Harry, que las mujeres dan a los hombres el oro de sus vidas"
"You must admit, Harry, that women give to men the very gold of their lives"
"Posiblemente", suspiró, "pero invariablemente lo quieren de vuelta en monedas muy pequeñas"
"Possibly," he sighed, "but they invariably want it back in very small coins"
"Esa es la preocupación"
"That is the worry"
"Las mujeres, como dijo una vez un ingenioso francés, nos inspiran"
"Women, as some witty Frenchman once put it, inspire us"
"Nos inspiran el deseo de hacer obras maestras"
"they inspire us with the desire to do masterpieces"
"Y siempre nos impiden sacar las obras maestras"
"and they always prevent us from carrying the masterpieces out"
"¡Harry, eres terrible!"
"Harry, you are dreadful!"
"No sé por qué me gustas tanto"
"I don't know why I like you so much"
—Siempre te gustaré, Dorian —respondió—
"You will always like me, Dorian," he replied
—¿Quieren tomar un café, muchachos?
"Will you have some coffee, you fellows?"
"Camarero, tráele café, champán fino y algunos cigarrillos"
"Waiter, bring coffee, and fine-champagne, and some cigarettes"
"No, no te preocupes por los cigarrillos, tengo algunos"
"No, don't mind the cigarettes—I have some"
"Basil, no puedo permitir que fumes puros"
"Basil, I can't allow you to smoke cigars"
"Debes fumar un cigarrillo"
"You must have a cigarette"
"Un cigarrillo es el tipo perfecto de un placer perfecto"
"A cigarette is the perfect type of a perfect pleasure"

"Es exquisito y deja insatisfecho"
"It is exquisite, and it leaves one unsatisfied"
"¿Qué más se puede pedir?"
"What more can one want?"
"Sí, Dorian, siempre me querrás"
"Yes, Dorian, you will always be fond of me"
"Te represento todos los pecados que nunca has tenido el valor de cometer"
"I represent to you all the sins you have never had the courage to commit"
-¡Qué tonterías dices, Harry! -exclamó el muchacho-
"What nonsense you talk, Harry!" cried the lad
Tomó una luz de un dragón plateado que escupía fuego y que el camarero había traído
he took a light from a fire-breathing silver dragon that the waiter had brought
"Bajemos al teatro"
"Let us go down to the theatre"
"Cuando Sibyl suba al escenario tendrás un nuevo ideal de vida"
"When Sibyl comes on the stage you will have a new ideal of life"
"Ella representará para ti algo que nunca has conocido"
"She will represent something to you that you have never known"
—Lo he sabido todo —dijo lord Henry, con una mirada cansada en los ojos—
"I have known everything," said Lord Henry, with a tired look in his eyes
"pero siempre estoy listo para una nueva emoción"
"but I am always ready for a new emotion"
"Me temo, sin embargo, que, al menos para mí, no existe tal cosa"
"I am afraid, however, that, for me at any rate, there is no such thing"
"Aun así, tu maravillosa chica puede emocionarme"
"Still, your wonderful girl may thrill me"
"Me encanta actuar. Es mucho más real que la vida"
"I love acting. It is so much more real than life"
"Vámonos. Dorian, ¿vendrás conmigo?"
"Let us go. Dorian, you will come with me?"
"Lo siento mucho, Basil, pero solo hay espacio para dos en el brougham"
"I am so sorry, Basil, but there is only room for two in the brougham"
"Debes seguirnos en un hansom"
"You must follow us in a hansom"

Se levantaron y se pusieron los abrigos, bebiendo su café de pie
They got up and put on their coats, sipping their coffee standing
El pintor guardaba silencio y estaba preocupado
The painter was silent and preoccupied
Había una melancolía sobre él
There was a gloom over him
No podía soportar este matrimonio
He could not bear this marriage
y, sin embargo, le pareció mejor que muchas otras cosas que podrían haber sucedido
and yet it seemed to him better than many other things that might have happened
Después de unos minutos, todos bajaron las escaleras
After a few minutes, they all passed downstairs
Se marchó solo, como se había acordado
He drove off by himself, as had been arranged
Y contempló las luces intermitentes del pequeño brougham frente a él
and he watched the flashing lights of the little brougham in front of him
Una extraña sensación de pérdida se apoderó de él
A strange sense of loss came over him
Sentía que Dorian Gray nunca volvería a ser para él todo lo que había sido en el pasado
He felt that Dorian Gray would never again be to him all that he had been in the past
La vida se había interpuesto entre ellos
Life had come between them
Sus ojos se oscurecieron
His eyes darkened
y las calles abarrotadas y resplandecientes se volvieron borrosas a sus ojos
and the crowded flaring streets became blurred to his eyes
Cuando el coche se detuvo en el teatro, le pareció que había envejecido años
When the cab drew up at the theatre, it seemed to him that he had grown years older

Capítulo Siete
Chapter Seven

Por alguna razón u otra, la casa estaba llena de gente esa noche
For some reason or other, the house was crowded that night

El gerente gordo que los recibió en la puerta estaba radiante de oreja a oreja
the fat manager who met them at the door was beaming from ear to ear

Tenía una sonrisa trémula aceitosa
he had an oily tremulous smile

Los acompañó hasta el palco del teatro con una especie de pomposa humildad
He escorted them to their theatre box with a sort of pompous humility

Agitó sus manos gordas y enjoyadas y habló a voz en cuello
he waved his fat jewelled hands and talked at the top of his voice

Dorian Gray lo detestaba más que nunca
Dorian Gray loathed him more than ever

Se sintió como si hubiera venido a buscar a Miranda y se hubiera encontrado con Calibán
He felt as if he had come to look for Miranda, and had been met by Caliban

A lord Henry, en cambio, le gustaba bastante
Lord Henry, upon the other hand, rather liked him

Al menos declaró que le gustaba
At least he declared he that he liked him

e insistió en estrecharle la mano
and he insisted on shaking him by the hand

y le aseguró que estaba orgulloso de conocer a un hombre que había descubierto un verdadero genio
and he assured him that he was proud to meet a man who had discovered a real genius

Sobre todo, estaba feliz de conocer a un hombre que había arruinado por culpa de un poeta
most of all he was happy to meet a man who had gone bankrupt over a poet

Hallward se divertía observando las caras en el foso
Hallward amused himself with watching the faces in the pit

El calor era terriblemente agobiante
The heat was terribly oppressive

y la inmensa luz del sol ardía como una dalia monstruosa con

pétalos de fuego amarillo
and the huge sunlight flamed like a monstrous dahlia with petals of yellow fire
Los jóvenes de la galería se habían quitado las chaquetas y los chalecos
The youths in the gallery had taken off their coats and waistcoats
y colgaron sus abrigos a un lado
and they hung their coats over the side
Hablaban entre ellos a través del teatro
They talked to each other across the theatre
y compartían sus naranjas con las muchachas horteras que se sentaban a su lado
and they shared their oranges with the tawdry girls who sat beside them
Algunas mujeres se reían en el pozo
Some women were laughing in the pit
Sus voces eran horriblemente estridentes y discordantes
Their voices were horribly shrill and discordant
El sonido del estallido de los corchos provenía de la barra
The sound of the popping of corks came from the bar
—¡Qué lugar para encontrar la divinidad de uno! —dijo lord Henry—
"What a place to find one's divinity in!" said Lord Henry
"¡Sí!", respondió Dorian Gray
"Yes!" answered Dorian Gray
"Fue aquí donde la encontré"
"It was here I found her"
"Y ella es divina más allá de todos los seres vivos"
"and she is divine beyond all living things"
"Cuando ella está en el escenario te olvidas de todo"
"When she is on stage you will forget everything"
"Esta gente común y ruda, con sus rostros toscos y sus gestos brutales"
"These common rough people, with their coarse faces and brutal gestures"
"Se vuelven muy diferentes cuando ella está en el escenario"
"they become quite different when she is on the stage"
"Se sientan en silencio y la observan"
"They sit silently and watch her"
"Lloran y ríen como ella quiere"
"They weep and laugh as she wills them to do"

"Los hace tan receptivos como un violín"
"She makes them as responsive as a violin"
"Ella los espiritualiza"
"She spiritualizes them"
"Y uno siente que son de la misma carne y sangre que uno mismo"
"and one feels that they are of the same flesh and blood as one's self"
"¡La misma carne y sangre que uno mismo! ¡Oh, espero que no! - exclamó lord Henry-
"The same flesh and blood as one's self! Oh, I hope not!" exclaimed Lord Henry
Escudriñaba a los ocupantes de la galería a través de su cristal de ópera
he was scanning the occupants of the gallery through his opera-glass
—No le hagas caso, Dorian —dijo el pintor—
"Don't pay any attention to him, Dorian," said the painter
"Entiendo lo que quieres decir"
"I understand what you mean"
"Y yo creo en esta chica"
"and I believe in this girl"
"Cualquiera que ames debe ser maravilloso"
"Any one you love must be marvellous"
"Y cualquier chica que tenga el efecto que usted describe debe ser fina y noble"
"and any girl who has the effect you describe must be fine and noble"
"Espiritualizar la propia edad, eso es algo que vale la pena hacer"
"To spiritualize one's age, that is something worth doing"
"Si esta chica puede dar un alma a los que han vivido sin ella"
"If this girl can give a soul to those who have lived without one"
"Si puede crear el sentido de la belleza en personas cuyas vidas han sido sórdidas y feas"
"if she can create the sense of beauty in people whose lives have been sordid and ugly"
"Si puede despojarlos de su egoísmo"
"if she can strip them of their selfishness"
"Si puede prestarles lágrimas por las penas que no son las suyas"
"if she can lend them tears for sorrows that are not their own"
"Entonces ella es digna de toda tu adoración"
"then she is worthy of all your adoration"
"Entonces ella es digna de la adoración del mundo"
"then she is worthy of the adoration of the world"
"Este matrimonio es bastante correcto"

"This marriage is quite right"
"Al principio no lo creía, pero ahora lo reconozco"
"I did not think so at first, but I admit it now"
"Los dioses hicieron a Sibyl Vane para ti"
"The gods made Sibyl Vane for you"
"Sin ella hubieras estado incompleto"
"Without her you would have been incomplete"
—Gracias, Basil —respondió Dorian Gray, apretándole la mano—
"Thanks, Basil," answered Dorian Gray, pressing his hand
"Sabía que me entenderías"
"I knew that you would understand me"
"Harry es tan cínico que me aterroriza"
"Harry is so cynical, he terrifies me"
"Pero aquí está la orquesta, es bastante espantosa"
"But here is the orchestra, it is quite dreadful"
"Pero solo dura unos cinco minutos"
"but it only lasts for about five minutes"
"Entonces se levanta el telón"
"Then the curtain rises"
"y verás a la muchacha a la que le voy a dar toda mi vida"
"and you will see the girl to whom I am going to give all my life"
"la muchacha a la que le he dado todo lo bueno que hay en mí"
"the girl to whom I have given everything that is good in me"
Un cuarto de hora después
A quarter of an hour afterwards
en medio de una extraordinaria agitación de aplausos
amidst an extraordinary turmoil of applause
Sibyl Vane subió al escenario
Sibyl Vane stepped on to the stage
Sí, ciertamente era encantadora de ver
Yes, she was certainly lovely to look at
una de las criaturas más hermosas, pensó lord Henry, que jamás había visto
one of the loveliest creatures, Lord Henry thought, that he had ever seen
Había algo de cervatillo en su gracia tímida y en sus ojos sorprendidos
There was something of the fawn in her shy grace and startled eyes
Un leve rubor, como la sombra de una rosa en un espejo de plata
A faint blush, like the shadow of a rose in a mirror of silver
El rubor subió a sus mejillas mientras miraba la casa abarrotada y

entusiasta
the blush came to her cheeks as she glanced at the crowded enthusiastic house
Retrocedió unos pasos y sus labios parecieron temblar
She stepped back a few paces and her lips seemed to tremble
Basil Hallward se puso en pie de un salto y comenzó a aplaudir
Basil Hallward leaped to his feet and began to applaud
Inmóvil, y como en un sueño, Dorian Gray estaba sentado, mirándola
Motionless, and as one in a dream, sat Dorian Gray, gazing at her
Lord Henry miró a través de sus gafas, murmurando: —¡Encantador! ¡Encantador!"
Lord Henry peered through his glasses, murmuring, "Charming! charming!"
El escenario era el vestíbulo de la casa de los Capuleto
The scene was the hall of Capulet's house
Romeo, vestido de peregrino, había entrado con Mercucio y sus otros amigos
Romeo in his pilgrim's dress had entered with Mercutio and his other friends
La banda tocó algunos compases de música y comenzó el baile
The band struck up a few bars of music, and the dance began
la muchedumbre de actores desgarbados y mal vestidos
the crowd of ungainly, shabbily dressed actors
Sibyl Vane se movía a través de ellos como una criatura de un mundo más hermoso
Sibyl Vane moved through them like a creature from a finer world
Su cuerpo se balanceaba, mientras bailaba, como una planta se balancea en el agua
Her body swayed, while she danced, as a plant sways in the water
Las curvas de su garganta eran las curvas de un lirio blanco
The curves of her throat were the curves of a white lily
Sus manos parecían estar hechas de marfil frío
Her hands seemed to be made of cool ivory
Sin embargo, estaba curiosamente apática
Yet she was curiously listless
No mostró ningún signo de alegría cuando sus ojos se posaron en Romeo
She showed no sign of joy when her eyes rested on Romeo
Las pocas palabras que tenía que decir
The few words she had to speak

"Buen peregrino, te equivocas demasiado en la mano"
"Good pilgrim, you do wrong your hand too much"
"Lo cual se muestra en esto la devoción educada";
"Which mannerly devotion shows in this;"
"Porque los santos tienen manos que las manos de los peregrinos tocan"
"For saints have hands that pilgrims' hands do touch"
"Y palma a palma es el beso santo de palmas"
"And palm to palm is holy palmers' kiss"
El breve diálogo que sigue fue dicho de una manera completamente artificial
the brief dialogue that follows was spoken in a thoroughly artificial manner
La voz era exquisita
The voice was exquisite
pero desde el punto de vista del tono era absolutamente falso
but from the point of view of tone it was absolutely false
Se equivocó en el color
It was wrong in colour
Le quitó toda la vida al verso
It took away all the life from the verse
Hizo que la pasión fuera irreal
It made the passion unreal
Dorian Gray palideció al mirarla
Dorian Gray grew pale as he watched her
Estaba desconcertado y ansioso
He was puzzled and anxious
Ninguno de sus amigos se atrevió a decirle nada
Neither of his friends dared to say anything to him
Les parecía absolutamente incompetente
She seemed to them to be absolutely incompetent
Estaban terriblemente decepcionados
They were horribly disappointed
Sin embargo, sintieron que la verdadera prueba de cualquier Julieta es la escena del balcón
Yet they felt that the true test of any Juliet is the balcony scene
Esperaron eso
They waited for that
Si fallaba allí, no había nada en ella
If she failed there, there was nothing in her
Se veía encantadora cuando salió a la luz de la luna

She looked charming as she came out in the moonlight
Eso no se puede negar
That could not be denied
Pero la puesta en escena de su actuación era insoportable
But the staginess of her acting was unbearable
Y su actuación empeoró a medida que avanzaba
and her acting grew worse as she went on
Sus gestos se volvieron absurdamente artificiales
Her gestures became absurdly artificial
Exageró todo lo que tenía que decir"
She overemphasized everything that she had to say"
El hermoso pasaje;
The beautiful passage;
"Tú sabes que la máscara de la noche está en mi rostro"
"Thou knowest the mask of night is on my face"
"De lo contrario, un rubor de doncella pintaría mi mejilla"
"Else would a maiden blush bepaint my cheek"
"Por lo que me has oído hablar esta noche"
"For that which thou hast heard me speak tonight"
Sus versos fueron declamados con la dolorosa precisión de una colegiala
her lines were declaimed with the painful precision of a schoolgirl
una colegiala a la que un profesor de elocución de segunda categoría le ha enseñado a recitar
a schoolgirl who has been taught to recite by some second-rate professor of elocution
Cuando se asomó al balcón y llegó a esas maravillosas líneas...
When she leaned over the balcony and came to those wonderful lines—
"Aunque me alegro en ti"
"Although I joy in thee"
"No tengo ninguna alegría de este contrato esta noche"
"I have no joy of this contract tonight"
"Es demasiado precipitado, demasiado desaconsejado, demasiado repentino":
"It is too rash, too unadvised, too sudden:"
"Demasiado como el relámpago, que deja de ser"
"Too like the lightning, which doth cease to be"
"Antes de que uno pueda decir: 'Se aligera'. ¡Dulce, buenas noches!"
"Ere one can say, 'It lightens.' Sweet, good-night!"
"Este capullo de amor por el aliento maduro del verano"

"This bud of love by summer's ripening breath"
—Puede que sea una flor hermosa la próxima vez que nos veamos...
"May prove a beauteous flower when next we meet-"
Pronunció las palabras como si no le transmitieran ningún significado
she spoke the words as though they conveyed no meaning to her
No era nerviosismo
It was not nervousness
De hecho, lejos de estar nerviosa, era absolutamente autónoma
Indeed, so far from being nervous, she was absolutely self-contained
Era simplemente mal arte
It was simply bad art
Fue un completo fracaso
She was a complete failure
Incluso el público común e inculto del foso y la galería perdió su interés
Even the common uneducated audience of the pit and gallery lost their interest
Se inquietaron y empezaron a hablar en voz alta y a silbar
They got restless, and began to talk loudly and to whistle
El gerente estaba de pie al fondo del círculo de vestuario
The manager was standing at the back of the dress-circle
Pataleaba y maldecía de rabia
he was stamping his feet and swearing with rage
La única persona impasible era la propia niña
The only person unmoved was the girl herself
Cuando terminó el segundo acto, se desató una tormenta de silbidos
When the second act was over, there came a storm of hisses
Lord Henry se levantó de la silla y se puso el abrigo
Lord Henry got up from his chair and put on his coat
—Es muy hermosa, Dorian —dijo—, pero no es actriz.
"She is quite beautiful, Dorian," he said, "but she is not an actress"
"Vámonos", sugirió
"Let us go," he suggested
-Voy a ver la obra -respondió el muchacho con voz dura y amarga-
"I am going to see the play through," answered the lad, in a hard bitter voice
"Lamento muchísimo haberte hecho perder una noche, Harry"
"I am awfully sorry that I have made you waste an evening, Harry"
"Les pido disculpas a los dos"

"I apologize to you both"
—**Mi querido Dorian, creo que la señorita Vane está enferma —interrumpió Hallward—**
"My dear Dorian, I should think Miss Vane was ill," interrupted Hallward
"Vendremos otra noche"
"We will come some other night"
—**Ojalá estuviera enferma —replicó él—**
"I wish she were ill," he rejoined
"Pero me parece que es simplemente insensible y fría"
"But she seems to me to be simply callous and cold"
"Ha cambiado por completo"
"She has entirely altered"
"Anoche fue una gran artista"
"Last night she was a great artist"
"Esta noche no es más que una actriz mediocre y corriente"
"This evening she is merely a commonplace mediocre actress"
"No hables así de nadie a quien amas, Dorian"
"Don't talk like that about any one you love, Dorian"
"El amor es algo más maravilloso que el arte"
"Love is a more wonderful thing than art"
—**Ambas son simplemente formas de imitación —observó lord Henry—**
"They are both simply forms of imitation," remarked Lord Henry
"Pero déjanos ir", insistió
"But do let us go," he insisted
"Dorian, no debes quedarte aquí por más tiempo"
"Dorian, you must not stay here any longer"
"No es bueno para la moral ver una mala actuación"
"It is not good for one's morals to see bad acting"
"Además, supongo que no querrá que su esposa actúe"
"Besides, I don't suppose you will want your wife to act"
"entonces, ¿qué importa si interpreta a Julieta como una muñeca de madera"?
"so what does it matter if she plays Juliet like a wooden doll"?
"Es muy encantadora"
"She is very lovely"
"Si sabe tan poco de la vida como de la actuación, será encantadora"
"if she knows as little about life as she does about acting, she will be delightful"
"Solo hay dos tipos de personas que son realmente fascinantes"

"There are only two kinds of people who are really fascinating"
"Gente que sabe absolutamente todo"
"people who know absolutely everything"
"Y gente que no sabe absolutamente nada"
"and people who know absolutely nothing"
—¡Dios mío, mi querido muchacho, no te veas tan trágico!
"Good heavens, my dear boy, don't look so tragic!"
"El secreto para mantenerse joven es no tener nunca una emoción impropia"
"The secret of remaining young is never to have an emotion that is unbecoming"
"Ven al club con Basil y conmigo"
"Come to the club with Basil and myself"
"Fumaremos cigarrillos y beberemos por la belleza de Sibyl Vane"
"We will smoke cigarettes and drink to the beauty of Sibyl Vane"
"Ella es hermosa. ¿Qué más se puede pedir?"
"She is beautiful. What more can you want?"
-Vete, Harry -gritó el muchacho-
"Go away, Harry," cried the lad
"Quiero estar solo. Querido Basilo, debes irte"
"I want to be alone. Dear Basil, you must go"
—¡Ah! ¿No ves que se me está rompiendo el corazón?"
"Ah! can't you see that my heart is breaking?"
Las lágrimas calientes acudieron a sus ojos
The hot tears came to his eyes
Le temblaron los labios y corrió hacia el fondo del palco del teatro
His lips trembled, and he rushed to the back of the theatre box
Se apoyó contra la pared, ocultando el rostro entre las manos
he leaned up against the wall, hiding his face in his hands
—Vámonos, Basil —dijo lord Henry con una extraña ternura en la voz—
"Let us go, Basil," said Lord Henry with a strange tenderness in his voice
Y los dos jóvenes salieron juntos
and the two young men went out together
Unos momentos después, las luces de los pies se encendieron
A few moments afterwards the footlights flared up
y se levantó el telón del tercer acto
and the curtain rose on the third act
Dorian Gray volvió a su asiento
Dorian Gray went back to his seat

Parecía pálido, orgulloso e indiferente
He looked pale, and proud, and indifferent
La obra se alargaba y parecía interminable
The play dragged on, and seemed interminable
La mitad del público salió, pisando con botas pesadas y riendo
Half of the audience went out, tramping in heavy boots and laughing
Todo fue un fiasco
The whole thing was a fiasco
El último acto se jugó ante banquillos casi vacíos
The last act was played to almost empty benches
El telón bajó con un tintineo y algunos gemidos
The curtain went down on a titter and some groans
Tan pronto como terminó, Dorian Gray corrió detrás de escena
As soon as it was over, Dorian Gray rushed behind the scenes
La muchacha estaba allí sola, con una expresión de triunfo en su rostro
The girl was standing there alone, with a look of triumph on her face
Sus ojos estaban iluminados con un fuego exquisito
Her eyes were lit with an exquisite fire
Había un resplandor en ella
There was a radiance about her
Sus labios entreabiertos sonreían por algún secreto propio
Her parted lips were smiling over some secret of their own
Cuando entró, ella lo miró
When he entered, she looked at him
y una expresión de alegría infinita se apoderó de ella
and an expression of infinite joy came over her
—¡Qué mala actriz he sido esta noche, Dorian! —exclamó—
"How bad an actress I was tonight, Dorian!" she cried
"¡Horrible!", respondió él, mirándola con asombro
"Horrible!" he answered, gazing at her in amazement
"¿Horrible? Fue espantoso"
"Horrible? It was dreadful"
—¿Estás enfermo?
"Are you ill?"
"No tienes ni idea de lo que era"
"You have no idea what it was"
"No tienes idea de lo que sufrí"
"You have no idea what I suffered"
La muchacha sonrió. —Dorian —contestó ella—
The girl smiled. "Dorian," she answered

Se detuvo en su nombre con una música prolongada en su voz
she lingered over his name with long-drawn music in her voice
"Como si su nombre fuera más dulce que la miel para los pétalos rojos de su boca"
"as though his name were sweeter than honey to the red petals of her mouth"
"Dorian, deberías haberlo entendido"
"Dorian, you should have understood"
—Pero ahora lo entiendes, ¿verdad?
"But you understand now, don't you?"
"¿Entiendes qué?", preguntó, enojado
"Understand what?" he asked, angrily
"Entiendes por qué estuve tan mal esta noche"
"you understand why I was so bad tonight"
"entiendes por qué siempre seré malo"
"you understand why I shall always be bad"
"Entiendes por qué nunca volveré a actuar bien en el escenario"
"you understand why I shall never act well on stage again"
Se encogió de hombros
He shrugged his shoulders
"Estás enfermo, supongo"
"You are ill, I suppose"
"Cuando estás enfermo no debes subir a un escenario"
"When you are ill you shouldn't go on stage"
"Te pones en ridículo"
"You make yourself ridiculous"
"Mis amigos estaban aburridos. Estaba aburrido"
"My friends were bored. I was bored"
Parecía no escucharlo
She seemed not to listen to him
Se transfiguró de alegría
She was transfigured with joy
Un éxtasis de felicidad la dominó
An ecstasy of happiness dominated her
—Dorian, Dorian —exclamó—
"Dorian, Dorian," she cried
"Antes de conocerte, la actuación era la única realidad de mi vida"
"before I knew you, acting was the one reality of my life"
"Solo viví en el teatro"
"It was only in the theatre that I lived"
"Pensé que todo era verdad"

"I thought that it was all true"
"Yo era Rosalind una noche y Portia la otra"
"I was Rosalind one night and Portia the other"
"La alegría de Beatriz era mi alegría"
"The joy of Beatrice was my joy"
"Y los dolores de Cordelia fueron también los míos"
"and the sorrows of Cordelia were mine also"
"Creía en todo lo que actuaba"
"I believed in everything that I acted"
"La gente común que estaba en el escenario conmigo me parecía divina"
"The common people who were on the stage with me seemed to me to be godlike"
"Las escenas pintadas eran mi mundo"
"The painted scenes were my world"
"No conocía más que sombras, y las creía reales"
"I knew nothing but shadows, and I thought them real"
"Viniste, ¡oh mi hermoso amor!, y liberaste mi alma de la prisión"
"You came—oh, my beautiful love!—and you freed my soul from prison"
"Tú me enseñaste lo que realmente es la realidad"
"You taught me what reality really is"
"Esta noche, por primera vez en mi vida, vi a través del vacío"
"Tonight, for the first time in my life, I saw through the hollowness"
"Vi a través de la farsa"
"I saw through the sham"
"Vi a través de la tontería del concurso vacío en el que siempre había jugado"
"I saw through the silliness of the empty pageant in which I had always played"
"Esta noche, por primera vez, me di cuenta de que el Romeo era horrible"
"Tonight, for the first time, I became conscious that the Romeo was hideous"
"Vi que Romeo era viejo, y pintado"
"I saw that Romeo was old, and painted"
"Vi que la luz de la luna en el huerto era falsa"
"I saw that the moonlight in the orchard was false"
"Vi que el paisaje era vulgar"
"I saw that the scenery was vulgar"
"y vi que las palabras que tenía que decir eran irreales"

"and I saw that the words I had to speak were unreal"
"No fueron palabras mías"
"they were not my words"
"no eran las palabras que quería decir"
"they were not the words that I wanted to say"
"Me habías traído algo más alto"
"You had brought me something higher"
"Me habías traído algo de lo que todo arte no es más que un reflejo"
"you had brought me something of which all art is but a reflection"
"Me habías hecho entender lo que realmente es el amor"
"You had made me understand what love really is"
"¡Mi amor! ¡Mi amor! ¡Príncipe azul! ¡Príncipe de la vida!"
"My love! My love! Prince Charming! Prince of life!"
"Me he cansado de las sombras"
"I have grown sick of shadows"
"Eres más para mí de lo que todo el arte puede ser"
"You are more to me than all art can ever be"
"¿Por qué debería estar con los títeres de una obra de teatro?"
"Why should I be with the puppets of a play?"
"No podía entender cómo era que todo se había ido de mí"
"I could not understand how it was that everything had gone from me"
"Pensé que iba a ser maravilloso"
"I thought that I was going to be wonderful"
"Me di cuenta de que no podía hacer nada"
"I found that I could do nothing"
"De repente me di cuenta de lo que significaba todo esto"
"Suddenly it dawned on my soul what it all meant"
"El conocimiento fue exquisito para mí"
"The knowledge was exquisite to me"
"Los escuché silbar y sonreí"
"I heard them hissing, and I smiled"
—¿Qué podían saber de un amor como el nuestro?
"What could they know of love such as ours?"
—Llévame, Dorian, llévame contigo.
"Take me away, Dorian—take me away with you"
"Llévame a donde podamos estar completamente solos"
"take me to where we can be quite alone"
"Odio el escenario"
"I hate the stage"
"Podría imitar una pasión que no siento"

"I might mimic a passion that I do not feel"
"pero no puedo imitar a uno que me quema como el fuego"
"but I cannot mimic one that burns me like fire"
—**Oh, Dorian, Dorian, ¿entiendes ahora lo que significa?**
"Oh, Dorian, Dorian, you understand now what it signifies?"
"Incluso si pudiera, sería una profanación para mí actuar estando enamorado"
"Even if I could, it would be profanation for me to act being in love"
"Me lo has hecho ver"
"You have made me see that"
Se dejó caer en el sofá y apartó la cara
He flung himself down on the sofa and turned away his face
—**Has matado a mi amor —murmuró—**
"You have killed my love," he muttered
Ella lo miró con asombro y se echó a reír
She looked at him in wonder and laughed
No contestó
He made no answer
Ella se acercó a él
She came across to him
y con sus deditos le acarició el pelo
and with her little fingers she stroked his hair
Ella se arrodilló y se llevó las manos a los labios
She knelt down and pressed his hands to her lips
Apartó los dedos
He drew his fingers away
y un escalofrío lo recorrió
and a shudder ran through him
Luego se levantó de un salto y se dirigió a la puerta
Then he leaped up and went to the door
—**Sí —exclamó—, has matado a mi amor**
"Yes," he cried, "you have killed my love"
"Solías despertar mi imaginación"
"You used to stir my imagination"
"Ahora ni siquiera despiertas mi curiosidad"
"Now you don't even stir my curiosity"
"Simplemente no produce ningún efecto"
"You simply produce no effect"
"Te quise porque fuiste maravillosa"
"I loved you because you were marvellous"
"Te amaba porque tenías genio e intelecto"

"I loved you because you had genius and intellect"
"Te amé porque realizaste los sueños de los grandes poetas"
"I loved you because you realized the dreams of great poets"
"Le diste forma y sustancia a las sombras del arte"
"you gave shape and substance to the shadows of art"
"Lo has tirado todo por la borda"
"You have thrown it all away"
"Eres superficial y estúpido"
"You are shallow and stupid"
"¡Dios mío! ¡Qué loco estaba por amarte!"
"My God! how mad I was to love you!"
—¡Qué tonto he sido!
"What a fool I have been!"
"Ahora no eres nada para mí"
"You are nothing to me now"
"Nunca te volveré a ver"
"I will never see you again"
"Nunca pensaré en ti"
"I will never think of you"
"Nunca mencionaré tu nombre"
"I will never mention your name"
"No sabes lo que fuiste para mí, una vez"
"You don't know what you were to me, once"
"¡Oh, no puedo soportar pensar en eso!"
"Oh, I can't bear to think of it!"
—¡Ojalá no te hubiera visto nunca!
"I wish I had never laid eyes upon you!"
"Has estropeado el romance de mi vida"
"You have spoiled the romance of my life"
"¡Qué poco puedes saber del amor, si dices que estropea tu arte!"
"How little you can know of love, if you say it mars your art!"
"Sin tu arte, no eres nada"
"Without your art, you are nothing"
"Te hubiera hecho famoso, espléndido, magnífico"
"I would have made you famous, splendid, magnificent"
"El mundo te habría adorado"
"The world would have worshipped you"
"Y hubieras llevado mi nombre"
"and you would have borne my name"
—¿Qué eres ahora?
"What are you now?"

"Una actriz de tercera categoría con cara bonita"
"A third-rate actress with a pretty face"
La muchacha palideció y tembló
The girl grew white, and trembled
Apretó las manos
She clenched her hands together
Su voz pareció atascarse en su garganta.
her voice seemed to catch in her throat.
—¿No hablas en serio, Dorian? —murmuró—
"You are not serious, Dorian?" she murmured
"Estás representando un papel en una obra de teatro"
"You are acting a part in a play"
"¡Interpretando un papel! Eso te lo dejo a ti"
"Acting a part! I leave that to you"
"Lo haces tan bien", respondió con amargura
"You do it so well," he answered bitterly
Se levantó de sus rodillas
She rose from her knees
Había una expresión lastimera de dolor en su rostro
there was a piteous expression of pain in her face
Cruzó la habitación hacia él
she came across the room to him
Le puso la mano en el brazo y lo miró a los ojos
She put her hand upon his arm and looked into his eyes
Él la empujó hacia atrás. "¡No me toques!", gritó
He thrust her back. "Don't touch me!" he cried
Un gemido bajo brotó de ella
A low moan broke from her
Ella se arrojó a sus pies
she flung herself at his feet
y ella yacía allí como una flor pisoteada
and she lay there like a trampled flower
"¡Dorian, Dorian, no me dejes!", susurró
"Dorian, Dorian, don't leave me!" she whispered
"Lamento mucho no haber actuado bien"
"I am so sorry I didn't act well"
"Estuve pensando en ti todo el tiempo"
"I was thinking of you all the time"
"Pero lo intentaré, de hecho, lo intentaré"
"But I will try—indeed, I will try"
"De repente me vino a la mente, mi amor por ti"

"It came so suddenly across me, my love for you"
"Creo que nunca lo habría sabido si no me hubieras besado"
"I think I should never have known it if you had not kissed me"
"Si no nos hubiéramos besado"
"if we had not kissed each other"
"Bésame otra vez, mi amor"
"Kiss me again, my love"
"No te alejes de mí"
"Don't go away from me"
"No puedo soportarlo"
"I can't bear it"
—¡Oh! no te alejes de mí"
"Oh! don't go away from me"
"Mi hermano... No; no importa"
"My brother ... No; never mind"
"No lo decía en serio. Estaba bromeando...".
"He didn't mean it. He was in jest...."
"Pero tú, ¡oh! ¿No puedes perdonarme por esta noche?"
"But you, oh! can't you forgive me for tonight?"
"Trabajaré muy duro e intentaré mejorar"
"I will work so hard and try to improve"
"No seas cruel conmigo"
"Don't be cruel to me"
"porque te amo más que a nada en el mundo"
"because I love you better than anything in the world"
"Después de todo, es solo una vez que no te he complacido"
"After all, it is only once that I have not pleased you"
—Pero tienes toda la razón, Dorian.
"But you are quite right, Dorian"
"Debería haberme mostrado más artista"
"I should have shown myself more of an artist"
"Fue una tontería de mi parte"
"It was foolish of me"
"Y, sin embargo, no pude evitarlo"
"and yet I couldn't help it"
"Oh, no me dejes, no me dejes"
"Oh, don't leave me, don't leave me"
Un ataque de sollozos apasionados la ahogó
A fit of passionate sobbing choked her
Se agachó en el suelo como una herida
She crouched on the floor like a wounded thing

Dorian Gray, con sus hermosos ojos, la miró
Dorian Gray, with his beautiful eyes, looked down at her
Sus labios cincelados se curvaron con exquisito desdén
his chiselled lips curled in exquisite disdain
Siempre hay algo ridículo en las emociones de las personas a las que uno ha dejado de amar
There is always something ridiculous about the emotions of people whom one has ceased to love
Sibyl Vane le parecía absurdamente melodramática
Sibyl Vane seemed to him to be absurdly melodramatic
Sus lágrimas y sollozos lo irritaban
Her tears and sobs annoyed him
—Me voy —dijo al fin con su voz tranquila y clara—
"I am going," he said at last in his calm clear voice
"No quiero ser cruel, pero no puedo volver a verte"
"I don't wish to be unkind, but I can't see you again"
"Me has decepcionado"
"You have disappointed me"
Lloró en silencio y no respondió, sino que se acercó sigilosamente
She wept silently, and made no answer, but crept nearer
Sus manitas se extendieron ciegamente y parecían buscarlo
Her little hands stretched blindly out, and appeared to be seeking for him
Giró sobre sus talones y salió de la habitación
He turned on his heel and left the room
Al cabo de unos instantes salió del teatro
In a few moments he was out of the theatre
Apenas sabía a dónde iba
Where he went to he hardly knew
Recordaba haber deambulado por calles poco iluminadas
He remembered wandering through dimly lit streets
Pasó por delante de arcos demacrados y sombreados por el negro y de casas de aspecto maligno
he went past gaunt, black-shadowed archways and evil-looking houses
Mujeres de voz ronca y risa áspera lo habían llamado
Women with hoarse voices and harsh laughter had called after him
Los borrachos habían pasado tambaleándose, maldiciendo y parloteando para sí mismos como monos monstruosos
Drunkards had reeled by, cursing and chattering to themselves like monstrous apes

Había visto niños grotescos acurrucados en los umbrales de las puertas
He had seen grotesque children huddled upon door-steps
y había oído gritos y juramentos de cortes sombrías
and he had heard shrieks and oaths from gloomy courts
Cuando acababa de despuntar el alba, se encontró cerca de Covent Garden
As the dawn was just breaking, he found himself close to Covent Garden
La oscuridad se disipó y se enrojeció con débiles fuegos
The darkness lifted, and, was flushed with faint fires
el cielo se ahuecó en una perla perfecta
the sky hollowed itself into a perfect pearl
Enormes carretas llenas de lirios que cabeceaban retumbaban lentamente por la pulida calle vacía
Huge carts filled with nodding lilies rumbled slowly down the polished empty street
El aire estaba cargado con el perfume de las flores
The air was heavy with the perfume of the flowers
y su hermosura parecía traerle un anodino para su dolor
and their beauty seemed to bring him an anodyne for his pain
Lo siguió hasta el mercado y observó a los hombres que descargaban sus carretas
He followed into the market and watched the men unloading their wagons
Un carretero de bata blanca le ofreció unas cerezas
A white-smocked carter offered him some cherries
Le dio las gracias, se preguntó por qué se negaba a aceptar dinero por ellos
He thanked him, wondered why he refused to accept any money for them
Y comenzó a comer las cerezas con desgana
and he began to eat the cherries listlessly
Habían sido desplumados a medianoche
They had been plucked at midnight
El frío de la luna había entrado en ellos
the coldness of the moon had entered into them
Una larga fila de muchachos que llevaban cajas de tulipanes rayados y de rosas amarillas y rojas
A long line of boys carrying crates of striped tulips, and of yellow and red roses

Los chicos se abrieron paso a través de las enormes pilas de verduras de color verde jade
the boys threaded their way through the huge, jade-green piles of vegetables
Bajo el pórtico, con sus pilares grises blanqueados por el sol
Under the portico, with its grey, sun-bleached pillars
Allí merodeaba una tropa de muchachas arrastradas con la cabeza descubierta
there loitered a troop of draggled bareheaded girls
Estaban esperando a que terminara la subasta
they were waiting for the auction to be over
Otros se agolpaban en torno a las puertas batientes del café de la plaza
Others crowded round the swinging doors of the coffee-house in the piazza
Los pesados caballos de carreta resbalaban y pisoteaban las piedras ásperas
The heavy cart-horses slipped and stamped upon the rough stones
los caballos agitaban sus cascabeles y atavíos
the horses shook their bells and trappings
Algunos de los conductores dormían sobre una pila de sacos
Some of the drivers were lying asleep on a pile of sacks
De cuello de lirio y patas rosadas, las palomas corrían de un lado a otro recogiendo semillas
Iris-necked and pink-footed, the pigeons ran about picking up seeds
Después de un rato, llamó a un guapo y condujo a casa
After a little while, he hailed a handsome and drove home
Durante unos instantes se detuvo en el umbral de la puerta
For a few moments he loitered upon the doorstep
Miró a su alrededor hacia la plaza silenciosa
he looked round at the silent square
ventanas ciegas, cerradas y persianas fijas
blank, close-shuttered windows, and staring blinds
El cielo era ahora ópalo puro
The sky was pure opal now
y los tejados de las casas brillaban como plata contra el cielo
and the roofs of the houses glistened like silver against the sky
De alguna chimenea de enfrente se elevaba una fina corona de humo
From some chimney opposite a thin wreath of smoke was rising
Se enroscaba, como una cinta violeta, en el aire color nácar

It curled, a violet ribbon, through the nacre-coloured air
Linternas venecianas colgaban del techo de la gran entrada con paneles de roble
Venetian lanterns hung from the ceiling of the great, oak-panelled entrance
habían sido el botín de alguna barcaza ducal
they had been the spoil of some Doge's barge
Sus luces seguían ardiendo gracias a tres chorros parpadeantes
their lights were still burning from three flickering jets
Parecían delgados pétalos azules de llama, bordeados de fuego blanco
thin blue petals of flame they seemed, rimmed with white fire
Los sacó y, después de arrojar el sombrero y la capa sobre la mesa,
He turned them out and, having thrown his hat and cape on the table
Atravesó la biblioteca y se dirigió a la puerta de su dormitorio
he passed through the library towards the door of his bedroom
una gran cámara octogonal en la planta baja
a large octagonal chamber on the ground floor
En su recién nacido sentimiento por el lujo, acababa de hacer decorar la habitación
in his new-born feeling for luxury, he had just had decorated the room
había colgado unos curiosos tapices renacentistas
he had hung some curious Renaissance tapestries
tapices que habían sido descubiertos en un ático en desuso en Selby Royal
tapestries that had been discovered in a disused attic at Selby Royal
Mientras giraba la manija de la puerta, su mirada se posó en su retrato
As he was turning the handle of the door, his eye fell on his picture
el retrato que Basil Hallward había pintado de él
the portrait Basil Hallward had painted of him
Retrocedió como sorprendido
He started back as if in surprise
Luego se fue a su habitación, con aspecto algo desconcertado
Then he went on into his own room, looking somewhat puzzled
Después de quitarse el ojal del abrigo, pareció vacilar
After he had taken the button-hole out of his coat, he seemed to hesitate
Finalmente, regresó, se acercó al cuadro y lo examinó
Finally, he came back, went over to the picture, and examined it

En la tenue luz detenida que se abría paso a través de las persianas de seda color crema
In the dim arrested light that struggled through the cream-coloured silk blinds
El rostro le pareció un poco cambiado
the face appeared to him to be a little changed
La expresión se veía diferente
The expression looked different
Se diría que había un toque de crueldad en la boca
One would have said that there was a touch of cruelty in the mouth
Era ciertamente extraño
It was certainly strange
Se dio la vuelta y, acercándose a la ventana, subió la persiana.
He turned round and, walking to the window, drew up the blind.
El brillante amanecer inundó la habitación
The bright dawn flooded the room
y la luz barría las sombras fantásticas en los rincones oscuros
and the light swept the fantastic shadows into dusky corners
y allí yacían las sombras estremeciéndose
and there the shadows lay shuddering
Pero la extraña expresión parecía permanecer allí
But the strange expression seemed to linger there
La extraña expresión parecía haberse intensificado aún más
the strange expression seemed to have intensified even more
La ardiente y temblorosa luz del sol le mostraba las líneas de la crueldad alrededor de la boca
The quivering ardent sunlight showed him the lines of cruelty round the mouth
Era tan claro como si se hubiera estado mirando en un espejo
it was as clearly as if he had been looking into a mirror
después de haber hecho alguna cosa espantosa
after he had done some dreadful thing
Hizo una mueca de dolor y tomó de la mesa un vaso ovalado enmarcado en Cupidos de marfil
He winced and and took up from the table an oval glass framed in ivory Cupids
uno de los muchos regalos que le hizo lord Henry
one of Lord Henry's many presents to him
Echó una ojeada apresurada a sus pulidas profundidades
he glanced hurriedly into its polished depths
Ninguna línea como esa deformó sus labios rojos

No line like that warped his red lips
¿Qué significaba?
What did it mean?
Se frotó los ojos
He rubbed his eyes
Se acercó al cuadro y lo examinó de nuevo
he came close to the picture, and examined it again
No había signos de ningún cambio cuando miró la pintura real
There were no signs of any change when he looked into the actual painting
Y, sin embargo, no había duda de que toda la expresión se había alterado
and yet there was no doubt that the whole expression had altered
No era una mera fantasía suya
It was not a mere fancy of his own
La cosa era horriblemente evidente
The thing was horribly apparent
Se dejó caer en una silla y se puso a pensar
He threw himself into a chair and began to think
De repente cruzó por su mente un recuerdo
Suddenly there flashed across his mind a memory
lo que había dicho en el estudio de Basil Hallward el día en que se terminó el cuadro
the thing that he had said in Basil Hallward's studio the day the picture had been finished
Sí, lo recordaba perfectamente
Yes, he remembered it perfectly
Había expresado un loco deseo de que él mismo siguiera siendo joven y que el retrato envejeciera
He had uttered a mad wish that he himself might remain young, and the portrait grow old
Había deseado que su propia belleza no se viera empañada
he had wished that his own beauty might be untarnished
y había deseado que el rostro del lienzo soportara el peso de sus pasiones y de sus pecados
and he had wished the face on the canvas bear the burden of his passions and his sins
Había deseado que la imagen pintada estuviera marcada con las líneas del sufrimiento y el pensamiento
he had wished that the painted image might be seared with the lines of suffering and thought

y deseaba conservar toda la delicada flor y hermosura de su entonces recién consciente niñez
and he wished to keep all the delicate bloom and loveliness of his then just conscious boyhood
¿Seguramente su deseo no se había cumplido? Tales cosas eran imposibles
Surely his wish had not been fulfilled? Such things were impossible
Parecía monstruoso incluso pensar en cosas tan imposibles
It seemed monstrous even to think of such impossible things
Y, sin embargo, allí estaba el cuadro ante él
And, yet, there was the picture before him
la imagen con el toque de crueldad en la boca
the picture with the touch of cruelty in the mouth
¡Crueldad! ¿Había sido cruel?
Cruelty! Had he been cruel?
Era culpa de la chica, no de él
It was the girl's fault, not his
Había soñado con ella como una gran artista
He had dreamed of her as a great artist
Le había dado su amor porque la había considerado grande
he had given his love to her because he had thought her great
Entonces ella lo había decepcionado
Then she had disappointed him
Había sido superficial e indigna
She had been shallow and unworthy
Y, sin embargo, un sentimiento de infinito arrepentimiento se apoderó de él
And, yet, a feeling of infinite regret came over him
Pensó en ella tendida a sus pies, sollozando como una niña pequeña
he thought of her lying at his feet sobbing like a little child
Recordó con cuánta crueldad la había mirado
He remembered with what callousness he had watched her
¿Por qué lo habían hecho así?
Why had he been made like that?
¿Por qué se le había dado un alma así?
Why had such a soul been given to him?
Pero también había sufrido
But he had suffered also
Durante las tres terribles horas que había durado la obra
During the three terrible hours that the play had lasted

Había vivido siglos de dolor
he had lived centuries of pain
Era eón tras eón de tortura
it was aeon upon aeon of torture
Su vida valía tanto como la de ella
His life was worth as much as hers
Lo había estropeado por un momento, si es que la había herido durante una eternidad
She had marred him for a moment, if he had wounded her for an age
Además, las mujeres estaban mejor preparadas para soportar el dolor que los hombres
Besides, women were better suited to bear sorrow than men
Vivían de sus emociones
They lived on their emotions
Solo pensaban en sus emociones
They only thought of their emotions
Cuando tomaban amantes, era simplemente para tener a alguien con quien pudieran tener escenas
When they took lovers, it was merely to have someone with whom they could have scenes
Lord Henry se lo había dicho
Lord Henry had told him this
y lord Henry sabía lo que eran las mujeres
and Lord Henry knew what women were
¿Por qué debería preocuparse por Sibyl Vane?
Why should he trouble about Sibyl Vane?
Ella ya no era nada para él
She was nothing to him now
¿Pero la imagen?
But the picture?
¿Qué iba a decir de eso?
What was he to say of that?
Su retrato guardaba el secreto de su vida y contaba su historia
his picture held the secret of his life, and told his story
Su cuadro le había enseñado a amar su propia belleza
his picture had taught him to love his own beauty
¿Le enseñaría su retrato a aborrecer su propia alma?
Would his picture teach him to loathe his own soul?
¿Volvería a mirar su foto?
Would he ever look at his picture again?
No; no era más que una ilusión forjada por los sentidos turbados

No; it was merely an illusion wrought on by the troubled senses
La horrible noche que había pasado había dejado fantasmas tras de sí
The horrible night that he had passed had left phantoms behind it
De repente había caído sobre su cerebro esa diminuta mancha escarlata que enloquece a los hombres
Suddenly there had fallen upon his brain that tiny scarlet speck that makes men mad
El panorama no había cambiado
The picture had not changed
Era una locura pensar eso
It was folly to think so
Y, sin embargo, su retrato lo miraba con su hermoso rostro desfigurado y su sonrisa cruel
and yet his picture was watching him with its beautiful marred face and its cruel smile
Su cabello brillante brillaba a la luz del sol
Its bright hair gleamed in the early sunlight
Sus ojos azules se encontraron con los suyos
Its blue eyes met his own
Un sentimiento de infinita piedad, no por sí mismo, sino por la imagen pintada de sí mismo, se apoderó de él
A sense of infinite pity, not for himself, but for the painted image of himself, came over him
Su imagen ya había cambiado, y se alteraría aún más
his picture had altered already, and would alter more
el oro se marchitaría en gris
the gold would wither into grey
las rosas rojas y blancas morirían
the red and white roses would die
Por cada pecado que cometía, una mancha manchaba y arruinaba la belleza del retrato
For every sin that he committed, a stain would fleck and wreck the portrait's fairness
Pero no iba a pecar
But he was not going to sin
La imagen, cambiada o inalterada, sería para él el emblema visible de la conciencia
The picture, changed or unchanged, would be to him the visible emblem of conscience
Resistiría la tentación

He would resist temptation
No volvería a ver a lord Henry
He would not see Lord Henry any more
De todos modos, no escucharía esas sutiles teorías venenosas
he would not, at any rate, listen to those subtle poisonous theories
en el jardín del querido Basilo habían despertado por primera vez en él la pasión por las cosas imposibles
in dear Basil's garden they had first stirred within him the passion for impossible things
Volvería a Sibyl Vane
He would go back to Sibyl Vane
La enmendaría, se casaría con ella, trataría de amarla de nuevo.
he would make her amend, marry her, try to love her again.
Sí, era su deber hacerlo
Yes, it was his duty to do so
Ella debía de haber sufrido más que él
She must have suffered more than he had
¡Pobre niño! Había sido egoísta y cruel con ella
Poor child! He had been selfish and cruel to her
La fascinación que ella había ejercido sobre él volvería
The fascination that she had exercised over him would return
Serían felices juntos
They would be happy together
Su vida con ella sería hermosa y pura
His life with her would be beautiful and pure
Se levantó de la silla
He got up from his chair
Y colocó un biombo justo delante del retrato
and he pulled a screen right in front of the portrait
Se estremeció al mirar el cuadro
he shuddered as he glanced at the picture
«¡Qué horror!», murmuró para sí mismo
"How horrible!" he murmured to himself
Y se acercó a la ventana y la abrió
and he walked across to the window and opened it
Cuando salió a la hierba, respiró hondo
When he stepped out on to the grass, he drew a deep breath
El aire fresco de la mañana parecía ahuyentar todas sus sombrías pasiones
The fresh morning air seemed to drive away all his sombre passions
Sólo pensaba en Sibila

He thought only of Sibyl
Un débil eco de su amor volvió a él
A faint echo of his love came back to him
Repitió su nombre una y otra vez
He repeated her name over and over again
Los pájaros que cantaban en el jardín empapado de rocío parecían estar contando a las flores sobre ella
The birds that were singing in the dew-drenched garden seemed to be telling the flowers about her

Capítulo Octavo
Chapter Eight

Era mucho más del mediodía cuando se despertó
It was long past noon when he awoke
Su ayuda de cámara se había metido varias veces de puntillas en la habitación
His valet had crept several times on tiptoe into the room
para ver si Dorian se despertaba de su sueño
to see if Dorian was stirring from his sleep
Y se había preguntado qué hacía que su joven amo durmiera tan tarde
and he had wondered what made his young master sleep so late
Finalmente sonó la campanilla y Víctor entró suavemente con una taza de té
Finally his bell sounded, and Victor came in softly with a cup of tea
y tenía un montón de cartas, en una pequeña bandeja de porcelana vieja de Sèvres
and he had a pile of letters, on a small tray of old Sevres china
Corrió las cortinas de raso aceitunado, con su reluciente forro azul
he drew back the olive-satin curtains, with their shimmering blue lining
las cortinas que colgaban frente a las tres altas ventanas
the curtains that hung in front of the three tall windows
—Monsieur ha dormido bien esta mañana —dijo, sonriendo—
"Monsieur has well slept this morning," he said, smiling
—¿Qué hora es, Víctor? —preguntó Dorian Gray somnoliento
"What o'clock is it, Victor?" asked Dorian Gray drowsily
—Una hora y cuarto, monsieur.
"One hour and a quarter, Monsieur"
Se incorporó y, después de tomar un poco de té, dio la vuelta a sus cartas
He sat up, and having sipped some tea, turned over his letters
Una de las cartas era de lord Henry, y había sido traída en mano esa mañana
One of the letters was from Lord Henry, and had been brought by hand that morning
Vaciló un momento y luego dejó el sobre a un lado
He hesitated for a moment, and then put the envelope aside
Las otras cartas las abrió con indiferencia
The other letters he opened listlessly
Contenían la habitual colección de tarjetas e invitaciones a cenar

They contained the usual collection of cards and invitations to dinner
Entradas para vistas privadas, programas de conciertos benéficos y similares
tickets for private views, programmes of charity concerts, and the like
Las invitaciones habituales llovían sobre los jóvenes a la moda todas las mañanas durante la temporada
the usual invitations showered on fashionable young men every morning during the season
Había una factura bastante pesada por un juego de tocador Louis-Quinze plateado
There was a rather heavy bill for a chased silver Louis-Quinze toilet-set
Todavía no había tenido el valor de enviar la factura a sus tutores
he had not yet had the courage to send the bill to his guardians
Sus padres eran personas extremadamente anticuadas
his parents were extremely old-fashioned people
No se dieron cuenta de que vivimos en una época en la que las cosas innecesarias son nuestras únicas necesidades
they did not realize we live in an age when unnecessary things are our only necessities
y hubo varias comunicaciones cortésmente redactadas por los prestamistas de Jermyn Street
and there were several courteously worded communications from Jermyn Street money-lenders
Se ofrecieron a adelantar cualquier suma de dinero en cualquier momento
they offered to advance any sum of money at a moment's notice
y ofrecían las tasas de interés más razonables
and they offered the most reasonable rates of interest
Al cabo de unos diez minutos se levantó
After about ten minutes he got up
Se puso una elaborada bata de lana de cachemira bordada en seda
he threw on on an elaborate dressing-gown of silk-embroidered cashmere wool
Y pasó al cuarto de baño pavimentado de ónice
and he passed into the onyx-paved bathroom
El agua fresca lo refrescó después de su largo sueño
The cool water refreshed him after his long sleep
Parecía haber olvidado todo lo que había pasado
He seemed to have forgotten all that he had gone through
Una o dos veces tuvo la vaga sensación de haber tomado parte en

alguna extraña tragedia
A dim sense of having taken part in some strange tragedy came to him once or twice
pero había la irrealidad de un sueño sobre el recuerdo
but there was the unreality of a dream about the memory
Tan pronto como se vistió, entró en la biblioteca
As soon as he was dressed, he went into the library
El desayuno le habían sido servido en una mesita redonda cerca de la ventana abierta
breakfast had been laid out for him on a small round table close to the open window
Fue un día exquisito
It was an exquisite day
El aire cálido parecía cargado de especias
The warm air seemed laden with spices
Una abeja voló y zumbó alrededor del cuenco del dragón azul
A bee flew in and buzzed round the blue-dragon bowl
El cuenco estaba lleno de rosas de color amarillo azufre
the bowl was filled with sulphur-yellow roses
Se sentía perfectamente feliz
He felt perfectly happy
De repente, su mirada se posó en la pantalla que había colocado frente al retrato
Suddenly his eye fell on the screen that he had placed in front of the portrait
Por un momento se sobresaltó de nuevo
for a moment he started was startle again
—¿Demasiado frío para monsieur? —preguntó su ayuda de cámara, poniendo una tortilla sobre la mesa
"Too cold for Monsieur?" asked his valet, putting an omelette on the table
"¿Debo cerrar la ventana?", ofreció el ayuda de cámara
"should I shut the window?" the valet offered
Dorian negó con la cabeza. —No tengo frío —murmuró—
Dorian shook his head. "I am not cold," he murmured
¿Era todo cierto? ¿Había cambiado realmente el retrato?
Was it all true? Had the portrait really changed?
¿O había sido simplemente su propia imaginación?
Or had it been simply his own imagination?
¿Su imaginación le había hecho ver una mirada de maldad donde antes había una mirada de alegría?

had his imagination made him see a look of evil where there had been a look of joy?
¿Seguro que un lienzo pintado no podría alterarse?
Surely a painted canvas could not alter?
La idea era absurda
The idea of it was absurd
Serviría como cuento para contarle a Basilo algún día
It would serve as a tale to tell Basil some day
Una historia así le haría sonreír
such a story would make him smile
Y, sin embargo, ¡cuán vívido era su recuerdo de todo aquello!
And, yet, how vivid was his recollection of the whole thing!
Primero en la penumbra del crepúsculo y luego en el brillante amanecer
First in the dim twilight, and then in the bright dawn
Había visto el toque de crueldad alrededor de los labios retorcidos
he had seen the touch of cruelty round the warped lips
Casi temía que su ayuda de cámara saliera de la habitación
He almost dreaded his valet leaving the room
Sabía que cuando estuviera solo tendría que examinar el retrato
He knew that when he was alone he would have to examine the portrait
Le tenía miedo a la certeza
He was afraid of certainty
Habían traído el café y los cigarrillos y el hombre se dio la vuelta para irse
the coffee and cigarettes had been brought and the man turned to go
Dorian sintió un deseo salvaje de decirle que se quedara
Dorian felt a wild desire to tell him to remain
Cuando la puerta se cerraba detrás de él, lo llamó de nuevo
As the door was closing behind him, he called him back
El hombre se quedó esperando sus órdenes
The man stood waiting for his orders
Dorian lo miró un momento
Dorian looked at him for a moment
—Hoy no estoy en casa, Víctor —dijo con un suspiro—
"I am not at home today, Victor," he said with a sigh
El hombre hizo una reverencia y salió de la habitación
The man bowed and left the room
Luego se levantó de la mesa y encendió un cigarrillo
Then he rose from the table and lit a cigarette

Se dejó caer en un sofá lujosamente acolchado
he flung himself down on a luxuriously cushioned couch
el sofá que estaba frente a la pantalla del retrato
the couch that stood facing the screen of the portrait
El biombo del retrato era antiguo, de cuero español dorado
The screen of the portrait was an old one, of gilt Spanish leather
el cuero había sido estampado y forjado con un patrón Louis-Quatorze bastante florido
the leather had been stamped and wrought with a rather florid Louis-Quatorze pattern
Escudriñó el cuero con curiosidad
He scanned the leather curiously
Se preguntaba si antes de que se ocultara la pantalla se ocultaba el secreto de la vida de un hombre
he wondered if before the screen was concealed the secret of a man's life
¿Debería dejarlo a un lado, después de todo?
Should he move it aside, after all?
¿Por qué no dejar que se quede ahí?
Why not let it stay there?
¿De qué servía saberlo?
What was the use of knowing?
Si la cosa era cierta, era terrible
If the thing was true, it was terrible
Si no era cierto, ¿por qué preocuparse por ello?
If it was not true, why trouble about it?
Pero, ¿qué pasaría si, por algún destino o casualidad más mortal, alguien lo viera?
But what if, by some fate or deadlier chance someone saw it?
otros ojos que no sean los suyos podrían espiar detrás y ver el horrible cambio
eyes other than his might spy behind and see the horrible change
¿Qué haría si Basil Hallward viniera y le pidiera que le permitiera ver su propio cuadro?
What would he do if Basil Hallward came and asked to look at his own picture?
mi querido Basilo se aseguraría de hacerlo
dear Basil would be sure to do that
No; Había que examinar la cosa, y de inmediato
No; the thing had to be examined, and at once
Cualquier cosa sería mejor que este espantoso estado de duda

Anything would be better than this dreadful state of doubt
Se levantó y cerró las dos puertas
He got up and locked both doors
Al menos estaría solo cuando contemplara la máscara de su vergüenza
At least he would be alone when he looked upon the mask of his shame
Luego apartó la pantalla y se vio cara a cara
Then he drew the screen aside and saw himself face to face
Era perfectamente cierto; el retrato había alterado
It was perfectly true; the portrait had altered
Al principio se encontró contemplando el retrato
he found himself at first gazing at the portrait
Lo miró con un sentimiento de interés casi científico
he looked at it with a feeling of almost scientific interest
La maravilla no era una maravilla
the marvel was no small wonder
Después, a menudo recordaba la naturaleza de su curiosidad
afterwards he often remembered the nature of his curiosity
Que tal cambio se hubiera producido era increíble para él
That such a change should have taken place was incredible to him
Y, sin embargo, era un hecho
And yet it was a fact
¿Había alguna afinidad sutil entre los átomos químicos?
Was there some subtle affinity between the chemical atoms?
¿Los átomos que se formaron a sí mismos en forma y color en el lienzo?
the atoms that shaped themselves into form and colour on the canvas?
¿Y los átomos del alma que había dentro de él?
and the atoms of the soul that was within him?
¿Será que lo que esa alma pensó, lo lograron?
Could it be that what that soul thought, they achieved?
que lo que soñó, lo hicieron realidad?
that what it dreamed, they made true?
¿O había alguna otra razón más terrible?
Or was there some other, more terrible reason?
Se estremeció y sintió miedo
He shuddered, and felt afraid
Volví al sofá y se acostó allí
going back to the couch and he lay there

Pasó el tiempo contemplando el cuadro con horror enfermizo
he spent his time gazing at the picture in sickened horror
Sin embargo, había una cosa que sentía que había hecho por él
there was one thing, however, he felt that it had done for him
Le había hecho consciente de lo injusto y cruel que había sido con Sibyl Vane
It had made him conscious how unjust and cruel he had been to Sibyl Vane
No era demasiado tarde para reparar eso
It was not too late to make reparation for that
Todavía podía ser su esposa
She could still be his wife
Su amor irreal y egoísta cedería ante alguna influencia superior
His unreal and selfish love would yield to some higher influence
Su amor se transformaría en una pasión más noble
his love would be transformed into some nobler passion
el retrato que el querido Basilo había pintado de él sería una guía para él a lo largo de la vida
the portrait dear Basil had painted of him would be a guide to him through life
Su retrato sería para él lo que la santidad es para algunos
his portrait would be to him what holiness is to some
Sería lo que la conciencia es para los demás
it would be what conscience is to others
y sería lo que el temor de Dios es para todos nosotros
and it would be what the fear of God is to us all
Había opiáceos para el remordimiento
There were opiates for remorse
drogas que podrían adormecer el sentido moral
drugs that could lull the moral sense to sleep
Pero aquí había un símbolo visible de la degradación del pecado
But here was a visible symbol of the degradation of sin
Aquí había una señal siempre presente de la ruina que los hombres trajeron sobre sus almas
Here was an ever-present sign of the ruin men brought upon their souls
Dieron las tres, y las cuatro, y la media hora sonó su doble campanada
Three o'clock struck, and four, and the half-hour rang its double chime
pero Dorian Gray no se movió del sofá

but Dorian Gray did not stir from the couch
Estaba tratando de recoger los hilos escarlata de la vida
He was trying to gather up the scarlet threads of life
Y él estaba tratando de tejer los hilos en un patrón
and he was trying to weave the threads into a pattern
Intentaba abrirse camino a través del laberinto sanguíneo de la pasión
he was trying to find his way through the sanguine labyrinth of passion
No sabía qué hacer, ni qué pensar
He did not know what to do, or what to think
Finalmente, se acercó a la mesa
Finally, he went over to the table
Y escribió una carta apasionada a la muchacha que había amado
and he wrote a passionate letter to the girl he had loved
Le imploró perdón y se acusó a sí mismo de locura
he implored her forgiveness and accused himself of madness
Cubrió página tras página con palabras salvajes de dolor
He covered page after page with wild words of sorrow
Y escribió palabras de dolor aún más salvajes
and he wrote even wilder words of pain
Hay un lujo en el autorreproche
There is a luxury in self-reproach
Cuando nos culpamos a nosotros mismos, sentimos que nadie más tiene derecho a culparnos
When we blame ourselves, we feel that no one else has a right to blame us
Es la confesión, no el sacerdote, la que nos da la absolución
It is the confession, not the priest, that gives us absolution
Cuando Dorian terminó la carta, sintió que había sido perdonado
When Dorian had finished the letter, he felt that he had been forgiven
De repente llamaron a la puerta
Suddenly there came a knock to the door
y oyó la voz de lord Henry afuera
and he heard Lord Henry's voice outside
"Mi querido muchacho, tengo que verte, déjame entrar de inmediato"
"My dear boy, I must see you, let me in at once"
"No soporto que te calles, así"
"I can't bear your shutting yourself up like this"
Al principio no respondió, pero permaneció inmóvil

He made no answer at first, but remained quite still
Los golpes continuaron y se hicieron más fuertes
The knocking still continued and grew louder
Sí, era mejor dejar entrar a lord Henry
Yes, it was better to let Lord Henry in
Era mejor explicarle la nueva vida que iba a llevar
it was better to explain to him the new life he was going to lead
Era mejor pelear con él si era necesario pelear
it was better to quarrel with him if it became necessary to quarrel
Se levantó de un salto y dibujó la pantalla apresuradamente a través de la imagen
He jumped up and drew the screen hastily across the picture
Y luego abrió la puerta a su visitante
and then he unlocked the door to his visitor
—Lo siento mucho, Dorian —dijo lord Henry al entrar—
"I am so sorry for it all, Dorian," said Lord Henry as he entered
"Pero no hay que pensar demasiado en ello"
"But you must not think too much about it"
—¿Te refieres a Sibyl Vane? —preguntó el muchacho
"Do you mean about Sibyl Vane?" asked the lad
—Sí, por supuesto —respondió lord Henry—
"Yes, of course," answered Lord Henry
Y se hundió en una silla y lentamente se quitó los guantes amarillos
and he sunk into a chair and slowly pulled off his yellow gloves
"Es terrible, desde un punto de vista, pero no fue tu culpa"
"It is dreadful, from one point of view, but it was not your fault"
"Dime, ¿fuiste detrás a verla, después de que terminó la obra?"
"Tell me, did you go behind and see her, after the play was over?"
—Sí —respondió Dorian—
"Yes," answered Dorian
"Estaba seguro de que lo habías hecho"
"I felt sure you had"
—¿Hiciste una escena con ella?
"Did you make a scene with her?"
"Fui brutal, Harry, perfectamente brutal"
"I was brutal, Harry—perfectly brutal"
"Pero ahora todo está bien"
"But it is all right now"
"No me arrepiento de nada de lo que ha pasado"
"I am not sorry for anything that has happened"

"Me ha enseñado a conocerme mejor"
"It has taught me to know myself better"
—¡Ah, Dorian, me alegro mucho de que te lo tomes así!
"Ah, Dorian, I am so glad you take it in that way!"
"Tenía miedo de encontrarte sumido en el remordimiento"
"I was afraid I would find you plunged in remorse"
"No quería que te arrancaras ese bonito pelo rizado tuyo"
"I didn't want you tearing out that nice curly hair of yours"
—Ya he superado todo eso —dijo Dorian, sacudiendo la cabeza y sonriendo—
"I have got through all that," said Dorian, shaking his head and smiling
"Ahora soy perfectamente feliz"
"I am perfectly happy now"
"Para empezar, sé lo que es la conciencia"
"I know what conscience is, to begin with"
"La conciencia no es lo que me dijiste que era"
"conscience is not what you told me it was"
"Es lo más divino que hay en nosotros"
"It is the divinest thing in us"
—No te burles más, Harry, al menos no delante de mí.
"Don't sneer at it, Harry, any more—at least not before me"
"Quiero ser bueno"
"I want to be good"
"No soporto la idea de que mi alma sea horrible"
"I can't bear the idea of my soul being hideous"
—¡Una base artística muy encantadora para la ética, Dorian! Te felicito por ello"
"A very charming artistic basis for ethics, Dorian! I congratulate you on it"
—¿Pero cómo vas a empezar?
"But how are you going to begin?"
"Empezaré casándome con Sibyl Vane"
"I will begin by marrying Sibyl Vane"
—¡Casarte con Sibyl Vane! —exclamó lord Henry—
"Marrying Sibyl Vane!" cried Lord Henry
Y él se puso de pie y lo miró con asombro perplejo
and he stood up and looked at him in perplexed amazement
—Pero, mi querido Dorian...
"But, my dear Dorian—"
"Sí, Harry, sé lo que vas a decir"

"Yes, Harry, I know what you are going to say"
"Vas a decir algo terrible sobre el matrimonio. No lo hagas"
"You're going to say something dreadful about marriage. Don't"
"No me vuelvas a decir cosas de ese tipo"
"Don't ever say things of that kind to me again"
"Hace dos días le pedí a Sibyl que se casara conmigo"
"Two days ago I asked Sibyl to marry me"
"No voy a faltar a mi palabra con ella"
"I am not going to break my word to her"
"Ella va a ser mi esposa"
"She is to be my wife"
"¡Tu esposa! ¡Dorian! ..."
"Your wife! Dorian! ..."
—¿No recibiste mi carta?
"Didn't you get my letter?"
"Le escribí esta mañana y le envié la nota por mi propio hombre"
"I wrote to you this morning, and sent the note down by my own man"
—¿Su carta? Oh, sí, me acuerdo"
"Your letter? Oh, yes, I remember"
"Todavía no lo he leído, Harry"
"I have not read it yet, Harry"
"Tenía miedo de que hubiera algo en él que no me gustara"
"I was afraid there might be something in it that I wouldn't like"
"Cortas la vida en pedazos con tus epigramas"
"You cut life to pieces with your epigrams"
—¿Entonces no sabes nada?
"You know nothing then?"
—¿A qué te refieres?
"What do you mean?"
Lord Henry cruzó la habitación
Lord Henry walked across the room
se sentó junto a Dorian Gray y le tomó ambas manos
he sat down by Dorian Gray and took both his hands
—Dorian —dijo—, mi carta. No te asustes"
"Dorian," he said, "my letter. Don't be frightened"
"Mi carta era para decirte que Sibyl Vane ha muerto"
"My letter was to tell you that Sibyl Vane is dead"
Un grito de dolor brotó de los labios del muchacho
A cry of pain broke from the lad's lips
se puso en pie de un salto, arrancando las manos de las manos de

lord Henry.
he leaped to his feet, tearing his hands away from Lord Henry's grasp"

"**¡Muerto! ¡Sibila muerta! ¡No es verdad!**"
"Dead! Sibyl dead! It is not true!"

"**¡Es una mentira horrible! ¿Cómo te atreves a decirlo?**"
"It is a horrible lie! How dare you say it?"

—Es muy cierto, Dorian —dijo lord Henry con gravedad—
"It is quite true, Dorian," said Lord Henry, gravely

"**Está en todos los periódicos de la mañana**"
"It is in all the morning papers"

"**Te escribí para pedirte que no vieras a nadie hasta que yo viniera**"
"I wrote down to you to ask you not to see any one till I came"

"**Tendrá que haber una investigación, por supuesto**"
"There will have to be an inquest, of course"

"**Y no hay que mezclarse en la investigación**"
"and you must not be mixed up in the investigation"

"**Cosas así ponen a un hombre a la moda en París**"
"Things like that make a man fashionable in Paris"

"**Pero en Londres la gente tiene muchos prejuicios**"
"But in London people are so prejudiced"

"**Aquí nunca hay que debutar con un escándalo**"
"Here, one should never make one's début with a scandal"

"**Hay que reservarse eso para interesarse por la vejez**"
"One should reserve that to give an interest to one's old age"

—Supongo que no saben cómo te llamas en el teatro.
"I suppose they don't know your name at the theatre?"

"**Si no saben tu nombre, no pasa nada**"
"If they don't know your name, it is all right"

– ¿Alguien te vio ir a su habitación?
"Did anyone see you going round to her room?"

"**Ese es un punto importante**"
"That is an important point"

Dorian no contestó durante unos instantes
Dorian did not answer for a few moments

Estaba aturdido por el horror
He was dazed with horror

Finalmente tartamudeó, con voz ahogada
Finally he stammered, in a stifled voice

"**Harry, ¿dijiste una investigación?**"
"Harry, did you say an inquest?"

—¿Qué quiso decir con eso?
"What did you mean by that?"

—¿Sibila...? ¡Oh, Harry, no puedo soportarlo!"
"Did Sibyl—? Oh, Harry, I can't bear it!"

"Pero date prisa. Cuéntame todo de una vez.
"But be quick. Tell me everything at once."

—No tengo ninguna duda de que no fue un accidente, Dorian.
"I have no doubt it was not an accident, Dorian"

"Aunque hay que ponerlo así a disposición del público"
"though it must be put in that way to the public"

"Parece que salía del teatro con su madre"
"It seems that she was leaving the theatre with her mother"

"Dijo que se había olvidado algo en el piso de arriba"
"she said she had forgotten something upstairs"

"La esperaron un tiempo"
"They waited some time for her"

"Pero no volvió a bajar"
"but she did not come down again"

"Al final la encontraron muerta en el suelo de su camerino"
"They ultimately found her lying dead on the floor of her dressing-room"

"Se había tragado algo por error"
"She had swallowed something by mistake"

"Alguna cosa espantosa que usan en los teatros"
"some dreadful thing they use at theatres"

"No sé qué fue lo que se tragó"
"I don't know what it was she swallowed"

"Pero tenía ácido prúsico o plomo blanco"
"but it had either prussic acid or white lead in it"

"Me imagino que era ácido prúsico"
"I should fancy it was prussic acid"

"Porque parece haber muerto instantáneamente"
"because she seems to have died instantaneously"

—¡Harry, Harry, es terrible! -exclamó el muchacho-
"Harry, Harry, it is terrible!" cried the lad

—Sí; Es muy trágico, por supuesto"
"Yes; it is very tragic, of course"

"Pero no debes mezclarte en eso"
"but you must not get yourself mixed up in it"

"Veo por The Standard que tenía diecisiete años"
"I see by The Standard that she was seventeen"

"**Debería haber pensado que era casi más joven que eso**"
"I should have thought she was almost younger than that"
"**Parecía una niña y parecía saber muy poco de actuación**"
"She looked such a child, and seemed to know so little about acting"
"**Dorian, no debes dejar que esto te ponga de los nervios**"
"Dorian, you mustn't let this thing get on your nerves"
"**Tienes que venir a cenar conmigo**"
"You must come and dine with me"
"**Y después veremos la ópera**"
"and afterwards we will look in at the opera"
"**Es una noche de Patti, y todo el mundo estará allí**"
"It is a Patti night, and everybody will be there"
"**Puedes venir al palco de mi hermana**"
"You can come to my sister's box"
"**Tiene algunas mujeres inteligentes con ella**"
"She has got some smart women with her"
—Así que he asesinado a Sibyl Vane —dijo Dorian Gray, medio para sí mismo—
"So I have murdered Sibyl Vane," said Dorian Gray, half to himself
"**La he asesinado con tanta seguridad como si le hubiera cortado la garganta con un cuchillo**"
"I have murdered her as surely as if I had cut her little throat with a knife"
"**Sin embargo, las rosas no son menos hermosas a pesar de todo**"
"Yet the roses are not less lovely for all that"
"**Los pájaros cantan igual de felices en mi jardín**"
"The birds sing just as happily in my garden"
"**Y esta noche voy a cenar contigo**"
"And tonight I am to dine with you"
"**Y luego vamos a ir a la ópera**"
"and then we are to go on to the opera"
"**Y supongo que después cenaremos en alguna parte**"
"and I suppose afterwards we will sup somewhere"
"**¡Qué extraordinariamente dramática es la vida!**"
"How extraordinarily dramatic life is!"
"**Si hubiera leído todo esto en un libro, Harry, creo que habría llorado por ello**"
"If I had read all this in a book, Harry, I think I would have wept over it"
"**Pero ahora que me ha pasado a mí me parece demasiado maravilloso para llorar**"

"but now that it has happened to me it seems far too wonderful for tears"

"Aquí está la primera carta de amor apasionada que he escrito en mi vida"

"Here is the first passionate love-letter I have ever written in my life"

"Es extraño que mi primera carta de amor apasionada haya sido dirigida a una muchacha muerta"

"Strange, that my first passionate love-letter has been addressed to a dead girl"

"¿Pueden sentir, me pregunto, a esas personas blancas y silenciosas a las que llamamos los muertos?"

"Can they feel, I wonder, those white silent people we call the dead?"

—¡Sibila! ¿Puede sentir, o saber, o escuchar?

"Sibyl! Can she feel, or know, or listen?"

—¡Oh, Harry, cómo la amé una vez!

"Oh, Harry, how I loved her once!"

"A mí me parece que fue hace años"

"It seems years ago to me now"

"Ella lo era todo para mí"

"She was everything to me"

"Entonces llegó esa noche espantosa"

"Then came that dreadful night"

—¿De verdad fue anoche?

"was it really only last night?"

"La noche en la que tocó tan mal en el escenario"

"the night when she played so badly on stage"

"Entonces la noche en la que casi se me rompe el corazón"

"then night when my heart almost broke"

"Ella me lo explicó todo"

"She explained it all to me"

"Fue terriblemente patético"

"It was terribly pathetic"

"Pero no me conmovió ni un poco"

"But I was not moved a bit"

"Pensé que era superficial"

"I thought her shallow"

"De repente pasó algo que me dio miedo"

"Suddenly something happened that made me afraid"

"No puedo decirte lo que fue, pero fue terrible"

"I can't tell you what it was, but it was terrible"

"Le dije que volvería con ella"

"I said I would go back to her"
"Sentí que había hecho mal"
"I felt I had done wrong"
"Y ahora está muerta"
"And now she is dead"
"¡Dios mío! ¡Dios mío! Harry, ¿qué debo hacer?
"My God! My God! Harry, what shall I do?"
"No sabes el peligro en el que estoy"
"You don't know the danger I am in"
"Y no hay nada que me mantenga recto"
"and there is nothing to keep me straight"
"Ella lo habría hecho por mí"
"She would have done that for me"
"No tenía derecho a suicidarse"
"She had no right to kill herself"
"Fue egoísta de su parte"
"It was selfish of her"
—**Mi querido Dorian** —respondió lord Henry—
"My dear Dorian," answered Lord Henry
Sacó un cigarrillo de su estuche y sacó una caja de cerillas con latón dorado
he took a cigarette from his case and produced a gold-latten matchbox
"La única forma en que una mujer puede reformar a un hombre es aburriéndola"
"the only way a woman can ever reform a man is by boring"
"Ella tiene que aburrirlo tan completamente que pierde todo interés posible en la vida"
"she has to bore him so completely that he loses all possible interest in life"
Si te hubieras casado con esta chica, habrías sido un desgraciado"
If you had married this girl, you would have been wretched"
"Por supuesto, la habrías tratado con amabilidad"
"Of course, you would have treated her kindly"
"Siempre se puede ser amable con las personas a las que no les importa nada"
"One can always be kind to people about whom one cares nothing"
"Pero pronto se habría dado cuenta de que le eras absolutamente indiferente"
"But she would have soon found out that you were absolutely indifferent to her"

"Y cuando una mujer se entera de eso de su marido, hace una de dos cosas"
"And when a woman finds that out about her husband she does one of two things"
"O se vuelve terriblemente desaliñada"
"she either becomes dreadfully dowdy"
"O lleva unos gorros muy elegantes que el marido de otra mujer tiene que pagar"
"or she wears very smart bonnets that some other woman's husband has to pay for"
"No digo nada sobre el terrible error social"
"I say nothing about the terrible social mistake"
"Por supuesto, no lo hubiera permitido"
"of course, I would not have allowed it"
"pero te aseguro que todo habría sido un fracaso absoluto"
"but I assure you the whole thing would have been an absolute failure"
—Supongo que habría sido un error —murmuró el muchacho—
"I suppose it would have been a mistake," muttered the lad
Caminaba de un lado a otro de la habitación luciendo horriblemente pálido
he walked up and down the room looking horribly pale
"Pero pensé que era mi deber"
"But I thought it was my duty"
"No es culpa mía que esta terrible tragedia me haya impedido hacer lo correcto"
"It is not my fault that this terrible tragedy has prevented my doing what was right"
"Recuerdo que una vez dijiste que hay una fatalidad en los buenos propósitos"
"I remember your saying once that there is a fatality about good resolutions"
"Dijiste que los buenos propósitos siempre se hacen demasiado tarde"
"you said that good resolutions are always made too late"
"Mi resolución ciertamente se hizo demasiado tarde"
"my resolution certainly was made too late"
"Los buenos propósitos son intentos inútiles de interferir con las leyes científicas"
"Good resolutions are useless attempts to interfere with scientific laws"

"Su origen es pura vanidad"
"Their origin is pure vanity"
"Su resultado es absolutamente nulo"
"Their result is absolutely nil"
"Nos dan, de vez en cuando, unas lujosas emociones estériles"
"They give us, now and then, some luxurious sterile emotions"
"Esas emociones tienen un cierto encanto para los débiles"
"such emotions have a certain charm for the weak"
"Pero eso es todo lo que se puede decir de ellos"
"but that is all that can be said of them"
"Son simplemente cheques que los hombres giran en un banco donde no tienen cuenta"
"They are simply cheques that men draw on a bank where they have no account"
—Harry —exclamó Dorian Gray, acercándose y sentándose a su lado—
"Harry," cried Dorian Gray, coming over and sitting down beside him
"¿Por qué no puedo sentir esta tragedia tanto como quisiera?"
"why is it that I cannot feel this tragedy as much as I want to?"
"No creo que sea desalmado. ¿Y tú?"
"I don't think I am heartless. Do you?"
Lord Henry respondió con su dulce sonrisa melancólica
Lord Henry answered with his sweet melancholy smile
"Has hecho demasiadas tonterías durante los últimos quince días"
"You have done too many foolish things during the last fortnight"
"No tienes derecho a darte ese nombre, Dorian"
"you are not entitled to give yourself that name, Dorian"
El muchacho frunció el ceño. "No me gusta esa explicación, Harry"
The lad frowned. "I don't like that explanation, Harry"
"pero me alegro de que no pienses que soy un desalmado"
"but I am glad you don't think I am heartless"
"Yo no soy nada de eso. Sé que no lo soy"
"I am nothing of the kind. I know I am not"
"Y, sin embargo, debo admitir algo"
"And yet I must admit something"
"Esto que ha pasado no me afecta como debería"
"this thing that has happened does not affect me as it should"
"Me parece simplemente un final maravilloso para una obra maravillosa"
"It seems to me to be simply like a wonderful ending to a wonderful

play"
"Tiene toda la terrible belleza de una tragedia griega"
"It has all the terrible beauty of a Greek tragedy"
"una tragedia en la que participé mucho"
"a tragedy in which I took a great part"
"sino una tragedia por la que no he sido herido"
"but a tragedy by which I have not been wounded"
—Es una pregunta interesante —dijo lord Henry—
"It is an interesting question," said Lord Henry
Encontró un placer exquisito en jugar con el egoísmo inconsciente del muchacho
he found an exquisite pleasure in playing on the lad's unconscious egotism
"Una pregunta extremadamente interesante", continuó su pensamiento
"an extremely interesting question," his thoughts continued
"Me imagino que la verdadera explicación es esta":
"I fancy that the true explanation is this:"
"Las verdaderas tragedias de la vida son siempre poco artísticas"
"the real tragedies of life are always inartistic"
"Las verdaderas tragedias nos duelen con su cruda violencia"
"real tragedies hurt us by their crude violence"
"Nos duele su absoluta incoherencia"
"we are hurt by their absolute incoherence"
"Nos duele su absurda falta de sentido"
"we are hurt by their absurd want of meaning"
"No podemos entender toda su falta de estilo"
"we can't understand their entire lack of style"
"Nos afectan igual que nos afecta la vulgaridad"
"They affect us just as vulgarity affects us"
"Nos dan una impresión de pura fuerza bruta"
"They give us an impression of sheer brute force"
"Y nos rebelamos contra eso"
"and we revolt against that"
"A veces, sin embargo, somos bendecidos con un espectáculo raro"
"Sometimes, however, we are blessed with a rare spectacle"
"Una tragedia que posee elementos artísticos de belleza atraviesa nuestras vidas"
"a tragedy that possesses artistic elements of beauty crosses our lives"
"A veces esos elementos de belleza son reales"
"sometimes those elements of beauty are real"

"**Entonces todo el asunto simplemente apela a nuestro sentido del efecto dramático**"
"then the whole thing simply appeals to our sense of dramatic effect"
"**De repente nos damos cuenta de que ya no somos los actores, sino los espectadores de la obra**"
"Suddenly we find that we are no longer the actors, but the spectators of the play"
"**O mejor dicho, somos a la vez los actores y los espectadores**"
"Or rather, we are both the actors and the spectators"
"**Nos observamos a nosotros mismos, y la mera maravilla del espectáculo nos cautiva**"
"We watch ourselves, and the mere wonder of the spectacle enthrals us"
"**En el presente caso, ¿qué es lo que realmente ha sucedido?**"
"In the present case, what is it that has really happened?"
"**Alguien se ha suicidado por amor a ti**"
"Someone has killed herself for love of you"
"**Ojalá hubiera tenido una experiencia así**"
"I wish that I had ever had such an experience"
"**Me habría hecho amar el amor por el resto de mi vida**"
"It would have made me love love for the rest of my life"
"**La gente que me ha adorado, no ha sido mucha**"
"The people who have adored me, there have not been very many"
"**Pero ha habido algunos que me han adorado**"
"but there have been some who have adored me"
"**Siempre han insistido en seguir viviendo**"
"they have always insisted on living on"
"**Vivieron mucho después de que yo dejara de cuidarlos**"
"they lived on long after I had ceased to care for them"
"**O vivieron mucho después de que dejaron de cuidarme**"
"or they lived on long after they ceased to care for me"
"**Se han vuelto pesados y tediosos**"
"They have become stout and tedious"
"**Y cuando me encuentro con ellos, entran enseguida en busca de recuerdos**"
"and when I meet them, they go in at once for reminiscences"
—**¡Ese horrible recuerdo de mujer!**
"That awful memory of woman!"
—**¡Qué cosa tan espantosa!**
"What a fearful thing it is!"
"**¡Y qué estancamiento intelectual tan absoluto revela!**"

"And what an utter intellectual stagnation it reveals!"
"Uno debe absorber el color de la vida, pero nunca debe recordar sus detalles"
"One should absorb the colour of life, but one should never remember its details"
"Los detalles siempre son vulgares"
"Details are always vulgar"
—Debo sembrar amapolas en mi jardín —suspiró Dorian—
"I must sow poppies in my garden," sighed Dorian
—No hay necesidad —replicó su compañero—
"There is no necessity," rejoined his companion
"La vida siempre tiene amapolas en sus manos"
"Life has always poppies in her hands"
"Por supuesto, de vez en cuando las cosas persisten"
"Of course, now and then things linger"
"Una vez usé nada más que violetas durante toda una temporada"
"I once wore nothing but violets all through one season"
"Me puse violetas como una forma de duelo artístico por un romance que no moriría"
"I wore violets as a form of artistic mourning for a romance that would not die"
"Al final, sin embargo, el romance murió"
"Ultimately, however, the romance did die"
"Olvido lo que lo mató"
"I forget what killed it"
"Creo que fue ella la que me propuso sacrificar el mundo entero por mí"
"I think it was her proposing to sacrifice the whole world for me"
"Siempre es un momento terrible"
"That is always a dreadful moment"
"Llena el terror de la eternidad"
"It fills one with the terror of eternity"
"Hace una semana estuve en casa de Lady Hampshire para cenar"
"a week ago I was at Lady Hampshire's for dinner"
Me encontré sentado a cenar junto a la dama en cuestión"
I found myself seated at dinner next the lady in question"
"Ella insistió en repasar todo el asunto de nuevo"
"she insisted on going over the whole thing again"
"Desenterró el pasado y rastrilló el futuro"
"she dug up the past, and raked up the future"
"Había enterrado mi romance en un lecho de asfódelo"

"I had buried my romance in a bed of asphodel"
"Lo volvió a sacar a rastras"
"She dragged it out again"
"y me aseguró que le había echado a perder la vida"
"and she assured me that I had spoiled her life"
"Estoy obligado a decir que comió una cena enorme"
"I am bound to state that she ate an enormous dinner"
"así que no sentí ninguna ansiedad"
"so I did not feel any anxiety"
—¡Pero qué falta de gusto mostró!
"But what a lack of taste she showed!"
"El único encanto del pasado es que es el pasado"
"The one charm of the past is that it is the past"
"Pero las mujeres nunca saben cuándo ha caído el telón"
"But women never know when the curtain has fallen"
"Siempre quieren un sexto acto"
"They always want a sixth act"
"Y tan pronto como el interés de la obra se acabe por completo, se proponen continuarla"
"and as soon as the interest of the play is entirely over, they propose to continue it"
"Si se les permitiera salirse con la suya, toda comedia tendría un final trágico"
"If they were allowed their own way, every comedy would have a tragic ending"
"Y cada tragedia culminaría en una farsa"
"and every tragedy would culminate in a farce"
"Son encantadoramente artificiales"
"They are charmingly artificial"
"Pero no tienen sentido del arte"
"but they have no sense of art"
"Eres más afortunado que yo"
"You are more fortunate than I am"
—Te lo aseguro, Dorian.
"I assure you, Dorian"
"Ninguna de las mujeres que he conocido habría hecho por mí lo que Sibyl Vane hizo por ti"
"not one of the women I have known would have done for me what Sibyl Vane did for you"
"Las mujeres comunes siempre se consuelan a sí mismas"
"Ordinary women always console themselves"

"Algunos de ellos lo hacen apostando por colores sentimentales"
"Some of them do it by going in for sentimental colours"
"Nunca confíes en una mujer que viste de malva, sea cual sea su edad"
"Never trust a woman who wears mauve, whatever her age may be"
"Y nunca confíes en una mujer de más de treinta y cinco años a la que le gusten los lazos rosas"
"and never trust a woman over thirty-five who is fond of pink ribbons"
"Siempre significa que tienen una historia"
"It always means that they have a history"
"Otras encuentran un gran consuelo en descubrir de repente las buenas cualidades de sus maridos"
"Others find a great consolation in suddenly discovering the good qualities of their husbands"
"Hacen alarde de su felicidad conyugal en la cara"
"They flaunt their conjugal felicity in one's face"
"Como si fuera el más fascinante de los pecados"
"as if it were the most fascinating of sins"
"La religión consuela a algunas mujeres"
"Religion consoles some women"
"Sus misterios tienen todo el encanto de un coqueteo, me dijo una vez una mujer"
"Its mysteries have all the charm of a flirtation, a woman once told me"
"Y puedo entender perfectamente lo que quiso decir con eso"
"and I can quite understand what she meant by it"
"Además, nada hace que uno sea tan vanidoso como que le digan que es un pecador"
"Besides, nothing makes one so vain as being told that one is a sinner"
"La conciencia nos hace egoístas a todos"
"Conscience makes egotists of us all"
—Sí; Realmente no hay fin para los consuelos que las mujeres encuentran en la vida moderna"
"Yes; there is really no end to the consolations that women find in modern life"
"Efectivamente, no he mencionado el más importante"
"Indeed, I have not mentioned the most important one"
—¿Qué es eso, Harry? —dijo el muchacho con desgana—
"What is that, Harry?" said the lad listlessly
"Oh, el obvio consuelo"

"Oh, the obvious consolation"
"Tomar el admirador ajeno cuando uno pierde el propio"
"Taking someone else's admirer when one loses one's own"
"En la buena sociedad que siempre blanquea a la mujer"
"In good society that always whitewashes a woman"
—Pero en realidad, Dorian, ¡qué diferente debe de ser Sibyl Vane de todas las mujeres que uno conoce!
"But really, Dorian, how different Sibyl Vane must have been from all the women one meets!"
"Hay algo para mí muy hermoso en su muerte"
"There is something to me quite beautiful about her death"
"Me alegro de vivir en un siglo en el que suceden tales maravillas"
"I am glad I am living in a century when such wonders happen"
"Hacen creer en la realidad de las cosas con las que todos jugamos"
"They make one believe in the reality of the things we all play with"
"como el romance, la pasión y el amor"
"such as romance, passion, and love"
"Fui terriblemente cruel con ella. Te olvidas de eso"
"I was terribly cruel to her. You forget that"
"Me temo que las mujeres aprecian la crueldad más que cualquier otra cosa"
"I am afraid that women appreciate cruelty more than anything else"
"Tienen instintos maravillosamente primitivos"
"They have wonderfully primitive instincts"
"Los hemos emancipado"
"We have emancipated them"
"Pero siguen siendo esclavos que buscan a sus amos, de todos modos"
"but they remain slaves looking for their masters, all the same"
"Les encanta ser dominados"
"They love being dominated"
"Estoy seguro de que estuviste espléndida"
"I am sure you were splendid"
"Nunca te he visto real y absolutamente enojado"
"I have never seen you really and absolutely angry"
"pero puedo imaginar lo encantador que te veías"
"but I can imagine how delightful you looked"
"Y, después de todo, me dijiste algo anteayer"
"And, after all, you said something to me the day before yesterday"
"En ese momento me pareció una mera idea fantasiosa"
"it seemed to me at the time to be merely fanciful idea"

"pero ahora veo que era absolutamente cierto"
"but I see now was absolutely true"
"Y tiene la llave de todo"
"and it holds the key to everything"
—¿Qué fue eso, Harry?
"What was that, Harry?"
"Me dijiste que Sibyl Vane representaba para ti a todas las heroínas del romance"
"You said to me that Sibyl Vane represented to you all the heroines of romance"
"Dijiste que era Desdémona una noche y Ofelia la otra"
"you said that she was Desdemona one night, and Ophelia the other"
"si murió como Julieta, volvió a la vida como Imogen"
"if she died as Juliet, she came to life as Imogen"
—Ya no volverá a la vida —murmuró el muchacho—
"She will never come to life again now," muttered the lad
y enterró su rostro entre sus manos
and he buried his face in his hands
"No, nunca volverá a la vida"
"No, she will never come to life"
"Ha interpretado su último papel"
"She has played her last part"
"Pero debes pensar en esa muerte solitaria en el camerino de mal gusto de otra manera"
"But you must think of that lonely death in the tawdry dressing-room differently"
"piensa en su muerte simplemente como un extraño fragmento espeluznante de alguna tragedia jacobea"
"think of her death simply as a strange lurid fragment from some Jacobean tragedy"
"Debes imaginar su muerte como una maravillosa escena de Webster, o de Ford, o de Cyril Tourneur"
"you must imagine her death as a wonderful scene from Webster, or Ford, or Cyril Tourneur"
"La niña nunca vivió realmente"
"The girl never really lived"
"Y por eso nunca ha muerto realmente"
"and so she has never really died"
"Para ti, al menos, siempre fue un sueño"
"To you at least she was always a dream"
"un fantasma que revoloteaba por las obras de Shakespeare"

"a phantom that flitted through Shakespeare's plays"
"Y los dejó más bonitos por su presencia"
"and she left them lovelier for her presence"
"una caña a través de la cual la música de Shakespeare sonaba más rica y llena de alegría"
"a reed through which Shakespeare's music sounded richer and more full of joy"
"En el momento en que tocó la vida real, la estropeó"
"The moment she touched actual life, she marred it"
"Y la vida la estropeó, y así falleció"
"and life marred her, and so she passed away"
"Llora por Ofelia, si quieres"
"Mourn for Ophelia, if you like"
"Pon cenizas en tu cabeza porque Cordelia fue estrangulada"
"Put ashes on your head because Cordelia was strangled"
"Clama contra el cielo porque murió la hija de Brabancio"
"Cry out against Heaven because the daughter of Brabantio died"
"Pero no malgastes tus lágrimas por Sibyl Vane"
"But don't waste your tears over Sibyl Vane"
"Ella era menos real que ellos"
"She was less real than they are"
Hubo un silencio
There was a silence
La noche se oscureció en la habitación
The evening darkened in the room
Sin hacer ruido, y con pies plateados, las sombras se deslizaron desde el jardín
Noiselessly, and with silver feet, the shadows crept in from the garden
Los colores se desvanecieron cansadamente de las cosas
The colours faded wearily out of things
Al cabo de un rato, Dorian Gray levantó la vista
After some time Dorian Gray looked up
—murmuró con una especie de suspiro de alivio—
he murmured with something of a sigh of relief
"Me lo has explicado a mí mismo, Harry"
"You have explained me to myself, Harry"
"Sentí todo lo que has dicho"
"I felt all that you have said"
"pero de alguna manera tenía miedo de mis sentimientos"
"but somehow I was afraid of my feelings"

"y no podía expresármelo a mí mismo"
"and I could not express it to myself"
—¡Qué bien me conoces!
"How well you know me!"
"Pero no volveremos a hablar de lo que ha pasado"
"But we will not talk again of what has happened"
"Ha sido una experiencia maravillosa, eso es todo"
"It has been a marvellous experience, that is all"
"Me pregunto si la vida me depara algo tan maravilloso"
"I wonder if life has still in store for me anything as marvellous"
"La vida lo tiene todo reservado para ti, Dorian"
"Life has everything in store for you, Dorian"
"No hay nada que tú, con tu extraordinaria belleza, no puedas hacer"
"There is nothing that you, with your extraordinary good looks, will not be able to do"
Pero supongamos, Harry, que me volviera demacrado, viejo y arrugado. ¿Y entonces qué?
"But suppose, Harry, I became haggard, and old, and wrinkled? What then?"
—Ah, entonces —dijo lord Henry, levantándose para irse—
"Ah, then," said Lord Henry, rising to go
"Entonces, mi querido Dorian, tendrías que luchar por tus victorias"
"then, my dear Dorian, you would have to fight for your victories"
"Tal como es, tus victorias te son traídas"
"As it is, your victories are brought to you"
"No, debes mantener tu buena apariencia"
"No, you must keep your good looks"
"Vivimos en una época en la que se lee demasiado para ser sabio"
"We live in an age that reads too much to be wise"
"Y vivimos en una época que piensa demasiado para ser bella"
"and we live in an age that thinks too much to be beautiful"
"No podemos prescindir de ti"
"We cannot spare you"
"Y ahora será mejor que te vistas y conduzcas hasta el club"
"And now you had better dress and drive down to the club"
"Llegamos bastante tarde, tal y como están las cosas"
"We are rather late, as it is"
—Creo que me uniré a ti en la ópera, Harry.
"I think I shall join you at the opera, Harry"
"Me siento demasiado cansado para comer nada"

"I feel too tired to eat anything"
"**¿Cuál es el número del palco de teatro de tu hermana?**"
"What is the number of your sister's theatre box?"
"**Veintisiete, creo**"
"Twenty-seven, I believe"
"**Está en el gran nivel**"
"It is on the grand tier"
"**Verás su nombre en la puerta**"
"You will see her name on the door"
"**Pero lamento que no vengas a cenar**"
"But I am sorry you won't come and dine"
—**No me siento con ganas —dijo Dorian con desgana—**
"I don't feel up to it," said Dorian listlessly
"**Pero te estoy muy agradecido por todo lo que me has dicho**"
"But I am awfully obliged to you for all that you have said to me"
"**Sin duda eres mi mejor amigo**"
"You are certainly my best friend"
"**Nadie me ha entendido nunca como tú**"
"No one has ever understood me as you have"
—**Solo estamos al principio de nuestra amistad, Dorian.**
"We are only at the beginning of our friendship, Dorian,"
Le estrechó la mano y se despidió de él
he shook him by the hand and wished him good-bye
—**Espero verte antes de las nueve y media.**
"I shall see you before nine-thirty, I hope"
"**Recuerda, Patti está cantando**"
"Remember, Patti is singing"
Mientras cerraba la puerta tras de sí, Dorian Gray tocó el timbre
As he closed the door behind him, Dorian Gray touched the bell
a los pocos minutos apareció Víctor con las lámparas y bajó las persianas
in a few minutes Victor appeared with the lamps and drew the blinds down
Esperó con impaciencia a que se fuera
He waited impatiently for him to go
El hombre parecía tomarse un tiempo interminable sobre todo
The man seemed to take an interminable time over everything
Tan pronto como se fue, corrió hacia el retrato
As soon as he had left, he rushed to the portrait
Y quitó la portada de la foto
and he pulled off the cover from the picture

No; No hubo más cambios en el panorama
No; there was no further change in the picture
el retrato había recibido la noticia de la muerte de Sibyl Vane antes de que él mismo lo supiera
the portrait had received the news of Sibyl Vane's death before he had known of it himself
La imagen era consciente de los acontecimientos de la vida a medida que ocurrían
the picture was conscious of the events of life as they occurred
La crueldad viciosa que estropeaba las finas líneas de la boca
The vicious cruelty that marred the fine lines of the mouth
Sin duda, habían aparecido en el mismo momento en que la muchacha había bebido el veneno
they had, no doubt, appeared at the very moment that the girl had drunk the poison
¿O su retrato era indiferente a los resultados?
Or was his portrait indifferent to results?
¿Acaso la imagen se limitaba a tomar conciencia de lo que pasaba dentro del alma?
Did the picture merely take cognizance of what passed within the soul?
Esperaba que algún día vería el cambio que se estaba produciendo ante sus propios ojos
He hoped that some day he would see the change taking place before his very eyes
Y se estremeció como lo esperaba
and he shuddered as he hoped it
¡Pobre Sibila! ¡Qué romance había sido todo!
Poor Sibyl! What a romance it had all been!
A menudo había imitado a la muerte en el escenario
She had often mimicked death on the stage
Entonces la misma Muerte la había tocado
Then Death himself had touched her
y la Muerte se la había llevado consigo
and Death had taken her with him
¿Cómo había interpretado aquella espantosa última escena?
How had she played that dreadful last scene?
¿Lo había maldecido al morir?
Had she cursed him, as she died?
No; Había muerto por amor a él
No; she had died for love of him

Y el amor siempre sería un sacramento para él ahora
and love would always be a sacrament to him now
Lo había expiado todo con el sacrificio que había hecho de su vida
She had atoned for everything by the sacrifice she had made of her life
No volvería a pensar en lo que ella le había hecho pasar
He would not think any more of what she had made him go through
lo que ella le hizo pasar en aquella horrible noche en el teatro
what she made him go through on that horrible night at the theatre
Iba a haber momentos en los que pensara en ella
there were going to be times when he thought of her
pero ahora sería una maravillosa figura trágica
but now she would be a wonderful tragic figure
una figura que había sido enviada a la escena mundial para mostrar la realidad suprema del amor
a figure that had been sent on to the world's stage to show the supreme reality of love
¿Una maravillosa figura trágica?
A wonderful tragic figure?
Se le llenaron los ojos de lágrimas al recordar su mirada infantil
Tears came to his eyes as he remembered her childlike look
Pensó en sus maneras encantadoras y fantasiosas, y en su tímida y trémula gracia
he thought of her winsome fanciful ways, and shy tremulous grace
Se secó las lágrimas apresuradamente y volvió a mirar la imagen
He brushed the tears away hastily and looked again at the picture
Sintió que realmente había llegado el momento de hacer su elección
He felt that the time had really come for making his choice
¿O ya se había hecho su elección?
Or had his choice already been made?
Sí, la vida lo había decidido para él
Yes, life had decided that for him
la vida, y su infinita curiosidad por la vida
life, and his own infinite curiosity about life
Eterna juventud, pasión infinita, placeres sutiles y secretos, alegrías salvajes
Eternal youth, infinite passion, pleasures subtle and secret, wild joys
y pecados más salvajes, iba a tener todas estas cosas
and wilder sins, he was to have all these things
El retrato iba a soportar el peso de su vergüenza: eso era todo

The portrait was to bear the burden of his shame: that was all
Una sensación de dolor se apoderó de él
A feeling of pain crept over him
Pensó en la profanación que le esperaba al bello rostro del lienzo
he thought of the desecration that was in store for the fair face on the canvas
Una vez, en burla juvenil de Narciso, había fingido besar aquellos labios pintados
Once, in boyish mockery of Narcissus, he had feigned to kiss, those painted lips
Esos labios pintados que ahora le sonreían tan cruelmente
those painted lips that now smiled so cruelly at him
Mañana tras mañana se había sentado ante el retrato, maravillado por su belleza
Morning after morning he had sat before the portrait wondering at its beauty
¿Iba a cambiar su cuadro ahora con cada estado de ánimo al que se sometiera?
Was his picture to alter now with every mood to which he yielded?
¿Iba a convertirse su retrato en algo monstruoso y repugnante?
Was his portrait to become a monstrous and loathsome thing?
¿Debería esconderse su foto en una habitación cerrada con llave?
should his picture be hidden away in a locked room?
¿Debería su retrato estar aislado de la luz del sol?
should his portrait be shut out from the sunlight?
la luz del sol que tantas veces había tocado su brillante cabello dorado
the sunlight that had so often touched his bright golden hair
¡Qué lástima! ¡Qué lástima!
The pity of it! the pity of it!
Por un momento, pensó en orar
For a moment, he thought of praying
La horrible simpatía que existía entre él y el cuadro debía cesar
the horrible sympathy that existed between him and the picture should cease
Había cambiado en respuesta a una oración
It had changed in answer to a prayer
tal vez, en respuesta a una oración, podría permanecer sin cambios
perhaps in answer to a prayer it might remain unchanged
Y, sin embargo, ¿quién renunciaría a la oportunidad de permanecer siempre joven?

And yet, who would surrender the chance of remaining always young?
Ciertamente, no nadie que supiera algo de la vida
certainly not anyone that knew anything about life
por muy fantástica que sea esa oportunidad
however fantastic that chance might be
o con qué consecuencias fatídicas podría estar cargado
or with what fateful consequences it might be fraught
Además, ¿estaba realmente bajo su control?
Besides, was it really under his control?
¿Había sido realmente la oración la que había producido la sustitución?
Had it indeed been prayer that had produced the substitution?
¿No podría haber alguna curiosa razón científica para todo esto?
Might there not be some curious scientific reason for it all?
El pensamiento puede ejercer su influencia sobre un organismo vivo
thought can exercise its influence upon a living organism
¿No puede, pues, el pensamiento ejercer una influencia sobre las cosas muertas e inorgánicas?
can thought not then exercise an influence upon dead and inorganic things?
¿No podría el deseo hacer vibrar las cosas externas al unísono con nuestros estados de ánimo y pasiones?
could desire not vibrate external things in unison with our moods and passions?
como el átomo llamando al átomo en secreto amor o extraña afinidad
like atom calling to atom in secret love or strange affinity
Pero la razón no tenía importancia
But the reason was of no importance
Nunca más volvería a tentar con una oración ningún poder terrible
He would never again tempt by a prayer any terrible power
Si la imagen iba a cambiar, iba a alterar
If the picture was to alter, it was to alter
¿Por qué indagar demasiado en ello?
Why inquire too closely into it?
Porque sería un verdadero placer verlo
For there would be a real pleasure in watching it
Sería capaz de seguir su mente hasta sus lugares secretos
He would be able to follow his mind into its secret places

Este retrato sería para él el más mágico de los espejos
This portrait would be to him the most magical of mirrors
Así como su imagen le había revelado su propio cuerpo, así también le revelaría su propia alma
As his picture had revealed to him his own body, so it would reveal to him his own soul
El retrato iba a entrar en invierno
the portrait was going to go into winter
y todavía estaría de pie donde la primavera tiembla al borde del verano
and he would still be standing where spring trembles on the verge of summer
Cuando la sangre se deslizó de su rostro
When the blood crept from its face
cuando había dejado tras de sí una pálida máscara de tiza con ojos plomizos
when it had left behind a pallid mask of chalk with leaden eyes
Conservaría el glamour de la niñez
he would keep the glamour of boyhood
Ni una flor de su hermosura se marchitaría jamás
Not one blossom of his loveliness would ever fade
Ni un solo pulso de su vida se debilitaría jamás
Not one pulse of his life would ever weaken
Al igual que los dioses de los griegos, sería fuerte, veloz y alegre
Like the gods of the Greeks, he would be strong, and fleet, and joyous
¿Qué importaba lo que sucediera con la imagen coloreada en el lienzo?
What did it matter what happened to the coloured image on the canvas?
Estaría a salvo
He would be safe
Eso fue todo
That was everything
Volvió a colocar la pantalla en su lugar anterior frente al cuadro
He drew the screen back into its former place in front of the picture
Sonrió mientras cubría el cuadro
he smiled as he covered the picture
Y pasó a su dormitorio
and he passed into his bedroom
Su ayuda de cámara ya lo estaba esperando
his valet was already waiting for him

Una hora más tarde estaba en la ópera
An hour later he was at the opera
y lord Henry estaba inclinado sobre su silla
and Lord Henry was leaning over his chair

Capítulo Nueve
Chapter Nine

A la mañana siguiente, mientras desayunaba
As he was sitting at breakfast next morning
Basil Hallward fue llevado a la habitación
Basil Hallward was shown into the room
—Me alegro mucho de haberte encontrado, Dorian —dijo con gravedad—
"I am so glad I have found you, Dorian," he said gravely
"Llamé anoche y me dijeron que estabas en la ópera"
"I called last night, and they told me you were at the opera"
"Por supuesto, sabía que eso era imposible"
"Of course, I knew that was impossible"
"Pero ojalá hubieras dejado un mensaje a dónde habías ido realmente"
"But I wish you had left word where you had really gone to"
"Pasé una noche espantosa"
"I passed a dreadful evening"
"Tenía un poco de miedo de que una tragedia pudiera ser seguida por otra"
"I was half afraid that one tragedy might be followed by another"
"Creo que habrás telegrafiado para mí cuando te enteraste por primera vez"
"I think you might have telegraphed for me when you heard of it first"
"Lo leí por casualidad"
"I read of it quite by chance"
"Fue en una edición tardía de The Globe que recogí en el club"
"it was in a late edition of The Globe that I picked up at the club"
"Vine aquí de inmediato y me sentí miserable por no encontrarte"
"I came here at once and was miserable at not finding you"
"No puedo decirte lo desconsolado que estoy por todo el asunto"
"I can't tell you how heart-broken I am about the whole thing"
"Sé lo mucho que debes estar sufriendo"
"I know how much you must be suffering"
—¿Pero dónde estabas?
"But where were you?"
—¿Bajaste a ver a la madre de la niña?
"Did you go down and see the girl's mother?"
"Por un momento pensé en seguirte hasta allí"
"For a moment I thought of following you there"

"Dieron la dirección en el periódico"
"They gave the address in the paper"
— En algún lugar de Euston Road, ¿verdad?
"Somewhere in the Euston Road, isn't it?"
"Pero tenía miedo de entrometerme en una tristeza que no podía aliviar"
"But I was afraid of intruding upon a sorrow that I could not lighten"
—¡Pobre mujer! ¡En qué estado debe estar!
"Poor woman! What a state she must be in!"
—¡Y su único hijo también!
"And her only child, too!"
— ¿Qué dijo al respecto?
"What did she say about it all?"
—Mi querido Basil, ¿cómo iba a saberlo? —murmuró Dorian Gray
"My dear Basil, how would I know?" murmured Dorian Gray
bebió un poco de vino amarillo pálido de una delicada burbuja de vidrio veneciano con cuentas de oro
he sipped some pale-yellow wine from a delicate, gold-beaded bubble of Venetian glass
y parecía terriblemente aburrido
and he looked dreadfully bored
"Estuve en la ópera"
"I was at the opera"
"Tendrías que haber venido allí también"
"You should have come there too"
"Conocí a Lady Gwendolen, la hermana de Harry, por primera vez"
"I met Lady Gwendolen, Harry's sister, for the first time"
"Estábamos en su palco de teatro"
"We were in her theatre box"
"Es perfectamente encantadora"
"She is perfectly charming"
"y Patti cantó divinamente"
"and Patti sang divinely"
"No hables de temas horribles"
"Don't talk about horrid subjects"
"Si uno no habla de una cosa, nunca ha pasado"
"If one doesn't talk about a thing, it has never happened"
"Es simplemente la expresión, como dice Harry, lo que da realidad a las cosas"
"It is simply expression, as Harry says, that gives reality to things"
"Debo mencionar que no era la única hija de la mujer"

"I may mention that she was not the woman's only child"
"Hay un hijo, un tipo encantador, creo"
"There is a son, a charming fellow, I believe"
"Pero no está en el escenario"
"But he is not on the stage"
"Es un marinero, o algo así"
"He is a sailor, or something"
"Y ahora, cuéntame sobre ti y lo que estás pintando"
"And now, tell me about yourself and what you are painting"
Basilo hablaba muy despacio y con un toque de dolor en la voz
Basil spoke very slowly and with a strained touch of pain in his voice
—¿Fuiste a la ópera mientras Sibyl Vane yacía muerta en un sórdido alojamiento?
"You went to the opera while Sibyl Vane was lying dead in some sordid lodging?"
"¿Cómo puedes hablarme de que otras mujeres son encantadoras?"
"how can you talk to me of other women being charming"
—¿Y cómo se puede hablar de Patti cantando divinamente?
"and how can you can talk of Patti singing divinely?"
"La chica que amabas aún no tiene ni siquiera la tranquilidad de una tumba para dormir"
"the girl you loved has not even the quiet of a grave to sleep in yet"
"¡Hay horrores reservados para ese pequeño cuerpo blanco suyo!"
"there are horrors in store for that little white body of hers!"
—¡Detente, querido Basilo! ¡No lo oiré! -exclamó Dorian, poniéndose en pie de un salto-
"Stop, dear Basil! I won't hear it!" cried Dorian, leaping to his feet
"No debes contarme cosas".
"You must not tell me about things."
"Lo hecho, hecho está. Lo pasado, pasado es"
"What is done is done. What is past is past"
—¿Llamas al ayer pasado?
"You call yesterday the past?"
—¿Qué tiene que ver el tiempo que pasa con esto?
"What has the actual lapse of time got to do with it?"
"Son solo las personas superficiales las que necesitan años para deshacerse de una emoción"
"It is only shallow people who require years to get rid of an emotion"
"Un hombre que es dueño de sí mismo puede poner fin a una tristeza con la misma facilidad con la que puede inventar un placer"
"A man who is master of himself can end a sorrow as easily as he can

invent a pleasure"
"No quiero estar a merced de mis emociones"
"I don't want to be at the mercy of my emotions"
"Quiero usarlos, disfrutarlos y dominarlos"
"I want to use them, to enjoy them, and to dominate them"
"¡Dorian, esto es horrible!"
"Dorian, this is horrible!"
"Algo te ha cambiado por completo"
"Something has changed you completely"
"Pareces exactamente el mismo chico maravilloso que solía venir a mi estudio"
"You look exactly the same wonderful boy who used to come down to my studio"
"El niño que, día tras día, posaba para que le hicieran un retrato"
"the boy who, day after day, sat for his portrait to be drawn"
"Pero entonces eras sencillo, natural y cariñoso"
"But you were simple, natural, and affectionate then"
"Fuiste la criatura más virgen del mundo entero"
"You were the most unspoiled creature in the whole world"
"Ahora, no sé qué te ha pasado"
"Now, I don't know what has come over you"
"Hablas como si no tuvieras corazón, ni piedad en ti"
"You talk as if you had no heart, nor pity in you"
"Todo es influencia de Harry, lo veo"
"It is all Harry's influence, I see that"
El muchacho se sonrojó y se acercó a la ventana
The lad flushed up and went to the window
Contempló durante unos instantes el jardín verde, parpadeante y azotado por el sol
he looked out for a few moments on the green, flickering, sun-lashed garden
—Le debo mucho a Harry, querido Basil —dijo al fin—
"I owe a great deal to Harry, dear Basil," he said at last
"Le debo más a él que a ti"
"I owe more to him than I owe to you"
"Solo me enseñaste a ser vanidoso"
"You only taught me to be vain"
"Bueno, me castigan por eso, Dorian"
"Well, I am punished for that, Dorian"
"o seré castigado por eso algún día"
"or, I shall be punished for that someday"

—No sé a qué te refieres, querido Basil —exclamó, volviéndose—
"I don't know what you mean, dear Basil," he exclaimed, turning round
"No sé lo que quieres. ¿Qué quieres?"
"I don't know what you want. What do you want?"
"Quiero el Dorian Gray que solía pintar", dijo el artista con tristeza
"I want the Dorian Gray I used to paint," said the artist sadly
-Querido Basilo -dijo el muchacho, acercándose a él-
"dear Basil," said the lad, going over to him
Le puso la mano en el hombro
he put his hand on his shoulder
"Has llegado demasiado tarde"
"you have come too late"
"Ayer, cuando me enteré de que Sibyl Vane se había suicidado..."
"Yesterday, when I heard that Sibyl Vane had killed herself..."
Hallward lo miró con una expresión de horror
Hallward looked up at him with an expression of horror
"¡Se suicidó! ¡Dios mío! ¿De eso no hay duda?", exclamó
"Killed herself! Good heavens! is there no doubt about that?" he cried
"¡Querida mía! ¿Seguro que no crees que fue un vulgar accidente?"
"My dear! Surely you don't think it was a vulgar accident?"
"Por supuesto que se suicidó"
"Of course she killed herself"
"El anciano enterró su rostro entre sus manos"
"The elder man buried his face in his hands"
—¡Qué miedo! —murmuró, y un escalofrío lo recorrió
"How fearful," he muttered, and a shudder ran through him
—No —dijo Dorian Gray—, no hay nada de temible en ello.
"No," said Dorian Gray, "there is nothing fearful about it"
"Es una de las grandes tragedias románticas de la época"
"It is one of the great romantic tragedies of the age"
"Por regla general, las personas que actúan llevan la vida más común"
"As a rule, people who act lead the most commonplace lives"
"Son buenos esposos, o esposas fieles, o algo tedioso"
"They are good husbands, or faithful wives, or something tedious"
"Sabes a lo que me refiero"
"You know what I mean"
"La virtud de la clase media y ese tipo de cosas"
"middle-class virtue and those sort of things"
—¡Qué diferente era Sibila!

"How different Sibyl was!"
"Vivió su mejor tragedia"
"She lived her finest tragedy"
"Siempre fue una heroína"
"She was always a heroine"
"La última noche que jugó, la noche que la viste"
"The last night she played, the night you saw her"
"Se portó mal en el escenario esa noche"
"she acted badly on the stage that night"
"Porque había descubierto la realidad del amor"
"because she had discovered the reality of love"
"Cuando conoció la irrealidad del amor, murió"
"When she knew love's unreality, she died"
"Murió igual que Julieta"
"she died just as Juliet might have died"
"Volvió a pasar a la esfera del arte"
"She passed again into the sphere of art"
"Hay algo de mártir en ella"
"There is something of the martyr about her"
"Su muerte tiene toda la patética inutilidad del martirio"
"Her death has all the pathetic uselessness of martyrdom"
"Toda su belleza era belleza desperdiciada"
"all of her beauty was wasted beauty"
"Pero, como te decía, no pienses que no he sufrido"
"But, as I was saying, you must not think I have not suffered"
"Si hubieras venido ayer en un momento determinado"
"If you had come in yesterday at a particular moment"
—A eso de las cinco y media, quizás, o a las seis menos cuarto.
"about half-past five, perhaps, or a quarter to six"
"Si hubieras venido, me habrías visto llorando"
"if you had come then you would have seen me in tears"
"Harry me trajo la noticia, de hecho"
"Harry brought me the news, in fact"
"pero ni siquiera él tenía idea de lo que estaba pasando"
"but even he had no idea what I was going through"
"Sufrí muchísimo y luego pasó"
"I suffered immensely, then it passed away"
"No puedo repetir una emoción"
"I cannot repeat an emotion"
"Nadie puede, excepto los sentimentales"
"No one can, except sentimentalists"

—Y tú eres terriblemente injusto, querido Basilo.
"And you are awfully unjust, dear Basil"
"Vienes aquí a consolarme"
"You come down here to console me"
"Eso es encantador de tu parte"
"That is charming of you"
"Me encuentras consolado, y estás furioso"
"You find me consoled, and you are furious"
"¡Qué persona tan simpática eres!"
"How like a sympathetic person you are!"
"Me recuerdas una historia que Harry me contó sobre cierto filántropo"
"You remind me of a story Harry told me about a certain philanthropist"
"Pasó veinte años de su vida tratando de reparar algún agravio"
"he spent twenty years of his life in trying to get some grievance redressed"
"O se pasaba el tiempo tratando de que se modificara alguna ley injusta"
"or he spent his time trying to get some unjust law altered"
"No recuerdo exactamente lo que era"
"I forget exactly what it was"
"Finalmente lo consiguió, y nada pudo superar su decepción"
"Finally he succeeded, and nothing could exceed his disappointment"
"No tenía absolutamente nada que hacer"
"He had absolutely nothing to do"
"Casi se muere de hastío"
"he almost died of ennui"
"Y se convirtió en un misántropo empedernido"
"and he became a confirmed misanthrope"
"Si de verdad quieres consolarme, enséñame a olvidar lo que ha pasado"
"if you really want to console me, teach me rather to forget what has happened"
"O enséñame a verlo desde un punto de vista artístico adecuado"
"or teach me to see it from a proper artistic point of view"
—¿No era Gautier quien escribía sobre la consolación de las artes?
"Was it not Gautier who used to write about la consolation des arts?"
"Recuerdo que cogí un librito forrado en vitela en tu estudio"
"I remember picking up a little vellum-covered book in your studio"
"Y me topé por casualidad con esa deliciosa frase"

"and I chanced upon that delightful phrase"
—Bueno, yo no soy como aquel joven del que me hablaste cuando estábamos juntos en Marlow.
"Well, I am not like that young man you told me of when we were down at Marlow together"
"El joven que decía que el raso amarillo podía consolarlo a uno por todas las miserias de la vida"
"the young man who used to say that yellow satin could console one for all the miseries of life"
"Me encantan las cosas bonitas que se pueden tocar"
"I love beautiful things that one can touch"
"Brocados antiguos, bronces verdes, lacas, marfiles tallados"
"Old brocades, green bronzes, lacquer-work, carved ivories"
"Entorno exquisito, lujo, pompa"
"exquisite surroundings, luxury, pomp"
"Hay mucho que sacar de todo esto"
"there is much to be got from all these"
"Pero el temperamento artístico que crean, eso es lo que busco"
"But the artistic temperament that they create, that is what I'm after"
"sabes muy bien lo que dice Harry"
"you know very well what Harry says"
"Convertirse en espectador de la propia vida es escapar del sufrimiento de la vida"
"To become the spectator of one's own life is to escape the suffering of life"
"Sé que te sorprende que te hable así"
"I know you are surprised at my talking to you like this"
"No te has dado cuenta de cómo me he desarrollado"
"You have not realized how I have developed"
"Yo era un colegial cuando me conociste"
"I was a schoolboy when you knew me"
"Ahora soy un hombre"
"I am a man now"
"Tengo nuevas pasiones, nuevos pensamientos, nuevas ideas"
"I have new passions, new thoughts, new ideas"
"Soy diferente, pero no debes quererme menos"
"I am different, but you must not like me less"
"Yo he cambiado, pero tú siempre debes ser mi amigo"
"I am changed, but you must always be my friend"
"Por supuesto, le tengo mucho cariño a Harry"
"Of course, I am very fond of Harry"

"Pero sé que eres mejor que él"
"But I know that you are better than he is"
"No eres más fuerte"
"You are not stronger"
"Porque le tienes demasiado miedo a la vida"
"because you are too much afraid of life"
"Pero tú eres mejor que él"
"but you are better than he is"
"¡Y qué felices éramos juntos!"
"And how happy we used to be together!"
"No me dejes, querido Basilo, y no te pelees conmigo"
"Don't leave me, dear Basil, and don't quarrel with me"
"Soy lo que soy"
"I am what I am"
"No hay nada más que decir"
"There is nothing more to be said"
El pintor se sintió extrañamente conmovido
The painter felt strangely moved
El muchacho le era infinitamente querido
The lad was infinitely dear to him
y su personalidad había sido el gran punto de inflexión en su arte
and his personality had been the great turning point in his art
No podía soportar más la idea de reprocharle
He could not bear the idea of reproaching him any more
Al fin y al cabo, su indiferencia no era más que un estado de ánimo que iba a desaparecer
After all, his indifference was probably merely a mood that would pass away
Había tantas cosas buenas en él
There was so much in him that was good
Había tanto en él que era noble
there was so much in him that was noble
—Bueno, Dorian —dijo al fin, con una sonrisa triste—
"Well, Dorian," he said at length, with a sad smile
"No volveré a hablarte de esta cosa horrible, después de hoy"
"I won't speak to you again about this horrible thing, after today"
"Solo espero que tu nombre no sea mencionado en relación con eso"
"I only hope your name won't be mentioned in connection with it"
"La indagatoria se llevará a cabo esta tarde"
"The inquest is to take place this afternoon"

—¿Te han llamado?
"Have they summoned you?"
Dorian negó con la cabeza
Dorian shook his head
Una expresión de fastidio pasó por su rostro ante la mención de la palabra "investigación"
a look of annoyance passed over his face at the mention of the word "inquest"
Había algo tan crudo y vulgar en ello
There was something so crude and vulgar about it
"No saben mi nombre", respondió
"They don't know my name," he answered
—¿Pero seguro que lo hizo?
"But surely she did?"
"Ella solo conocía mi nombre de pila"
"she only knew my Christian name"
"Y estoy bastante seguro de que nunca se lo mencionó a nadie"
"and I am quite sure she never mentioned to anyone"
"Una vez me dijo que todos tenían bastante curiosidad por saber quién era yo"
"She told me once that they were all rather curious to learn who I was"
"Y ella invariablemente les decía que mi nombre era Príncipe Azul"
"and she invariably told them my name was Prince Charming"
"Era bonita de su parte"
"It was pretty of her"
"Debes dibujarme un retrato de Sibila"
"You must draw me a portrait of Sibyl"
"Me gustaría tener algo más de ella que unos pocos recuerdos"
"I would like to have something more of her than a few memories"
"Las menores de unos besos y unas palabras rotas"
"the menories of a few kisses and some broken words"
"Intentaré hacer algo, Dorian, si te place"
"I will try and do something, Dorian, if it pleases you"
"Pero tienes que venir y sentarte tú mismo a verme otra vez"
"But you must come and sit to me yourself again"
"No puedo seguir adelante sin ti"
"I can't get on without you"
"Nunca podré volver a sentarme para ti"
"I can never sit for you again"
"¡Es imposible!", exclamó, retrocediendo

"It is impossible!" he exclaimed, starting back
El pintor lo miró fijamente
The painter stared at him
—¡Mi querido muchacho, qué tontería! —exclamó—
"My dear boy, what nonsense!" he cried
—¿Quieres decir que no te gusta lo que hice de ti?
"Do you mean to say you don't like what I did of you?"
"¿Dónde está? Déjame verlo"
"Where is it? Let me look at it"
¿Por qué has tirado de una cubierta frente a él?"
Why have you pulled a cover in front of it?"
"Es lo mejor que he hecho en mi vida"
"It is the best thing I have ever done"
"Quita la tapadera, Dorian"
"Do take the cover away, Dorian"
"Es simplemente una vergüenza por parte de tu sirviente ocultar mi trabajo de esa manera"
"It is simply disgraceful of your servant to hide my work like that"
"Sentí que la habitación se veía diferente cuando entré"
"I felt the room looked different as I came in"
"Mi sirviente no tiene nada que ver con eso, querido Basilo"
"My servant has nothing to do with it, dear Basil"
—¿No te imaginas que dejé que me arreglara la habitación?
"You don't imagine I let him arrange my room for me?"
"A veces me arregla las flores, eso es todo.
"He settles my flowers for me sometimes—that is all.
—No; Lo hice yo mismo"
"No; I did it myself"
"La luz era demasiado fuerte en el retrato"
"The light was too strong on the portrait"
"¡Demasiado fuerte! ¿Seguro que no, mi querido amigo?
"Too strong! Surely not, my dear fellow?"
"Es un lugar admirable para ello"
"It is an admirable place for it"
"Déjame verlo"
"Let me see it"
Y Hallward caminó hacia la esquina de la habitación
And Hallward walked towards the corner of the room
Un grito de terror brotó de los labios de Dorian Gray
A cry of terror broke from Dorian Gray's lips
Se apresuró a interponerse entre el pintor y su dibujo

he rushed to get between the painter and his drawing
—Querido Basilo —dijo, muy pálido—, no debes mirarlo.
"dear Basil," he said, looking very pale, "you must not look at it"
"No quiero que mires mi foto"
"I don't wish you to look at my picture"
"¡No quieres que mire mi propio trabajo!"
"you don't want me to look at my own work!"
"Dorian, dime que no hablas en serio"
"Dorian, tell me you are not serious"
"¿Por qué no debería mirarlo?", exclamó Hallward, riendo
"Why shouldn't I look at it?" exclaimed Hallward, laughing
"Si tratas de mirarlo..."
"If you try to look at it..."
"bajo mi palabra de honor, nunca volvería a hablarte"
"on my word of honour, I would never speak to you again"
"Lo digo en serio"
"I am quite serious"
"No ofrezco ninguna explicación"
"I don't offer any explanation"
"Y no debes pedir ninguna explicación"
"and you are not to ask for any explanation"
"Pero, recuerda, si tocas esta portada, todo se acaba entre nosotros"
"But, remember, if you touch this cover, everything is over between us"
Hallward se quedó atónito
Hallward was thunderstruck
Miró a Dorian Gray con absoluto asombro
He looked at Dorian Gray in absolute amazement
Nunca antes lo había visto así
He had never seen him like this before
El muchacho estaba pálido de rabia
The lad was actually pallid with rage
Tenía las manos apretadas
His hands were clenched
y las pupilas de sus ojos eran como discos de fuego azul
and the pupils of his eyes were like disks of blue fire
Estaba temblando por todas partes
He was trembling all over
—¡Dorian!
"Dorian!"
"¡No hables!"

"Don't speak!"
"Pero, ¿qué pasa?"
"But what is the matter?"
Giró sobre sus talones y se acercó a la ventana
he turned on his heel and went over towards the window
"Por supuesto que no lo miraré si no quieres"
"Of course I won't look at it if you don't want me to"
"Pero, en realidad, me parece bastante absurdo que no vea mi propio trabajo"
"But, really, it seems rather absurd that I shouldn't see my own work"
"Lo voy a exponer en París en otoño"
"I am going to exhibit it in Paris in the autumn"
"Probablemente tendré que darle otra capa de barniz antes de eso"
"I shall probably have to give it another coat of varnish before that"
"Así que debo verlo algún día, ¿y por qué no hoy?"
"so I must see it someday, and why not today?"
"¿Quieres exhibirlo?", exclamó Dorian Gray
"You want to exhibit it?" exclaimed Dorian Gray
Una extraña sensación de terror se apoderó de él
a strange sense of terror crept over him
¿Se le iba a mostrar al mundo su secreto?
Was the world going to be shown his secret?
¿Iba la gente a quedarse boquiabierta ante el misterio de su vida?
Were people to gape at the mystery of his life?
Eso era imposible
That was impossible
Algo, no sabía qué, tenía que hacerse de inmediato
Something, he did not know what, had to be done at once
—Sí; Supongo que no se opondrá a eso.
"Yes; I don't suppose you will object to that"
"Georges Petit va a coleccionar todas mis mejores fotos"
"Georges Petit is going to collect all my best pictures"
"Está organizando una exposición especial de mis pinturas"
"he is organising a special exhibition of my paintings"
"la exposición estará en la Rue de Sèze"
"the exhibition will be in the Rue de Sèze"
"y la exposición se inaugurará la primera semana de octubre"
"and the exhibition will open the first week in October"
"El retrato solo estará un mes"
"The portrait will only be away for a month"
"Creo que podrías prescindir fácilmente de la pintura para ese

momento"
"I think you could easily spare the painting for that time"
De hecho, seguro que estás fuera de la ciudad"
"In fact, you are sure to be out of town"
"Y lo estás guardando detrás de una cubierta de todos modos"
"And you are keeping it behind a cover anyway"
"Así que claramente no te importa mucho"
"so clearly you don't care much about it"
Dorian Gray se pasó la mano por la frente
Dorian Gray passed his hand over his forehead
Allí había gotas de sudor
There were beads of perspiration there
Sintió que estaba al borde de un peligro horrible
He felt that he was on the brink of a horrible danger
"Me dijiste hace un mes que nunca lo exhibirías"
"You told me a month ago that you would never exhibit it"
—¿Por qué has cambiado de opinión?
"Why have you changed your mind?"
"Ustedes pretenden ser coherentes"
"You people pretend to be consistent"
"Pero tienes tantos estados de ánimo como los demás"
"but you have just as many moods as others have"
"La única diferencia es que tus estados de ánimo son bastante insignificantes"
"The only difference is that your moods are rather meaningless"
"No puedes haber olvidado lo que me aseguraste solemnemente"
"You can't have forgotten what you assured me most solemnly"
"Dijiste que nada te induciría a enviarlo a ninguna exposición"
"you said nothing would induce you to send it to any exhibition"
"Le dijiste a Harry exactamente lo mismo"
"You told Harry exactly the same thing"
Se detuvo de repente y un destello de luz apareció en sus ojos
He stopped suddenly, and a gleam of light came into his eyes
Recordó lo que lord Henry le había dicho una vez
He remembered what Lord Henry had said to him once
Lo había dicho medio en serio y medio en broma
he had said it half seriously, and half in jest
"Si quieres tener un cuarto de hora extraño, tengo justo lo que necesitas"
"If you want to have a strange quarter of an hour, I have just the thing"

"**Pídele a Basilo que te diga por qué no exhibe tu foto**"
"get Basil to tell you why he won't exhibit your picture"
"**Me dijo por qué no lo haría**"
"He told me why he wouldn't"
"**Y fue una revelación para mí**"
"and it was a revelation to me"
Sí, tal vez Hallward también tenía su secreto
Yes, perhaps Hallward, too, had his secret
Debería preguntarle y tratar de
He should ask him and try
—**Basil —dijo, acercándose bastante—**
"Basil," he said, coming over quite close
Y lo miró directamente a la cara
and he looked him straight in the face
"**Cada uno de nosotros tiene un secreto**"
"we have each of us a secret"
"**Déjame saber el tuyo y te diré el mío**"
"Let me know yours, and I shall tell you mine"
—**¿Cuál fue la razón por la que se negó a exhibir mi cuadro?**
"What was your reason for refusing to exhibit my picture?"
El pintor se estremeció a pesar de sí mismo.
The painter shuddered in spite of himself.
"**Dorian, si te lo dijera, te caería menos**"
"Dorian, if I told you, you might like me less"
"**Y seguro que te reirías de mí**"
"and you would certainly laugh at me"
"**No podía soportar que hicieras ninguna de esas dos cosas**"
"I could not bear your doing either of those two things"
"**Si quieres que no vuelva a ver tu foto, estoy contento**"
"If you wish me never to look at your picture again, I am content"
"**Siempre te tengo a ti para mirar**"
"I have always you to look at"
"**Si quieres que el mejor trabajo que he hecho se oculte al mundo, tienes mi permiso**"
"If you wish the best work I have ever done to be hidden from the world, you have my permission"
"**Tu amistad me es más querida que cualquier fama o reputación**"
"Your friendship is dearer to me than any fame or reputation"
—**No, Basil, tienes que decírmelo —insistió Dorian Gray—**
"No, Basil, you must tell me," insisted Dorian Gray
"**Creo que tengo derecho a saberlo**"

"I think I have a right to know"
Su sentimiento de terror había desaparecido
His feeling of terror had passed away
y la curiosidad había ocupado el lugar del terror
and curiosity had taken the place of terror
Estaba decidido a descubrir el misterio de Basil Hallward
He was determined to find out Basil Hallward's mystery
—Sentémonos, Dorian —dijo el pintor, con expresión preocupada—
"Let us sit down, Dorian," said the painter, looking troubled
"Sentémonos y respondámosme una pregunta"
"Let us sit down, and just answer me one question"
—¿Has notado algo curioso en la foto?
"Have you noticed in the picture something curious?"
—¿Has notado algo que probablemente al principio no te llamó la atención?
"have you noticed something that probably at first did not strike you?"
"Algo que se te reveló de repente"
"something that revealed itself to you suddenly"
—¡Querido Basilo! -exclamó el muchacho-
"dear Basil!" cried the lad
Se aferró a los brazos de su silla con manos temblorosas
he clutched the arms of his chair with trembling hands
Y lo miró con ojos salvajes y sorprendidos
and he gazed at him with wild startled eyes
"Veo que lo hiciste. No hables"
"I see you did. Don't speak"
"Espera a que escuches lo que tengo que decirte"
"Wait till you hear what I have to say"
"Dorian, desde el momento en que te conocí, tu personalidad tuvo una influencia extraordinaria sobre mí"
"Dorian, from the moment I met you, your personality had the most extraordinary influence over me"
"Fui dominado, alma, cerebro y poder, por ti"
"I was dominated, soul, brain, and power, by you"
"Te convertiste para mí en la encarnación visible de ese ideal invisible"
"You became to me the visible incarnation of that unseen ideal"
"Un ideal cuyo recuerdo nos persigue a los artistas como un sueño exquisito"

"an ideal whose memory haunts us artists like an exquisite dream"
"Te adoraba"
"I worshipped you"
"Me puse celoso de todos aquellos con los que hablabas"
"I grew jealous of every one to whom you spoke"
"Quería tenerte a ti solo para mí"
"I wanted to have you all to myself"
"Solo era feliz cuando estaba contigo"
"I was only happy when I was with you"
"Cuando estabas lejos de mí, todavía estabas presente en mi arte"
"When you were away from me, you were still present in my art"
"Por supuesto, nunca te dije nada de esto"
"Of course, I never let you know anything about this"
"Hubiera sido imposible"
"It would have been impossible"
"No lo hubieras entendido"
"You would not have understood it"
"Apenas lo entendí"
"I hardly understood it myself"
"Solo sabía que había visto la perfección cara a cara"
"I only knew that I had seen perfection face to face"
"Y el mundo se había vuelto maravilloso a mis ojos"
"and the world had become wonderful to my eyes"
"Demasiado maravilloso, tal vez, porque en tales cultos locos hay peligro"
"too wonderful, perhaps, for in such mad worships there is peril"
"el peligro de perderlos, no menos que el peligro de conservarlos"
"the peril of losing them, no less than the peril of keeping them"
"Pasaron semanas y semanas, y me absorbí cada vez más en ti"
"Weeks and weeks went on, and I grew more and more absorbed in you"
"Luego vino un nuevo acontecimiento"
"Then came a new development"
"Te había dibujado como París con una delicada armadura"
"I had drawn you as Paris in dainty armour"
"Y te había dibujado como Adonis con capa de cazador y pulida lanza de jabalí"
"and I had drawn you as Adonis with huntsman's cloak and polished boar-spear"
"Coronado de pesadas flores de loto, te habías sentado en la proa de la barcaza de Adrián"

"Crowned with heavy lotus-blossoms you had sat on the prow of Adrian's barge"
"miraste a través del verde y turbio Nilo"
"you gazed across the green turbid Nile"
Te habías inclinado sobre el estanque quieto de algún bosque griego.
You had leaned over the still pool of some Greek woodland"
"Y habías visto en la plata silenciosa del agua la maravilla de tu propio rostro"
"and you had seen in the water's silent silver the marvel of your own face"
"Y todo había sido lo que el arte debía ser; inconsciente, ideal y remoto"
"And it had all been what art should be; unconscious, ideal, and remote"
"entonces, un día fatal, pinté otra cosa"
"then, one fatal day, I painted something else"
"Decidí pintar un retrato maravilloso de ti tal y como eres en realidad"
"I determined to paint a wonderful portrait of you as you actually are"
"Había decidido no pintarte con el traje de los tiempos muertos"
"I had decided not to paint you in the costume of dead ages"
"pero yo te iba a pintar con tu propio vestido y en tu propio tiempo"
"but I was going to paint you in your own dress and in your own time"
"Tal vez fue el realismo del método"
"maybe it was the realism of the method"
"O tal vez fue la mera maravilla de tu propia personalidad"
"or maybe it was the mere wonder of your own personality"
"que era, no lo sé"
"which it was, I do not know"
"Pero sé cómo me sentí mientras trabajaba en ello"
"But I know how I felt as I worked at it"
"Me fuiste presentado sin niebla ni velo"
"you were presented to me without mist or veil"
"Cada escama y cada película de color me parecía que revelaba mi secreto"
"every flake and film of colour seemed to me to reveal my secret"
"Tuve miedo de que otros supieran de mi idolatría"
"I grew afraid that others would know of my idolatry"

"—Sentía, Dorian, que había contado demasiado."
"I felt, Dorian, that I had told too much"
"Dije que había puesto demasiado de mí en ello"
"I said that I had put too much of myself into it"
"Fue entonces cuando resolví no permitir que se exhibiera el cuadro"
"Then it was that I resolved never to allow the picture to be exhibited"
"Estabas un poco molesto"
"You were a little annoyed"
"Pero entonces no te diste cuenta de todo lo que significaba para mí"
"but then you did not realize all that it meant to me"
"Harry, con quien le hablé de eso, se rió de mí"
"Harry, to whom I talked about it, laughed at me"
"Pero eso no me importó"
"But I did not mind that"
"Cuando terminé el cuadro, y me senté a solas con él, sentí que tenía razón"
"When the picture was finished, and I sat alone with it, I felt that I was right"
"Bueno, al cabo de unos días la cosa salió de mi estudio"
"Well, after a few days the thing left my studio"
"me pareció que había sido tonto al imaginar que había visto algo en él"
"it seemed to me that I had been foolish in imagining that I had seen anything in it"
"Más que eso, eras extremadamente guapo"
"more than that, you were extremely good-looking"
"y tu buen aspecto podría pintar"
"and your good looks I could paint"
"Incluso ahora no puedo evitar sentir que es un error"
"Even now I cannot help feeling that it is a mistake"
"Quién sabe si la pasión que uno siente se muestra realmente en el trabajo que crea"
"who knows if the passion one feels is ever really shown in the work one creates"
"El arte siempre es más abstracto de lo que imaginamos"
"Art is always more abstract than we fancy"
"La forma y el color nos hablan de la forma y el color, eso es todo"
"Form and colour tell us of form and colour—that is all"

"A menudo me parece que el arte esconde al artista"
"It often seems to me that art actually conceals the artist"
"Oculta al artista mucho más completamente de lo que lo revela"
"it conceals the artist far more completely than it ever reveals him"
"Y entonces recibí esta oferta de París"
"And then I got this offer from Paris"
"Decidí hacer de tu retrato lo principal de mi exposición"
"I determined to make your portrait the principal thing in my exhibition"
"Nunca se me ocurrió que te negarías"
"It never occurred to me that you would refuse"
"Ahora veo que tenías razón"
"I see now that you were right"
"No se puede mostrar la imagen"
"The picture cannot be shown"
—No debes enfadarte conmigo, Dorian, por lo que te he dicho.
"You must not be angry with me, Dorian, for what I have told you"
"Como le dije a Harry, una vez, estás hecho para ser adorado"
"As I said to Harry, once, you are made to be worshipped"
Dorian Gray respiró hondo
Dorian Gray drew a long breath
El color volvió a sus mejillas
The colour came back to his cheeks
y una sonrisa se dibujó en sus labios
and a smile played about his lips
El peligro había pasado
The peril was over
Estaba a salvo por el momento
He was safe for the time
Sin embargo, no pudo evitar sentir una infinita lástima por el pintor
Yet he could not help feeling infinite pity for the painter
El querido Basilo acababa de hacerle esta extraña confesión
dear Basil had just made this strange confession to him
Y se preguntaba si él mismo estaría alguna vez tan dominado por la personalidad de un amigo
and he wondered if he himself would ever be so dominated by the personality of a friend
Lord Henry tenía el encanto de ser muy peligroso
Lord Henry had the charm of being very dangerous
pero ése era el único peligro para lord Henry

but that was the only danger to Lord Henry
Era demasiado listo y demasiado cínico para que le gustara de verdad
He was too clever and too cynical to be really fond of
¿Habría alguna vez alguien que lo llenara de una extraña idolatría?
Would there ever be someone who would fill him with a strange idolatry?
¿Era esa una de las cosas que la vida tenía reservadas?
Was that one of the things that life had in store?
—Es extraordinario para mí, Dorian —dijo Hallward—
"It is extraordinary to me, Dorian," said Hallward
"Es extraordinario que hayas visto esto en el retrato"
"it is extraordinary that you should have seen this in the portrait"
—¿De verdad lo viste?
"Did you really see it?"
"Vi algo en él", respondió
"I saw something in it," he answered
"Algo que me pareció muy curioso"
"something that seemed to me very curious"
—Bueno, ¿no te importa que mire la cosa ahora?
"Well, you don't mind my looking at the thing now?"
Dorian negó con la cabeza
Dorian shook his head
—No debes preguntarme eso, querido Basilo.
"You must not ask me that, dear Basil"
"No podía dejarte parado frente a esa foto"
"I could not possibly let you stand in front of that picture"
—¿Algún día lo harás, seguro?
"You will someday, surely?"
"Nunca"
"Never"
"Bueno, tal vez tengas razón"
"Well, perhaps you are right"
"Y ahora adiós, Dorian"
"And now good-bye, Dorian"
"Has sido la única persona en mi vida que realmente ha influido en mi arte"
"You have been the one person in my life who has really influenced my art"
"Todo lo que he hecho que es bueno, se lo debo a ti"
"Whatever I have done that is good, I owe to you"

—¡Ah! no sabes lo que me ha costado contarte todo lo que te he dicho"
"Ah! you don't know what it cost me to tell you all that I have told you"
—Querida —dijo Dorian—, ¿qué me has dicho?
"My dear," said Dorian, "what have you told me?"
"Simplemente has dicho que sentías que me admirabas demasiado"
"you've simply said that you felt that you admired me too much"
"Eso ni siquiera es un cumplido"
"That is not even a compliment"
"No pretendía ser un cumplido"
"It was not intended as a compliment"
"Pretendía ser una confesión"
"it was meant as a confession"
"Ahora que lo he confesado, parece que algo ha salido de mí"
"Now that I have confessed it, something seems to have gone out of me"
"Tal vez uno nunca debe poner su adoración en palabras"
"Perhaps one should never put one's worship into words"
"Fue una confesión muy decepcionante"
"It was a very disappointing confession"
—¿Qué esperabas, Dorian?
"Why, what did you expect, Dorian?"
— No viste nada más en la foto, ¿verdad?
"You didn't see anything else in the picture, did you?"
—¿No había nada más que ver?
"There was nothing else to see?"
—No; no había nada más que ver"
"No; there was nothing else to see"
—¿Por qué lo preguntas?
"Why do you ask?"
"Pero no debes hablar de adoración"
"But you mustn't talk about worship"
"Es una tontería"
"It is foolish"
"Tú y yo somos amigos, Basilo, y siempre debemos seguir siéndolo"
"You and I are friends, Basil, and we must always remain so"
—Tienes a Harry —dijo el pintor con tristeza—
"You have got Harry," said the painter sadly
-¡Oh, Harry! -exclamó el muchacho con una carcajada-
"Oh, Harry!" cried the lad, with a ripple of laughter

"Harry pasa sus días diciendo lo que es increíble"
"Harry spends his days in saying what is incredible"
"Y pasa sus tardes haciendo lo que es improbable"
"and he spends his evenings in doing what is improbable"
"Justo el tipo de vida que me gustaría llevar"
"Just the sort of life I would like to lead"
"Pero aún así, no creo que iría a Harry si estuviera en problemas"
"But still I don't think I would go to Harry if I were in trouble"
"Preferiría ir a verte, Basil"
"I would sooner go to you, Basil"
"¿Te sentarás para que te dibuje de nuevo?"
"You will sit for me to draw you again?"
"¡Imposible!"
"Impossible!"
"Arruinas mi vida como artista al negarte, Dorian"
"You spoil my life as an artist by refusing, Dorian"
"Ningún hombre se encuentra con dos cosas ideales"
"No man comes across two ideal things"
"Pocos hombres se encuentran con una cosa ideal"
"Few men come across one ideal thing"
"No puedo explicártelo, querido Basilo"
"I can't explain it to you, dear Basil"
"pero nunca más debo sentarme para ti"
"but I must never sit for you again"
"Hay algo fatal en un retrato"
"There is something fatal about a portrait"
"Tiene vida propia"
"It has a life of its own"
"Iré a tomar el té contigo"
"I will come and have tea with you"
"Eso será igual de agradable"
"That will be just as pleasant"
—Me temo que será más agradable para usted —murmuró
Hallward con pesar—
"Pleasanter for you, I am afraid," murmured Hallward regretfully
"Y ahora adiós"
"And now good-bye"
"Lamento que no me dejes mirar la foto una vez más"
"I am sorry you won't let me look at the picture once again"
"Pero eso no se puede evitar"
"But that can't be helped"

"Entiendo muy bien lo que sientes al respecto"
"I quite understand what you feel about it"
Al salir de la habitación, Dorian Gray sonrió para sí mismo
As he left the room, Dorian Gray smiled to himself
¡Pobre querido Basilo! ¡Qué poco sabía de la verdadera razón!
Poor dear Basil! How little he knew of the true reason!
Y qué extraño era todo
And how strange it all was
No se había visto obligado a revelar su propio secreto
he hadn't been forced to reveal his own secret
En cambio, casi por casualidad, había tenido éxito en otra cosa
instead, almost by chance, he had succeeded in something else
¡Le había arrebatado un secreto a su amigo!
he had wrested a secret from his friend!
¡Cuánto le explicaba aquella extraña confesión!
How much that strange confession explained to him!
Los absurdos ataques de celos del pintor y su devoción salvaje
The painter's absurd fits of jealousy and his wild devotion
sus extravagantes panegíricos y su curiosa reticencia
his extravagant panegyrics and his curious reticence
Ahora comprendía todo su extraño comportamiento
he understood all his strange behaviour now
y sintió lástima por su amigo
and he felt sorry for his friend
Le parecía que había algo trágico en ello
There seemed to him to be something tragic in it
La amistad no debe estar tan teñida por el romance
friendship should not be so coloured by romance
Suspiró y tocó la campanilla
He sighed and touched the bell
El retrato debe ocultarse a toda costa
The portrait must be hidden away at all costs
No podía volver a correr semejante riesgo de ser descubierto
He could not run such a risk of discovery again
Había sido una locura por su parte haber permitido que la cosa permaneciera, aunque fuera durante una hora
It had been mad of him to have allowed the thing to remain, even for an hour
en una habitación a la que cualquiera de sus amigos tenía acceso
in a room to which any of his friends had access

Capítulo Décimo
Chapter Ten

Cuando su criado entró, lo miró fijamente
When his servant entered, he looked at him steadfastly
Se preguntó si se le había ocurrido mirar detrás de la cubierta
he wondered if he had thought of peering behind the cover
El hombre estaba bastante impasible y esperaba sus órdenes
The man was quite impassive and waited for his orders
Dorian encendió un cigarrillo, se acercó al vaso y lo miró
Dorian lit a cigarette and walked over to the glass and glanced into it
Podía ver perfectamente el reflejo de la cara de Víctor
He could see the reflection of Victor's face perfectly
Era como una plácida máscara de servilismo
It was like a placid mask of servility
No había nada que temer
There was nothing to be afraid of
Sin embargo, pensó que lo mejor era estar en guardia
Yet he thought it best to be on his guard
Le dijo que le dijera al ama de llaves que quería verla
he told him to tell the house-keeper that he wanted to see her
Y luego le dijo que fuera al fabricante de marcos
and then he told him to go to the frame-maker
y pidió que enviaran a dos de sus hombres de inmediato
and he asked for two of his men to be sent round at once
Cuando el hombre se fue, sus ojos parecieron vagar en dirección al retrato
as the man left his eyes seemed to wander in the direction of the portrait
¿O era simplemente su propia fantasía?
Or was that merely his own fancy?
Al cabo de unos momentos, la señora Hoja entró apresuradamente en la biblioteca
After a few moments Mrs. Leaf bustled into the library
Llevaba su vestido de seda negra
she was in her black silk dress
y llevaba unas manoplas de hilo anticuadas en las manos arrugadas
and she wore old-fashioned thread mittens on her wrinkled hands
Le pidió la llave del aula
He asked her for the key of the schoolroom
—¿La vieja escuela, señor Dorian? —exclamó—
"The old schoolroom, Mr. Dorian?" she exclaimed

"pero Dorian, la habitación está llena de polvo"
"but Dorian, the room is full of dust"
"Debo arreglarlo y arreglarlo antes de que entres en él"
"I must get it arranged and put straight before you go into it"
"No es digno de que usted lo vea, señor"
"It is not fit for you to see, sir"
"No quiero que se aclare la situación, Hoja"
"I don't want it put straight, Leaf"
"Solo quiero la llave"
"I only want the key"
"Bueno, señor, se le cubrirán de telarañas si se mete en él"
"Well, sir, you'll be covered with cobwebs if you go into it"
"Hace casi cinco años que no se abre, desde que murió Su Señoría"
"it hasn't been opened for nearly five years, since his lordship died"
Hizo una mueca de dolor al mencionar a su abuelo
He winced at the mention of his grandfather
Tenía recuerdos odiosos de él
He had hateful memories of him
"Eso no importa", respondió
"That does not matter," he answered
"Simplemente quiero ver el lugar, eso es todo"
"I simply want to see the place—that is all"
"Dame la llave"
"Give me the key"
—Y aquí está la llave, señor —dijo la anciana—
"And here is the key, sir," said the old lady
y repasó el contenido de sus manos con trémula incertidumbre
and she went over the contents of her hands with tremulous uncertainty
"Aquí está la llave, se la quitaré a los demás en un momento"
"Here is the key, I'll have it off the others in a moment"
—¿Pero no está pensando en vivir allí arriba, señor?
"But you're not thinking of living up there, sir?
"Lo tienes tan cómodo aquí abajo"
"you have it so comfortable down here"
—No, no —exclamó petulantemente—
"No, no," he cried petulantly
"Gracias, Hoja. Con eso basta"
"Thank you, Leaf. That will do"
Se detuvo unos instantes
She lingered for a few moments

y se mostraba parlanchina por algún detalle de la casa
and she was garrulous over some detail of the household
Suspiró y le dijo que manejara las cosas como mejor le pareciera
He sighed and told her to manage things as she thought best
Salió de la habitación, envuelta en sonrisas
She left the room, wreathed in smiles
Cuando la puerta se cerró, Dorian se guardó la llave en el bolsillo
As the door closed, Dorian put the key in his pocket
Y miró alrededor de la habitación.
and he looked round the room.
Su mirada se posó en una gran colcha de raso púrpura muy bordada con oro
His eye fell on a large, purple satin coverlet heavily embroidered with gold
una espléndida obra veneciana de finales del siglo XVII
a splendid piece of late seventeenth-century Venetian work
su abuelo lo había encontrado en un convento cerca de Bolonia
his grandfather had found it in a convent near Bologna
Sí, eso serviría para envolver la cosa espantosa
Yes, that would serve to wrap the dreadful thing in
Tal vez la tela había servido a menudo como palio para los muertos
the fabric had perhaps served often as a pall for the dead
Ahora se trataba de ocultar algo que tenía una corrupción propia
Now it was to hide something that had a corruption of its own
algo que era peor que la corrupción de la muerte misma
something that was worse than the corruption of death itself
algo que engendraría horrores y, sin embargo, nunca moriría
something that would breed horrors and, yet would never die
Lo que el gusano fue para el cadáver, sus pecados serían para la imagen pintada en el lienzo
What the worm was to the corpse, his sins would be to the painted image on the canvas
Estropearían su belleza y consumirían su gracia
They would mar its beauty and eat away its grace
Lo profanarían y lo harían vergonzoso
They would defile it and make it shameful
Y, sin embargo, la cosa seguiría viva
And yet the thing would still live on
Estaría siempre vivo
It would be always alive
Se estremeció, y por un momento se arrepintió de no habérselo

dicho a Basilo
He shuddered, and for a moment he regretted that he had not told Basil
Deseaba haberle dicho la verdadera razón por la que había querido ocultar el cuadro
he wished he had told him the true reason why he had wished to hide the picture away
Basilo le habría ayudado a resistir la influencia de lord Henry
Basil would have helped him to resist Lord Henry's influence
Le habría ayudado a resistir las influencias aún más venenosas de su propio temperamento
he would have helped him resist the even more poisonous influences of his own temperament
El amor que le profesaba no tenía nada que no fuera noble e intelectual
The love that he bore him had nothing in it that was not noble and intellectual
No era esa mera admiración física de la belleza que nace de los sentidos
It was not that mere physical admiration of beauty that is born of the senses
No era el amor que muere cuando los sentidos se cansan
it was not the love that dies when the senses tire
Era el amor que habían conocido Miguel Ángel y Montaigne
It was such love as Michelangelo and Montaigne had known
era el mismo amor que Winckelmann y Shakespeare habían conocido
it was the same love Winckelmann and Shakespeare had known
Sí, el querido Basilo podría haberlo salvado
Yes, dear Basil could have saved him
Pero ya era demasiado tarde
But it was too late now
El pasado siempre puede ser aniquilado
The past could always be annihilated
El arrepentimiento, la negación o el olvido podrían hacer eso
Regret, denial, or forgetfulness could do that
Pero el futuro era inevitable
But the future was inevitable
Había pasiones en él que encontrarían su terrible salida
There were passions in him that would find their terrible outlet
Iba a haber sueños que harían real la sombra de su maldad

there were going to be dreams that would make the shadow of their evil real
y levantó la gran textura púrpura y dorada
and he lifted the great purple-and-gold texture
¿Era el rostro en el lienzo más vil que antes?
Was the face on the canvas viler than before?
Le parecía que no había cambiado
It seemed to him that it was unchanged
Y, sin embargo, su aversión a su imagen se intensificó
and yet, his loathing of his picture was intensified
Cabello dorado, ojos azules y labios rojos como el rosa: todos estaban allí
Gold hair, blue eyes, and rose-red lips—they all were there
Era simplemente la expresión la que había alterado
It was simply the expression that had altered
Había una crueldad especial en el cambio
there was a special cruelty to the change
Nada comparado con el reproche del cambio en el panorama
nothing compared to the rebuke of the change in the picture
¡Qué superficiales habían sido los reproches de Basilo sobre Sibyl Vane!
how shallow Basil's reproaches about Sibyl Vane had been!
Su propia alma lo miraba desde el lienzo
His own soul was looking out at him from the canvas
y su alma lo llamaba a juicio
and his soul was calling him to judgement
Una mirada de dolor se cruzó en él
A look of pain came across him
y arrojó el rico manto sobre el cuadro
and he flung the rich pall over the picture
Mientras lo hacía, llamaron a la puerta
As he did so, a knock came to the door
Salió como entró su criado
He went out as his servant entered
—Las personas están aquí, monsieur.
"The persons are here, Monsieur"
Sintió que había que deshacerse del hombre de inmediato
He felt that the man must be got rid of at once
No se le debe permitir saber a dónde se estaba tomando la foto
He must not be allowed to know where the picture was being taken to

Había algo astuto en él
There was something sly about him
y tenía ojos pensativos y traicioneros
and he had thoughtful, treacherous eyes
Sentándose a la mesa de escribir, garabateó una nota para lord Henry
Sitting down at the writing-table he scribbled a note to Lord Henry
Le pidió que le enviara algo para leer
he asked him to send him something to read
Y le recordó que se reunirían a las ocho y cuarto de la noche
and he reminded him that they were to meet at eight-fifteen that evening
—Espera una respuesta —dijo, entregándole la carta—
"Wait for an answer," he said, handing the letter to him
"Y luego mostrar a los hombres a la habitación"
"and then show the men into the room"
A los dos o tres minutos hubo otro golpe
In two or three minutes there was another knock
era el propio señor Hubbard, el célebre fabricante de marcos de South Audley Street
it was Mr. Hubbard himself, the celebrated frame-maker of South Audley Street
Entró con un joven ayudante de aspecto algo rudo
he came in with a somewhat rough-looking young assistant
El Sr. Hubbard era un hombrecillo florido y de bigotes rojos
Mr. Hubbard was a florid, red-whiskered little man
Su admiración por el arte, sin embargo, se moderó considerablemente
his admiration for art, however, was considerably tempered
debido a la inveterada impecuniosidad de la mayoría de los artistas que trataron con él
due to the inveterate impecuniosity of most of the artists who dealt with him
Por regla general, nunca salía de su tienda
As a rule, he never left his shop
Esperó a que la gente se acercara a él
He waited for people to come to him
Pero siempre hizo una excepción a favor de Dorian Gray
But he always made an exception in favour of Dorian Gray
Había algo en Dorian que encantaba a todo el mundo
There was something about Dorian that charmed everybody

Era un placer incluso verlo
It was a pleasure even to see him
—¿Qué puedo hacer por usted, señor Gray? —dijo—
"What can I do for you, Mr. Gray?" he said
y se frotó las manos gordas y pecosas
and he rubbed his fat freckled hands
"Pensé que me haría el honor de venir en persona"
"I thought I would do myself the honour of coming round in person"
"Acabo de tener un hermoso marco, señor"
"I have just got a beauty of a frame, sir"
"Lo compré en una venta"
"I picked it up at a sale"
"Viejo florentino. Vino de Fonthill, creo.
"Old Florentine. Came from Fonthill, I believe"
—Admirablemente adecuado para un tema religioso, señor Gray.
"Admirably suited for a religious subject, Mr. Gray"
"Lamento mucho que se haya tomado la molestia de volver en sí, Sr. Hubbard"
"I am so sorry you have given yourself the trouble of coming round, Mr. Hubbard"
"Ciertamente me dejaré caer y miraré el marco"
"I shall certainly drop in and look at the frame"
"aunque últimamente no he estado en el temperamento para el arte religioso"
"though I haven't been in the temperament for religious art, of late"
"pero hoy solo quiero que me lleven un cuadro a la parte superior de la casa"
"but today I only want a picture carried to the top of the house for me"
"Es un panorama bastante pesado"
"It is rather a heavy picture"
"así que pensé en pedirte que me prestaras un par de tus hombres"
"so I thought I would ask you to lend me a couple of your men"
—No hay ningún problema, señor Gray.
"No trouble at all, Mr. Gray"
"Estoy encantado de servirle"
"I am delighted to be of any service to you"
—¿Cuál es la obra de arte, señor?
"Which is the work of art, sir?"
—Esto —replicó Dorian, moviendo la tapa hacia atrás—
"This," replied Dorian, moving the cover back

—¿Puedes moverlo, con cubierta y todo, tal y como está?
"Can you move it, covering and all, just as it is?"
"No quiero que se raye al subir las escaleras"
"I don't want it to get scratched going upstairs"
—No habrá ninguna dificultad, señor —dijo el amable fabricante de marcos—
"There will be no difficulty, sir," said the friendly frame-maker
El cuadro estaba suspendido por una larga cadena de latón
the picture was suspended by a long brass chain
con la ayuda de su asistente, el Sr. Hubbard comenzó a desenganchar el cuadro
with the aid of his assistant, Mr. Hubbard began to unhook the picture
—Y ahora, ¿adónde lo llevaremos, señor Gray?
"And, now, where shall we carry it to, Mr. Gray?"
"Le mostraré el camino, Sr. Hubbard"
"I will show you the way, Mr. Hubbard"
"Por favor, si tiene la amabilidad de seguirme"
"please, if you will kindly follow me"
"O tal vez sea mejor que vayas al frente"
"Or perhaps you had better go in front"
"Me temo que está justo en la parte superior de la casa"
"I am afraid it is right at the top of the house"
"Subiremos por la escalera de entrada, ya que es más ancha"
"We will go up by the front staircase, as it is wider"
Les abrió la puerta
He held the door open for them
y salieron a la sala y comenzaron el ascenso
and they passed out into the hall and began the ascent
El carácter elaborado del marco había hecho que el cuadro fuera extremadamente voluminoso
The elaborate character of the frame had made the picture extremely bulky
El Sr. Hubbard tenía el verdadero espíritu de un comerciante
Mr. Hubbard had the true tradesman's spirit
No quería ver a un caballero haciendo nada útil
he did not want to see a gentleman doing anything useful
pero a pesar de sus protestas, Dorian ayudó en varias ocasiones
but despite his protests, Dorian helped on a number of occasions
Finalmente llegaron a la cima del rellano
eventually they reached the top of the landing

—Algo así como una carga que llevar, señor —jadeó el hombrecillo—
"Something of a load to carry, sir," gasped the little man
Y se secó la frente brillante
And he wiped his shiny forehead
—Me temo que es bastante pesado —murmuró Dorian—
"I am afraid it is rather heavy," murmured Dorian
Abrió la puerta que daba a la habitación
he unlocked the door that opened into the room
la habitación que iba a guardar para él el curioso secreto de su vida
the room that was to keep for him the curious secret of his life
la habitación que había de ocultar su alma a los ojos de los hombres
the room that was to hide his soul from the eyes of men
Hacía más de cuatro años que no entraba en el lugar
He had not entered the place for more than four years
Primero había sido una sala de juegos cuando era niño
first it had been a playroom when he was a child
y luego sirvió como habitación para estudiar cuando se hizo un poco mayor
and then it served as a room to study in when he grew somewhat older
Era una habitación grande y bien proporcionada
It was a large, well-proportioned room
había sido construido especialmente por el último Lord Kelso
it had been specially built by the last Lord Kelso
De hecho, había sido construido para el nieto pequeño
in fact, it had been build for the little grandson
Una de las razones era su extraño parecido con su madre
one reason was his strange likeness to his mother
Pero también había otras razones por las que lo odiaba
but there were other reasons also why he hated him
Y quería mantener a su nieto a distancia
and he wanted to keep his grandson at a distance
La habitación parecía haber cambiado poco
the room appeared to have but little changed
Estaba el enorme cassone italiano
There was the huge Italian cassone
Todavía tenía paneles fantásticamente pintados y molduras doradas deslustradas
it still had fantastically painted panels and tarnished gilt mouldings

A menudo se había escondido en ella cuando era niño
he had often hidden himself in it as a boy
Allí estaba la estantería de madera satinada llena de sus libros escolares con orejas de perro
There was the satinwood book-case filled with his dog-eared schoolbooks
En la pared de atrás colgaba el mismo tapiz flamenco andrajoso
On the wall behind it was hanging the same ragged Flemish tapestry
En ella, un rey y una reina marchitos jugaban al ajedrez en un jardín
on it a faded king and queen were playing chess in a garden
Pasó una compañía de vendedores ambulantes, llevando pájaros encapuchados en sus muñecas enguantadas
a company of hawkers rode by, carrying hooded birds on their gauntleted wrists
¡Qué bien lo recordaba todo!
How well he remembered it all!
Cada momento de su solitaria infancia volvía a él mientras miraba a su alrededor
Every moment of his lonely childhood came back to him as he looked round
Recordó la pureza inmaculada de su vida juvenil
He recalled the stainless purity of his boyish life
y le parecía horrible que fuera allí donde se escondiera el retrato fatal
and it seemed horrible to him that it was here the fatal portrait was to be hidden away
¡Qué poco había pensado, en aquellos días muertos, en todo lo que le esperaba!
How little he had thought, in those dead days, of all that was in store for him!
Pero no había otro lugar en la casa tan seguro de miradas indiscretas como éste
But there was no other place in the house so secure from prying eyes as this
Tenía la llave y nadie más podía entrar en ella
He had the key, and no one else could enter it
Bajo su velo púrpura, el rostro pintado en el lienzo podía volverse bestial, empapado e impuro
Beneath its purple pall, the face painted on the canvas could grow bestial, sodden, and unclean

¿Qué importaba? Nadie podía verlo
What did it matter? No one could see it
Él mismo no lo vería
He himself would not see it
¿Por qué habría de vigilar la horrible corrupción de su alma?
Why should he watch the hideous corruption of his soul?
Conservó su juventud, eso fue suficiente
He kept his youth, that was enough
Y, además, ¿no podría su naturaleza volverse más fina, después de todo?
And, besides, might not his nature grow finer, after all?
No había razón para que el futuro estuviera tan lleno de vergüenza
There was no reason that the future should be so full of shame
Un poco de amor podría venir a través de su vida, y purificarlo
Some love might come across his life, and purify him
Un poco de amor podría protegerlo de esos pecados que se agitan en su espíritu
some love might shield him from those sins stirring in his spirit
Esos curiosos pecados aún no ilustrados
those curious as of yet unpictured sins
Su misterio les da su sutileza y su encanto
their mystery lends them their subtlety and their charm
Quizás, algún día, la mirada cruel hubiera desaparecido de la boca sensible a la escarlata
Perhaps, some day, the cruel look would have passed away from the scarlet sensitive mouth
y podría mostrar al mundo la obra maestra de Basil Hallward
and he might show to the world Basil Hallward's masterpiece
No; Eso era imposible
No; that was impossible
Hora tras hora, y semana tras semana, la cosa sobre el lienzo iba envejeciendo
Hour by hour, and week by week, the thing upon the canvas was growing old
Podría escapar de la fealdad del pecado
It might escape the hideousness of sin
pero lo horrible de la edad le esperaba
but the hideousness of age was in store for it
Las mejillas se volverían huecas o flácidas
The cheeks would become hollow or flaccid
Las patas de gallo amarillas se arrastraban alrededor de los ojos

descoloridos y los volvían horribles
Yellow crow's feet would creep round the fading eyes and make them horrible
El pelo iba a perder su brillo
The hair was going lose its brightness
la boca se iba a abrir o a caer
the mouth was going to gape or droop
o la boca se volvería insensata o grosera, como lo son las bocas de los ancianos
or the mouth would become foolish or gross, as the mouths of old men are
Estaría la garganta arrugada y las manos frías y con venas azules
There would be the wrinkled throat and the cold, blue-veined hands
el cuerpo retorcido, que recordaba en el abuelo
the twisted body, that he remembered in the grandfather
el abuelo que había sido tan severo con él en su niñez
the grandfather who had been so stern to him in his boyhood
Había que ocultar la imagen, no había otra manera
The picture had to be concealed, there was no other way
—Tráigalo, señor Hubbard, por favor —dijo, cansado, volviéndose—
"Bring it in, Mr. Hubbard, please," he said, wearily, turning round
"Lamento haberte retenido tanto tiempo"
"I am sorry I kept you so long"
"Estaba pensando en otra cosa"
"I was thinking of something else"
El Sr. Hubbard seguía jadeando
Mr Hubbard was still gasping for breath
—Siempre me alegro de descansar, señor Gray —respondió el fabricante de marcos—
"Always glad to have a rest, Mr. Gray," answered the frame-maker
—¿Dónde lo pondremos, señor?
"Where shall we put it, sir?"
"Oh, en ningún lugar en particular. Aquí: esto servirá"
"Oh, nowhere particular. Here: this will do"
"No quiero que me cuelguen"
"I don't want to have it hung up"
"Apóyalo contra la pared. Gracias"
"Just lean it against the wall. Thanks"
—¿Podría uno mirar la obra de arte, señor?
"Might one look at the work of art, sir?"

Dorian se sobresaltó por un momento
Dorian was startled for a moment
"No le interesaría, Sr. Hubbard"
"It would not interest you, Mr. Hubbard"
Y no perdió de vista al hombre
and he kept his eye on the man
Se sintió listo para saltar sobre él y arrojarlo al suelo
He felt ready to leap upon him and fling him to the ground
si se atrevía a levantar la hermosa tela que ocultaba el secreto de su vida
if he dared to lift the gorgeous fabric that concealed the secret of his life
"Ya no te molestaré más"
"I shan't trouble you any more now"
"Le estoy muy agradecido por su amabilidad al venir"
"I am much obliged for your kindness in coming round"
—De ninguna manera, de ninguna manera, señor Gray.
"Not at all, not at all, Mr. Gray"
"Siempre dispuesto a hacer cualquier cosa por usted, señor"
"Always ready to do anything for you, sir"
Y el señor Hubbard bajó las escaleras, seguido por el ayudante
And Mr. Hubbard tramped downstairs, followed by the assistant
el asistente volvió a mirar a Dorian con una mirada de tímido asombro
the assistant glanced back at Dorian with a look of shy wonder
Nunca había visto a nadie tan maravilloso
He had never seen anyone so marvellous
Cuando el sonido de sus pasos se hubo extinguido, Dorian cerró la puerta con llave
When the sound of their footsteps had died away, Dorian locked the door
Ahora se sentía seguro; Nadie miraría jamás la cosa horrible
He felt safe now; no one would ever look upon the horrible thing
Ningún otro ojo que no sea el suyo vería jamás su vergüenza
No eye but his would ever see his shame
Al llegar a la biblioteca, se encontró con que eran poco más de las cinco
On reaching the library, he found that it was just after five o'clock
El té ya había sido traído
the tea had been already brought up
había un regalo de lady Radley sobre la mesa

there was a present from Lady Radley on the table
Lady Radley era la esposa de su tutor
Lady Radley was his guardian's wife
un inválido bastante profesional que había pasado el invierno anterior en El Cairo
a pretty professional invalid who had spent the preceding winter in Cairo
también había una nota de Lord Henry
there was also note from Lord Henry
y al lado de la nota había un libro encuadernado en papel amarillo
and beside the note was a book bound in yellow paper
la cubierta ligeramente rasgada y los bordes sucios
the cover slightly torn and the edges soiled
Un ejemplar de la tercera edición de The St. James's Gazette
A copy of the third edition of The St. James's Gazette
Era evidente que Víctor había regresado
It was evident that Victor had returned
Se preguntó si se habría encontrado con los hombres en el vestíbulo cuando salían de la casa
He wondered if he had met the men in the hall as they were leaving the house
Tal vez les había arrancado lo que habían estado haciendo
perhaps he had wormed out of them what they had been doing
Estaría seguro de ver que la imagen había desaparecido
He would be sure to see the picture had gone
Sin duda, ya lo había notado, mientras colocaba las cosas del té
he had no doubt notice it already, while he had been laying the tea-things
La cubierta no se había retirado
The cover had not been set back
y se veía un espacio en blanco en la pared
and a blank space was visible on the wall
Tal vez alguna noche lo encontraría arrastrándose escaleras arriba
Perhaps some night he might find him creeping upstairs
Tal vez lo encontraría tratando de forzar la puerta de la habitación
perhaps he would find him trying to force the door of the room
Era horrible tener un espía en la casa de uno
It was a horrible thing to have a spy in one's house
Había oído hablar de hombres ricos que habían sido chantajeados toda su vida
He had heard of rich men who had been blackmailed all their lives

un sirviente que había leído una carta o escuchado una conversación
a servant who had read a letter, or overheard a conversation
Un sirviente que recogió una tarjeta con una dirección
a servant who picked up a card with an address
un sirviente que había encontrado debajo de una almohada una flor marchita o un trozo de encaje arrugado
a servant who had found beneath a pillow a withered flower, or a shred of crumpled lace
Suspiró y, después de servirse un poco de té, abrió la nota de lord Henry
He sighed, and having poured himself out some tea, opened Lord Henry's note
La nota era simplemente para decir que le había enviado el periódico de la tarde
the note was simply to say that he sent him the evening paper
y la nota mencionaba un libro que podría interesarle
and the note mentioned a book that might interest him
y se le pidió que estuviera en el club a las ocho y cuarto
and he was asked to be at the club at eight-fifteen
Abrió lánguidamente el St. James's y miró a través de él
He opened The St. James's languidly, and looked through it
Una marca de lápiz rojo en la quinta página le llamó la atención
A red pencil-mark on the fifth page caught his eye
Llamó la atención sobre el siguiente párrafo
It drew attention to the following paragraph
INDAGATORIA A UNA ACTRIZ
INQUEST ON AN ACTRESS
Esta mañana se llevó a cabo una investigación en Bell Tavern, Hoxton Road
An inquest was held this morning at the Bell Tavern, Hoxton Road
la investigación fue llevada a cabo por el Sr. Danby, el forense del distrito, sobre el cadáver de Sibyl Vane
the inquest was held by Mr. Danby, the District Coroner, on the body of Sibyl Vane
una joven actriz recientemente comprometida en el Royal Theatre de Holborn
a young actress recently engaged at the Royal Theatre, Holborn
Se emitió un veredicto de muerte por infortunio
A verdict of death by misadventure was returned
Se expresó un gran pésame a la madre del difunto

Considerable sympathy was expressed for the mother of the deceased
Su madre se vio muy afectada durante la declaración
her mother was greatly affected during the giving of evidence
y el testimonio del Dr. Birrell, que había realizado la autopsia del fallecido
and the evidence of Dr. Birrell, who had made the post-mortem examination of the deceased
Frunció el ceño y rompió el papel en dos
He frowned, and tore the paper in two
Cruzó la habitación y arrojó la noticia
he went across the room and flung the news away
¡Qué feo era todo!
How ugly it all was!
¡La fealdad real hace que las cosas sean horribles!
real ugliness makes things horrible!
Se sintió un poco molesto con Lord Henry
He felt a little annoyed with Lord Henry
No debería haberle enviado el informe
he shouldn't have sent him the report
Y ciertamente fue estúpido de su parte haberlo marcado con lápiz rojo
And it was certainly stupid of him to have marked it with red pencil
Víctor podría haberlo leído
Victor could have read it
El hombre sabía inglés más que suficiente para eso
The man knew more than enough English for that
Tal vez lo había leído y había empezado a sospechar algo
Perhaps he had read it and had begun to suspect something
Y, sin embargo, ¿qué importaba?
And, yet, what did it matter?
¿Qué tuvo que ver Dorian Gray con la muerte de Sibyl Vane?
What had Dorian Gray to do with Sibyl Vane's death?
No había nada que temer
There was nothing to fear
Dorian Gray no la había matado
Dorian Gray had not killed her
Su mirada se posó en el libro amarillo que lord Henry le había enviado
His eye fell on the yellow book that Lord Henry had sent him
¿Qué era ese libro?, se preguntaba
What was this book, he wondered

Se dirigió hacia la pequeña tribuna octogonal de color perla
He went towards the little, pearl-coloured octagonal stand
siempre le había parecido la obra de unas extrañas abejas egipcias que labraban la plata
it had always looked to him like the work of some strange Egyptian bees that wrought in silver
y, tomando el volumen, se dejó caer en un sillón
and taking up the volume, he flung himself into an arm-chair
Y empezó a hojear las hojas del libro
and he began to turn over the leaves of the book
Al cabo de unos minutos quedó absorto
After a few minutes he became absorbed
Era el libro más extraño que había leído en su vida
It was the strangest book that he had ever read
Con ropas exquisitas danzaban ante él los pecados del mundo
in exquisite clothing the sins of the world were dancing before him
y todo sucedía con el delicado sonido de las flautas
and all of it was happening to the delicate sound of flutes
Las cosas con las que había soñado vagamente se hicieron de repente reales para él
Things that he had dimly dreamed of were suddenly made real to him
Cosas con las que nunca había soñado se revelaron gradualmente
Things of which he had never dreamed were gradually revealed
Era una novela sin trama y con un solo personaje
It was a novel without a plot and only one character
se trataba simplemente de un estudio psicológico de cierto joven parisino
it was simply a psychological study of a certain young Parisian
Había pasado su vida tratando de entender los modos de pensamiento anteriores
he had spent his life trying to understand previous modes of thought
modos de pensamiento que pertenecían a todos los siglos menos al suyo
modes of thought that belonged to all centuries but his own
Trató de resumir en sí mismo los diversos estados de ánimo por los que había pasado el espíritu del mundo
he tried to sum up in himself the various moods through which the world-spirit had passed
Amaba esas renuncias que los hombres han llamado imprudentemente virtud

he loved those renunciations that men have unwisely called virtue
Los amaba simplemente porque eran artificiales
he loved them merely because they were artificial
Pero amaba esas rebeliones naturales que los sabios todavía llaman pecado
but he loved those natural rebellions that wise men still call sin
De hecho, amaba los pecados tanto como las virtudes
in fact, he loved the sins just as much as the virtues
El estilo en el que estaba escrito era ese curioso estilo enjoyado
The style in which it was written was that curious jewelled style
vívida y oscura a la vez, llena de argot y de arcaísmos
vivid and obscure at once, full of argot and of archaisms
lleno de expresiones técnicas y de elaboradas paráfrasis
full of technical expressions and of elaborate paraphrases
típico de la obra de algunos de los mejores artistas de la escuela francesa de simbolistas
typical of the work of some of the finest artists of the French school of Symbolists
Había metáforas tan monstruosas como las orquídeas y tan sutiles en el color
There were metaphors as monstrous as orchids, and as subtle in colour
La vida de los sentidos fue descrita en los términos de la filosofía mística
The life of the senses was described in the terms of mystical philosophy
A veces apenas se sabía lo que realmente se estaba leyendo
One hardly knew at times what one was really reading
los éxtasis espirituales de algún santo medieval
the spiritual ecstasies of some medieval saint
o las confesiones morbosas de un pecador moderno
or the morbid confessions of a modern sinner
Era un libro envenenado
It was a poisonous book
El pesado olor a incienso parecía adherirse a sus páginas
The heavy odour of incense seemed to cling to its pages
El viejo olor a almizcle parecía perturbar el cerebro
the old musky smell seemed to trouble the brain
La cadencia de las frases y la sutil monotonía de su música
The cadence of the sentences and the subtle monotony of their music
lleno de estribillos complejos y movimientos elaboradamente

repetidos
full of complex refrains and movements elaborately repeated
El muchacho pasó de capítulo en capítulo
the lad passed from chapter to chapter
Producía en su mente una forma de ensoñación
it produced in his mind a form of reverie
una enfermedad de ensueño, que lo hacía inconsciente del día que caía
a malady of dreaming, that made him unconscious of the falling day
y apenas se percató de las sombras que se arrastraban de la tarde
and he hardly noticed the creeping shadows of the evening
Sin nubes y atravesado por una estrella solitaria, un cielo verde cobrizo brillaba a través de las ventanas
Cloudless, and pierced by one solitary star, a copper-green sky gleamed through the windows
Siguió leyendo a la luz de su pálida luz hasta que no pudo leer más
He read on by its wan light till he could read no more
Luego, después de que su ayuda de cámara le recordara varias veces lo avanzado de la hora, se levantó
Then, after his valet had reminded him several times of the lateness of the hour, he got up
Al entrar en la habitación contigua, colocó el libro sobre la mesita florentina
going into the next room, he placed the book on the little Florentine table
Y comenzó a vestirse para la cena
and he began to dress for dinner
Eran casi las nueve de la noche cuando llegó al club
It was almost nine o'clock before he reached the club
encontró a lord Henry sentado solo, en la sala de la mañana, con aspecto muy aburrido
he found Lord Henry sitting alone, in the morning-room, looking very much bored
—Lo siento mucho, Harry —exclamó—
"I am so sorry, Harry," he cried
"Pero en realidad es enteramente tu culpa"
"but really it is entirely your fault"
"Ese libro que me enviaste me fascinó tanto que olvidé cómo pasaba el tiempo"
"That book you sent me so fascinated me that I forgot how the time was going"

—Sí, pensé que te gustaría —respondió su anfitrión, levantándose de la silla—

"Yes, I thought you would like it," replied his host, rising from his chair

"No dije que me gustara, Harry, dije que me fascinó"

"I didn't say I liked it, Harry, I said it fascinated me"

"Hay una gran diferencia"

"There is a great difference"

—Ah, ¿lo ha descubierto? —murmuró lord Henry

"Ah, you have discovered that?" murmured Lord Henry

Y pasaron al comedor

And they passed into the dining-room

www.ingramcontent.com/pod-product-compliance
Lightning Source LLC
Chambersburg PA
CBHW012003090526
44590CB00026B/3855